인조(仁祖) **1636**

혼군의 전쟁, 병자호란

인조 仁祖 1636

✕✕✕✕✕✕ 혼군의 전쟁, 병자호란 ✕✕✕✕✕✕

유근표 지음

북루덴스

일러두기

1. 이 책의 날짜는 사료에 기록된 음력을 기준으로 합니다.
2. 인지명 표기는 중국 인지명은 한문으로, 청나라 인지명은 원어 발음으로 표기합니다.
3. '서울'은 1차 사료에 의거하여 한양, 한성, 경성으로, 그 외는 서울로 표기합니다.

서문 자신들만의 권력을 지키고 대국을 섬기기만 하면 백성은 어떻게 되는가?

병자호란은 갑자기 닥친 전쟁이 아니다. 이 전쟁에 앞서 40여 년 전에는 임진왜란을 겪었고, 불과 그 10여 년 전에도 정묘호란을 겪었다. 정묘호란 이후, 청나라는 각종 경제적 요구는 물론, 명나라를 치는 데 협조하라며 수시로 조선을 압박했다. 이런 와중에도 인조 정권은 시종일관 국방이나 백성들의 곤궁한 삶을 외면하고 오직 자신들의 권력 팽창에만 열을 올렸다. 그뿐만 아니라, 임진왜란 당시 원군을 보내 재조지은(再造之恩)을 행한 명나라의 은공을 갚아야 한다며 대명의리를 위해 정권의 명운을 걸다시피 했다.

결국 이것은 언제라도 재침할 명분을 찾고 있었던 청을 자극하게 된다. 그리고 마침내 1636년(병자년) 12월, 홍타이지는 12만 대군을 이끌고 조선 정벌에 나섰다. 전쟁이 시작되자 인조 정권은 남한산성으로 입보(立保)하여 피나는 항전을 펼쳤으나, 왕실을 비롯한 문무 내신들의 가족이 대피했던 강화도가 함락되면서 45일 만에 항복을 선언할 수밖에 없었다.

1637년(정축년) 1월 30일에 벌어진 항복 의례에서 인조는 평소 오랑캐라 부르며 업신여기던 청 태종을 향하여 세 번 절하고 아홉 번 머리를

서문 **5**

조아려야 했으니, 이는 유사 이래 최대의 치욕이었다. 하지만 거기서 끝이 아니었다. 수많은 피로인(被擄人)과 함께 소현세자와 봉림대군(효종)은 그들의 도읍 심양으로 끌려가야 했다.

소현세자는 8년의 볼모 생활 중 청이 북경으로 입성한 이후 약 두 달간은 북경에 머물렀다. 이때 소현세자는 독일인 신부 '아담 샬'을 만나 천주교 사상과 함께 서양 과학 문명을 접하고, 서양문명의 우수성을 깨닫게 된다. 1644년 명을 멸망시킨 청은 인질을 잡고 있어야 할 이유가 사라지자, 그해 11월, 소현세자의 귀국을 허락했다. 귀국하는 소현세자에게 아담 샬은 각종 과학 서적을 비롯하여 망원경과 성경책을 선물로 준다.

8년 만에 고국으로 돌아온 소현세자는 부왕 인조 앞에 '아담 샬'에게 받은 선물을 내놓으며 우리 조선도 청나라를 본받아 서양문명을 받아들여 부강한 나라를 만들자고 설파했다. 그러나 세자의 얘기를 들은 인조는 그가 청에 머무는 동안 삼전도의 굴욕을 잊고 친청파로 돌아선 것으로 판단한다. 또한 청에서 자신을 왕위에서 끌어내리고 세자를 왕으로 옹립할지도 모른다고 의심한 나머지 아들을 냉대로 일관한다.

청에 있을 당시부터 각종 질병에 시달리던 소현세자는 부왕의 의심과 냉대 등으로 지병(持病)이 재발해 결국 귀국 두 달 만에 서른넷의 젊은 나이로 의문의 죽음을 맞는다. 역사에는 '만약'이란 없다지만 당시 인조가 소현세자의 뜻을 받아들였다면 삼전도의 굴욕은 오히려 전화위복이 되어 조선은 17세기 중반에 이미 서구 문명을 받아들여 부강국이 되었을 것이다. 그러나 인조(仁祖)를 위시한 서인(西人)들의 머릿속에는 오직 자신들의 권력을 지키고 명나라를 섬기는 것 외에는 그 무엇도 들어갈 틈이 없었으니, 생각하면 아쉽고도 안타까운 일이다.

병자호란 이후 청으로 잡혀갔다 돌아온 여인을 고향으로 돌아왔다고 해서 환향녀(還鄕女)라고 불렀다. 이 말은 세월이 지나면서 화냥녀가 되고, 화냥녀가 다시 화냥년으로 바뀌어 나중에는 아예 서방질한 여인의 대명사로 굳어졌다. 이 이야기는 그로부터 장장 400여 년이 지난 지금까지도 항간을 떠돌고 있다. 그러나 『인조실록』에는 청군에게 강제로 잡혀간 사람을 통칭해서 '피로인(被擄人)'이라 칭했고, 청으로 끌려갔다가 탈출해서 도망해온 사람을 주회인(走回人), 속가(贖價)를 바치고 찾아온 여인을 '속환녀(贖還女)'라 기록했다.

그 명칭의 연유야 어디 있든 간에 병자호란 이후 벌어진 '피로인' 문제는 조선 500년 역사를 통틀어 최대의 비극으로 알려진 사건이다. 최명길(崔鳴吉)의 문집(文集)에 의하면, "병자호란 직후 청군이 잡아간 피로인은 자그마치 50만 명은 될 것"이라 했다. 그러나 난리 속에서 바라본 숫자를 액면 그대로 믿을 수는 없는 일이고, 당시의 정황으로 볼 때 대략 10만 명 안팎은 되지 않았을까 싶다. 당시 청으로 끌려갔던 피로인들은 대부분 노예가 되었다. 젊고 예쁜 여인들은 청나라 장수의 첩실이 되었으며, 일부 젊은이들은 그들의 군제에 편입되어 각종 정벌전에서 총알받이가 되어야 했다.

그렇다면 이토록 엄청난 비극을 초래한 원인은 무엇이며, 그 책임은 누구에게 있을까? 병자호란을 일으킨 주체가 청나라이므로 그 1차적 책임은 전쟁을 주도했던 청 태종, 홍타이지에게 돌려야 맞을 것이다. 그러나 당시 앞뒤 정황을 살펴보면 인조를 정점으로 한 서인 정권에서 자초한 측면이 강하게 드러난다.

오늘날 일부 학자들 간에는 병자호란 발발의 책임이 청 태종에게 있다고 주장하기도 하나, 이 책은 전란의 책임이 인조에게 있다는 관점에서 기술하고 있다. 전란 발발의 책임을 인조에게 물은 것은 왕권 국가에서는 강토와 백성 모두가 국왕의 소유물로 여길 만큼 왕의 권한이 절대적이기 때문이다.

조, 청, 명 3국이 얽힌 병자호란은 그 기간이 2개월에 불과하여 기록은 단순하지만 원인은 복잡하다. 또한 소현세자의 죽음과 관련해서는 아직도 그 의혹이 풀리지 않고 있다. 그러므로 당시의 전반적인 상황을 이해하기란 생각처럼 쉽지 않다. 지금까지 발간된 병자호란에 관한 책자를 보면, 기왕에 알려진 이야기만을 다뤘거나, 아니면 흥미를 유발하기 위한 방편으로 사료(史料)에 근거하지 않고, 저자의 추정적인 판단하에 쓴 책도 더러 있다.

반면에 이 책은 전란 중에 벌어진 대중에게 잘 알려지지 않은 사건을 파헤쳤을 뿐만 아니라 모든 내용을 조, 청 양국의 1차 사료를 토대로 기술했다. 그 내용은 인조반정 → 이괄의 난 → 정묘호란 → 병자호란 → 소현세자의 볼모 생활 → 소현세자와 강빈의 죽음 → 석철 3형제(소현세자의 아들들)의 죽음, 그리고 부록으로 병자호란 당시 항전의 현장이었던 남한산성을 실었다. 여기에 더하여 동아시아 변방의 일개 부족에 불과하던 여진족이 차하르(몽골)와 조선을 정벌하고 인구와 영토 면에서 그 100배에 달하는 명을 정벌하는 과정과 요인을 밝혔다.

흔히 병자호란을 일컬어 '치욕의 역사'라 일컫는다. 그러나 오천 년이라는 긴 역사 속에는 영광의 역사도 있고, 오욕(汚辱)의 역사도 있게 마련이다. 비근한 예로 중국에서는 대륙의 주인임을 자처하는 한족(漢族)이 세운 송나라가 오랑캐라 여기던 금나라에게 굴욕을 당한 '정강지변(靖康之變)'이 있었고, 명나라 때는 6대 황제 정통제(正統帝)가 몽골의 한 부족인 오이라트에게 포로가 된 '토목의 변(土木之變)'도 있었다.

　진정으로 우리 한민족(韓民族) 오천 년 역사에 자긍심을 느낄진대, 이처럼 오욕의 역사일수록 더 많은 애착과 관심을 가져야 한다. 그리고 그 역사 속에서 교훈을 찾아 이 땅에 살아갈 후손에게 전해주는 것이 오늘을 사는 우리가 할 일인 것이다.

2023년 1월
마석 천마산 기슭에서　유근표(柳根杓)

차례

6. 혼군

제2부 병자호란 중 인조

1. 남한산성

2. 갇혀 있는 왕

제3부 병자호란 후 인조

제1부

병자호란 전
인조

1. 광해군

임진왜란과 광해군

나라가 안정되지 않고 주변 정세가 불안할 때면 으레 거론되는 인물이 조선의 15대 왕 광해군(光海君, 1575~1641, 재위 : 1608~1623)이다. 이로 보아 그는 급변하는 주변 정세를 냉철하게 파악하고 이에 대한 대처를 잘했던 군왕임에 틀림없다 하겠다.

그러나 조선의 정사(正史) 『광해군일기』에는 그를 천하의 둘도 없는 폭군으로 기술한 대목이 곳곳에 드러나는데, 이는 '일기'를 기록한 주체가 그를 권좌에서 끌어내린 인조 정권이기 때문으로 보인다. 이처럼 극과 극으로 평가되는 광해군은 1608년(선조 41) 2월, 부왕 선조(宣祖, 1552~1608, 재위 : 1567~1608)가 사망함으로써 보위를 물려받았고, 왕이 된 지 15년 만에 서(庶)조카 능양군(綾陽君 : 인조)의 '반정(反正)'으로 왕위에서 내려왔다.

이때 그를 몰아낸 인조를 중심으로 한 서인(西人) 정권은 반정의 명분을 크게 세 항목으로 정리했다. 첫 번째는 광해군이 자신의 모후에 해당하는 인목대비를 서인(庶人)으로 폐하여 서궁(西宮 : 덕수궁)에 유폐시키고 이복동생 영창대군(永昌大君)을 죽인 폐모살제(廢母殺弟)였고, 두 번째는 임진왜란 당시 조선에 원군을 보내 재조지은(再造之恩)을 행한 명(明)의 은혜를 저버리고 후금과 친교를 맺었다는 이른바 배명금친(背明金親)이었으며, 마지막으로 세 번째는 '과도한 궁궐공사로 백성의 삶을 피폐하게 했다'는 점이다.

그러나 진짜 속사정은 따로 있었으니, 그 상황은 다소 복잡하면서도 미묘했다. 조선의 14대 군왕 선조는 생전에 8명의 비빈에게서 모두 25명에 이르는 많은 자녀를 두었다. 그중 정비 의인왕후(懿仁王后) 박씨는 자녀를 생산하지 못했고, 계비 인목왕후(仁穆王后) 김씨는 정명공주와 영창대군 남매를 생산했다. 이밖에 공빈(恭嬪) 김씨가 임해군(臨海君)과 광해군의 2남을, 인빈(仁嬪) 김씨가 신성군(信城君)과 정원군(定遠君)을 포함해서 4남 5녀를, 순빈(順嬪) 김씨가 1남을, 정빈(靜嬪) 민씨가 2남 3녀를, 정빈(貞嬪) 홍씨가 1남 1녀를, 온빈(溫嬪) 한씨가 3남 1녀를 낳아 자녀가 총 14남 11녀에 달했다.

선조는 14명이나 되는 많은 아들 중에서 인빈의 차남 신성군을 자신의 후계자로 염두에 두고 있었다. 당시 세자 후보자로는 신성군의 이복형에 해당하는 임해군과 광해군이 있었으나, 공빈 사망 이후 인빈에게 마음이 기울었던 선조는 인빈의 아들을 후계자로 점찍었다. 인빈에게는 신성군 위로 의안군이 있었지만, 그는 역질에 걸려 일찍 요절했으므로 그 아우 신성군이 세자 후보로 부상했던 것이다.

그런데 1592년(선조 25) 4월, 뜻하지 않게 임진왜란이 일어나면서 신성군이 후계 구도에서 밀려나고, 그 대신 광해군이 물망에 오르는 이변이 발생한다. 그해 4월 13일, 부산에 상륙한 왜군이 서울을 향해 파죽지세로 밀고 올라오자, 중신들 사이에서는 비상시국을 맞아 국가의 백년대계를 위하여 세자를 책봉해야 한다고 주청했다. 사안을 전해 들은 인빈은 당연히 신성군이 세자가 될 것으로 여기고 있었다. 이때 내수사별좌로 있는 인빈의 오라비 김공량(金公諒)이 이의를 제기하고 나섰다.

그는 인빈에게 "지금 세자에 책봉되면 왜적의 표적이 되어 목숨을 보장하기 어려우므로 일단은 광해군에게 세자 자리를 양보하고, 난리가 끝나기를 기다려 훗날을 기약해야 합니다"라고 건의했다. 이를 옳게 받아들인 인빈은 그토록 염원했던 신성군의 세자 책봉을 스스로 접고 말았다. 결국 선조는 의주로 파천(播遷)을 떠나기 하루 전날인 4월 29일 광해군을 세자로 책봉했다. 광해군 위로 임해군이 있었으나, 그는 성격이 난폭하고 학문을 게을리한다는 이유로 일찌감치 제외되었다.

창황 중에 세자로 책봉된 광해군은 부왕의 파천 행렬을 따라 4월 30일 서울을 떠났고, 5월 7일 평양에 도착했다. 그 후 왜적의 추격이 계속되자 선조는 평양에 머문 지 한 달 남짓 되는 6월 11일 좌의정 윤두수(尹斗壽)와 이조판서 이원익(李元翼)을 평양성에 남겨두고 또다시 북행길에 올랐다. 파천 행렬이 관서의 요충 영변에 이르던 6월 13일 저녁, 좌의정 윤두수의 치계가 당도했다.

지금 왜적의 형세가 자못 급하기 짝이 없습니다. 왜적을 막던 김응서(金應瑞), 한희길(韓希吉), 김의일(金毅一), 김응감(金應瑊) 및 순찰사 한응인(韓應寅) 등이 어제 벌써 올라가 버려 일이 어그러진 것이 많아 앞으로의 일을 수습하기 어려울 듯합니다.

윤두수의 치계에 위급을 느낀 선조는 도성을 떠날 때부터 생각해왔던 분조(分朝 : 전쟁 등 국가가 위난에 처했을 때 조정을 둘로 나누는 것)를 구성하라 명했다. 다음 날 선조는 중신들과 함께 의주로 향하면서, "세자는 분조를 이끌고 이곳에 남았다가 전선을 돌며 흩어진 민심을 안정시키라"고 명했다. 당시 열여덟 살에 불과했던 세자는 감당키 어려운 분부라며 명을 거두어달라고 거듭 청했으나, 이미 결심을 끝낸 선조는 마음을 바꾸지 않았다.

삼천리 강토를 폐허 상태로 만들고 수많은 생령(生靈)들의 목숨을 앗아간 임진왜란은 전쟁이 발발한 지 7년째가 되는 1598년(선조 31) 11월, 노량해전을 끝으로 마침내 종결됐다. 그 후 세자 광해는 부왕을 도와 폐허로 변한 국토의 회복을 위해 불철주야 애를 쓰며 언젠가는 부왕의 뒤를 이어 왕위에 오르고자 하는 기대를 품고 있었다. 그러던 중 왜란이 끝나고 2년이 지난 1600년(선조 33) 6월, 선조의 정비(正妃) 의인왕후가 마흔여섯의 나이로 갑자기 세상을 떠났다. 그로부터 다시 2년이 지난 1602년 쉰한 살인 선조는 열아홉밖에 안 된 김제남(金悌男)의 딸(인목왕후)을 맞아 가례를 치렀다. 선조의 계비(繼妃)가 된 인목왕후는 이듬해 5월, 정명공주를 생산하고, 그로부터 3년이 지난 1606년 3월에는 영창대군을 낳았다.

이때 선조에게는 수많은 아들과 딸이 있었으나, 그들은 모두 정궁(正宮) 소생이 아닌 후궁의 소생이었다. 중종의 서손자(庶孫子)로 태어나 전왕 명종의 후계자였던 순회세자가 열세 살의 어린 나이로 요절하는 바람에 얼떨결에 왕위에 오르게 된 선조는 자신의 혈통에 대하여 심한 열등감이 있었다. 선조는 그토록 바라던 적자가 태어나자 이내 마음이 흔들리기 시작했다. 세자 광해가 비록 영특하고 전란을 맞아 분조를 이끌며 민심을 안정시키는 등 공도 많았으나, 그는 어디까지나 후궁 소생이었고, 영창은 나이는 어려도 어엿한 정궁 소생이었다. 따라서 할 수만 있다면 지금이라도 광해를 폐하고 영창을 그 자리에 앉히고 싶었다. 그때나 지금이나 정치인의 속성은 이해타산이 빠르고 눈치에는 귀신이었다. 선조의 속내를 간파한 중신들은 영창대군을 지지하는 소북(小北)과 광해군을 지지하는 대북(大北)으로 갈라져 피 터지는 싸움을 시작했다.

당시 광해군에게는 이 문제 말고도 또 하나 껄끄러운 문제가 있었으니, 그것은 세자가 된 지 십여 년이 지났음에도 명나라로부터 정식으로 세자 승인을 받지 못한 점이다. 명이 광해군의 세자 승인을 거부했던 이유는 장자 임해군을 제치고 그 아우 광해군을 세자로 책봉한다는 것은 유가(儒家)에서 주장하는 장자 승계 원칙에 어긋난다는 것이었다. 이 말을 전해 들은 임해군은 아우에게 세자 자리를 도둑맞았다며 노골적으로 반항하며 더욱 난폭하게 나왔다. 난마처럼 꼬여 앞이 안 보이던 정국은 영창대군이 태어나고 2년이 지난 1608년(선조 41) 2월 1일, 갑자기 선조가 사망하면서 새로운 국면으로 접어든다.

선조가 운명하자 인목대비는 선조가 생전에 세자에게 내린 유조(遺詔)를 공개하고, 그 유조에 따라 "세자 광해군으로 대행왕의 보위를 잇게 하라"는 교서를 내림으로써 광해군과 영창대군의 왕위 다툼은 막을 내렸다. 이때 인목대비가 영창대군의 왕위 계승을 포기한 것은 이제 겨우 세 살배기 젖먹이에 불과한 영창을 왕위에 앉힌다는 것은 현실적으로 무리일 뿐만 아니라, 자칫 훗날에 화를 불러올 수도 있다고 판단했기 때문이다. 수많은 곡절을 겪으며 왕위에 오른 광해군은 이듬해(1609) 9월, 소북의 영수로서 영창대군을 감싸고돌며 자신의 왕권을 위협하던 류영경(柳永慶)을 사사(賜死)했다. 이어서 '왕위를 아우에게 도둑맞았다'며 반항하던 임해군을 그해(1609) 4월, 죽음에 처함으로써 왕권을 안정시켰다.

그러나 1613년(광해군 5) 4월 25일, 영의정을 지낸 서인의 거물 정치인 박순의 서자 박응서와 전 의주목사 서익의 서자 서양갑 등 7명의 서자들을 주축으로 혁명을 시도한 '칠서의 옥(七庶之獄)'이 일어나면서 궁중은 또다시 피바람이 불었다. '칠서의 옥'은 대북을 이끌던 이이첨(李爾瞻, 1560~1623) 등에 의해서 '계축옥사(癸丑獄事)'로 발전되어, 영창대군의 목숨을 앗아가고, 마침내는 인목대비까지 폐하여 서궁에 유폐시키기에 이르는데, 이 사건이 바로 능양군이 반정의 명분으로 내세운 세 항목 중 그 첫머리를 장식하는 '폐모살제'이다.

그로부터 2년이 지난 1615년(광해군 7)에는 능양군의 아우 능창군(綾昌君) 이전(李佺)을 왕으로 추대하려 했다는 이른바 '신경희(申景禧)의 옥'이 터진다. 결국 능창군의 목숨까지 앗아가게 된 이 사건은 능창군의 맏형인 능양군이 반정을 결심하는 직접적인 동기가 된다.

1615년 윤 8월 14일, 정원군의 3남 능창군을 왕으로 추대하려 했다는 고변이 들어왔다. 이에 삼사(三司 : 사헌부, 사간원, 홍문관)에서는 사건의 주역 능창군을 잡아다 국문할 것을 연이어 주청했고, 이를 받아들인 광해군은 능창군과 그 여당을 잡아다가 친국(親鞠)에 들어갔다. 이날 사건에 연루된 혐의로 국문을 받던 소명국(蘇鳴國)은 "능창군이 의붓 외삼촌 신경희의 추대를 받아 왕위에 오르기를 도모했다"고 진술했다. 이어서 "신경희는 윤길 등과 함께 흉모를 도모했으며, 그날 참석자들의 관상과 명운을 점치자, 능창군은 '40년간 태평성세를 이끌어갈 임금의 상을 지녔다'는 점괘가 나왔다"는 진술도 했다. 결국 주모자 신경희는 국문 끝에 장살(杖殺)되고, 능창군을 위시하여 양시우, 소문진, 김정익, 김이강, 오충갑 등 6명은 강화 교동도 유배형에 처해졌다.

이때 장살당한 신경희는 전왕 선조 밑에서 병조판서를 역임했던 신잡(申礁)의 아들이었는데, 신잡은 임진왜란 때 충주 탄금대전투에서 왜군에게 패하고 자결한 신립(申砬)의 형이다. 그런데 그해 11월 이번 역모의 원흉으로 몰려 교동도 배소에 위리안치(圍籬安置)된 능창군이 유배지의 고초를 이겨내지 못하고 목을 매고 자결했다. 설상가상으로 이 무렵 새문동(塞門洞) 정원군의 집터에 왕기(王氣)가 서려 있다는 설이 퍼지기 시작하자, 광해군은 정원군을 쫓아내고 그 자리에 경덕궁(慶德宮 : 지금의 경희궁) 공사를 시작했다. 아들의 죽음에 이어 집까지 빼앗기게 된 정원군은 술로 세월을 보내다가 능창군이 죽은 지 4년이 지난 1619년(광해군 11)년 화병으로 생을 마친다.

능창군이 교동도에서 자결하고 정원군이 화병으로 사망했다는 소식은 이내 능창군의 형이며 정원군의 장남인 능양군에게 전해졌다. 아우와 부친의 억울한 죽음에 분노한 능양군은 이로부터 반정을 계획하고 동지규합에 나섰다. 이때 능양군과 함께 반정을 기획하고 초기부터 동참했던 주요 인사로는 능양군 형제의 외삼촌 구굉(具宏)과 역모 혐의로 죽은 신경희의 종제(從弟) 신경진(申景禛)이 있었다. 신립의 아들로 무예가 출중했던 신경진은 거사에서 중군장이 되기를 소원했으나, 뭔가 이상한 낌새를 챈 이이첨 일당에 의해 거사 직전 평안도 박천에 소재하는 효성령별장으로 좌천되어 거사에는 직접 참가하지 못하게 된다.

이밖에 반정 기획 단계부터 참가하여 주역이 된 인물로는 임진왜란 당시 신립의 종사관으로 탄금대전투에서 패하고 자결한 김여물(金汝吻)의 아들 김류(金瑬)와 평산부사 이귀(李貴)가 있었는데, 이 두 사람은 반정

후 인조 정권을 주도하게 된다. 이들 외에도 반정 초기부터 참가한 인물로는 무력 동원 능력을 가진 장단방어사 이서(李曙)와 무과 출신으로 능양군의 외종형이 되는 구인후(具仁垕), 그리고 훗날 역모를 도모하다가 능지형을 당하는 김자점(金自點)과 심기원(沈器遠)이 있었다.

광해군의 술 취한 밤

1623년(계해년) 3월 12일 저녁.

홍제원에서는 정원군의 맏아들 능양군 이종(李倧)을 중심으로 장단방어사 이서의 군사 700명, 이번 거사에서 거의대장(擧義大將)을 맡은 김류와 평산부사 이귀의 군사를 합쳐 600여 명, 그리고 이천(伊川 : 휴전선 이북에 있는 강원도 이천)부사 이중로의 군사까지 총 1,400여 명의 군사가 거사를 지휘할 김류를 기다리고 있었다.

그런데, 어찌 된 일인지 약속한 이경(二更 : 밤 9시~11시)이 지나도록 반정군을 이끌어야 할 김류가 나타나지 않았다. 자신의 부대를 이끌고 초저녁부터 기다리던 반정의 주역 이귀는 문득 이상한 생각이 들었다. 다른 사람도 아닌 거의대장을 맡기로 한 김류가 안 보인다는 것은 필시 무슨 곡절이 있을 거라는 생각에 얼마간 더 기다리기로 했다. 그러나 끝내 김류가 안 나타나자 반정군은 동요하기 시작했다.

틀림없이 김류에게 무슨 사달이 생겼을 것이라고 판단한 이귀는 이괄(李适)에게 상황을 설명하고 임시로 대장직을 맡아줄 것을 주문했다. 이괄은 거사 며칠 전 광해군에 의해 함경도 북병사(北兵使)에 제수되었다. 그러나 김류와 이귀가 반정을 도모하면서 그에게 합류할 것을 청하자 이를 수락한 후, 임지로의 부임을 미루고 거사 막바지에 동참하고 있었다. 이귀의 제의를 받은 이괄은 상황상 거부하기는 어려웠으나, 그렇다고 선뜻 남의 자리를 차고 들어가는 것도 쉽지 않은 일이었다. 이괄의 속내를 짐작한 이귀는 "이 병사가 끝내 대장직을 수락하지 않는다면 이 자리에 모인 1,400명 반정군의 목숨은 오늘로써 끝장이오"라며 거듭 간청했다. 이귀의 거듭된 간청에 이괄은 썩 내키지는 않았으나, 이판사판이라는 심정으로 대장직을 수락했다. 여기에서 더 꾸물대다가는 칼집 속의 칼도 뽑아보기 전에 일망타진될지도 모르는 일이었다.

이때 상황을 지켜보던 심기원과 원두표(元斗杓)가 김류의 집으로 달려갔다. 김류의 집에 당도하니 그는 거사 계획이 누설되었다는 소문을 듣고 안절부절 갈피를 못 잡고 있었다. 이 모습을 본 두 사람은 그에게 "홍제원에서는 대장이 안 나타난다고 난리를 치고 있는데, 아직까지 집에 머무는 이유가 무엇이오?"라며 추궁했다. 할 말이 없게 된 김류는 "기밀이 누설되었다는 소리를 듣고 금부도사가 나타나면 그를 죽이고 가려했다"고 둘러댔다. 김류의 어이없는 대답에 두 사람은 "이미 화살은 시위를 떠났는데, 어찌 금부도사 따위를 겁내시오? 한시바삐 거사 현장으로 갑시다"라며 그를 윽박지르다시피 해서 거사 현장으로 데리고 갔다.

실제로 이들의 반정 계획은 종실(宗室)의 한 사람으로 거사 막바지에 합류한 이이반(李而攽)에 의해 이날 초저녁에 밀고가 된 상태였다. 이 무렵 이이반의 부친 이유홍은 소북(小北) 계열로 지목되어 유배당했다. 거사를 모의할 때부터 반정에 참여하고 있던 이후원(李厚源)은 이 일로 인해 이이반이 광해군 정권에 강한 반감을 품었을 것이라 생각하고, 거사 막바지에 그에게 동참할 것을 제의했다. 이후원 역시 같은 종실로서 둘은 누구보다 친밀한 사이이기도 했다.

　이후원의 제의를 받은 이이반은 갈등했다. 그가 택할 길은 두 가지였다. 거사에 동참하여 반정 공신이 되는 것과, 병자원옥(丙子冤獄) 당시 밀모 내역을 고변하여 평생 부귀영화를 누린 김질(金礩)을 흉내 내어 역모를 밀고하는 것이 나머지 하나였다. 고심하던 이이반은 좀 더 안전하다고 생각되는 후자의 길을 택하기로 하고, 박승종(朴承宗)을 찾아가서 고변을 단행했다.

　당시 박승종은 일인지하요, 만인지상이라는 영의정이었다. 뿐만 아니라, 그의 손녀딸은 광해군의 뒤를 이어 다음 보위에 오를 세자 이지(李祬)의 빈(嬪)이었기에 그의 힘은 막강했다. 이이반에게서 사건의 내막을 전해 들은 박승종은 광해군의 처남이며 조정의 실권자 중의 한 사람인 류희분(柳希奮)에게 그 사실을 알렸다.

　이날 저녁 광해군은 평소 자신이 총애하던 상궁 김개시(金介屎)와 더불어 창덕궁 어수당(魚水堂)에서 연회를 벌이고 있었다. 두 사람은 즉시 광해군에게 달려가 역모 사실을 고했으나, 술에 취해 있던 광해군은 "연회가 파한 후에 처리하겠다"며 미뤄버렸다. 이 무렵에는 역모의 고변이 연이어 터졌으므로 광해군은 술김에 '이번에도 별것 아니겠지'라고 생각하고 흘려버렸던 것이다.

　왕 앞에서 물러 나온 박승종은 이번 반란에 연루되었다는 훈련대장 이흥립(李興立)을 잡아다 사실 여부를 추궁했다. 그러자 이흥립은 "제가 어찌 공을 배반하겠습니까? 이는 저를 미워하는 자들의 모략입니다"라며, 역모 관련설을 완강하게 부인했다. 뚜렷한 증거도 없는 데다 이흥립의 태도를 본 박승종은 그를 풀어주고 말았다.

　한편 김류는 심기원과 원두표에게 이끌려 거사 현장으로 달려갔다. 현장에 이르러 보니 반정군은 이미 머리에 '의(義)'자가 쓰인 띠를 두르고 이괄의 지휘하에 홍제원을 떠나 창의문으로 향하고 있었다. 늦게나마 김류가 나타나자 이귀는 이괄에게 다가가 애초에 김류가 대장직을 맡기로 했으므로 좀 늦었지만 지휘권을 김류에게 돌려줄 것을 청했다. 이귀의 청을 들은 이괄은 일언지하에 거절했다. "반정이란 목숨을 걸고 하는 일인데, 아이들 병정놀이처럼 대장직을 수시로 바꿀 수 있느냐?"는 게 그의 항변이었다.

입장이 난처해진 이귀는 "지금 대장직을 놓고 분열하게 되면 일은 실패하게 될 것이오. 기분은 언짢겠지만 거사의 성공을 위하여 애초부터 거의대장을 맡기로 했던 김류에게 총지휘권을 돌려주고 그 대신 이 병사는 호위대장을 맡으시오"라고 간청했다. 결국 지휘권을 김류에게 돌려주게 된 이괄의 자존심은 종잇장처럼 구겨지고 말았다.

이런 우여곡절을 겪으며 밤 삼경(三更 : 밤 11시~새벽 1시) 무렵 창의문으로 밀어닥친 반정군은 문을 점검하러 나온 선전관을 때려눕히고 창의문 안으로 밀고 들어갔다. 창의문에서부터는 박승종에게서 풀려나온 이홍립이 반정군의 앞장을 섰고, 창덕궁 돈화문에 이르러서는 미리부터 내응하기로 밀약이 되어 있던 어영천총 이확(李廓)이 반정군을 이끌고 창덕궁으로 들어갔다. 급보에 접한 이이첨과 박승종은 궁궐의 담장을 뛰어넘어 달아나고, 이때 한창 술에 취해 있던 광해군은 내관의 등에 업혀 의관(醫官) 안국신(安國信)의 집으로 숨어들었다. 때마침 안국신은 상중이어서 그가 몸을 숨기기에는 안성맞춤이었다. 광해군은 안국신에게 상복을 빌려 입고 상제로 꾸미고 있었으나, 안국신이 반정군에게 밀고하여 그의 의도는 무위로 끝나고 말았다.

뒤이어 창덕궁으로 밀어닥친 반정군은 횃불을 들고 왕의 행방을 찾아

나섰다. 궁궐 안을 샅샅이 뒤져도 왕의 행방을 찾을 수가 없자, 몇몇 군사가 왕의 침전까지 뒤졌고, 이때 한 군사의 횃불이 발(簾)에 옮겨붙어 왕의 별탕고(別帑庫)를 비롯한 수많은 전각이 전소되는 어처구니없는 일이 벌어졌다.

김류와 이귀 등 반정 주체들은 이튿날 날이 밝자, 폐서인이 되어 서궁에 유폐되어 있던 인목대비에게 반정 사실을 알리고 대비에 복위시켰다. 복위된 인목대비는 "광해군을 폐하고 능양군을 새 임금으로 추대한다"는 교서를 발표하니, 이 임금이 바로 훗날 삼전도(三田渡)에서 청 태종 홍타이지에게 세 번 절하고 아홉 번 머리를 조아린 조선 16대 군왕 '인조(仁祖, 재위 기간 : 1623년 3월~1649년 5월)'이다.

어느 혁명이건 간에 성공 후에는 필연적으로 반대 세력의 제거를 첫 순서로 삼는다. 새로 옥좌에 오른 인조도 즉시 이 작업에 돌입했다. 반정 당일에는 광해군의 총애를 등에 업고 일개 상궁의 신분으로 삼공육경(三公六卿) 위에 군림하던 김개시를 잡아들여 참수했다. 이어서 광해군 정권의 실세였던 이이첨, 박승종, 류희분(柳希奮) 3명을 잡아들이려 했으나, 이이첨과 박승종은 이미 달아나는 바람에 실패하고, 도성 안에 숨어 있던 류희분만 잡아들였다. 그러나 이날 달아났던 박승종은 이튿날, 아들 자흥(自興)과 함께 광주(廣州) 선산에서 자결한 시신으로 발견되었다.

그날 저녁 식구들을 이끌고 경상도로 달아나던 이이첨은 경기도 이천의 한 촌가에 숨어 있다가 아들 4형제와 함께 5부자가 체포되었다. 서울로 끌려온 이이첨은 반정이 일어난 지 엿새 후인 3월 19일 3남 홍엽, 4남 익엽과 함께 3부자가 참수되고, 장남 원엽은 23일에 참수되었다. 이어서 아들 4형제 중 홀로 위리안치의 명이 내려졌던 차남 대엽은 다음 달 20일 옥중에서 자살함으로써 그의 집안은 완전히 멸문되었다. 이때 처형된 이이첨은 비록 정승의 반열에는 오르지 못하고 예조판서에 머물렀으나, 광해군 정권에서 왕에 버금가는 권력을 행사하며 온 조정을 쥐락펴락하고 있었다. 또한 그는 박승종의 아들 자홍의 장인으로 박승종과는 사돈간이기도 했다. 따라서 폐세자빈 박씨의 외조부였던 그는 제거 대상 1순위였다.

4월 3일에는 고향 합천에 내려가 있던 정인홍(鄭仁弘, 1535~1623)을 잡아들여 참수했다. 국법에는 여든 살이 넘으면 참수를 면하게 되어 있었는데, 당시 정인홍의 나이는 자그마치 여든아홉이었다. 그는 임진왜란 당시 합천에서 의병을 일으켜 수많은 왜병과의 전투에서 혁혁한 전공을 세워 그 이름을 영남 일대에 드높였다. 이러한 연유로 1602년에는 선조에 의해 대사헌에 제수되었고, 선조 사후에는 광해군 조정에 기용되어 대북파를 이끌었다. 남명(南冥) 조식(曺植)의 수제자였던 그는 꼬장꼬장한 성미에 불의를 보면 참지 못하는 성격이었다. 그는 계축옥사 당시 영창대군도 살려주기를 청했고, 인목대비가 폐모될 때에도 이를 반대하는 입장을 고수했다.

하지만 그 역시 반정 주체들이 휘둘러대는 서슬 퍼런 칼날을 피할 수는 없었다. 정인홍을 참수한 반정 세력은 4월 4일, 광해군의 처남으로 문창부원군(文昌府院君)에 봉해졌던 류희분과 그의 아우 희발(希發)을 참수했다. 이날 참수된 류희분은 광창부원군(廣昌府院君) 이이첨과 밀창부원군(密昌府院君) 박승종과 더불어 광해군 정권에서 '삼창(三昌)'으로 불리며 막강한 권력을 행사했다. 류희분의 참수를 끝으로 광해군 정권의 실세 세 사람은 모두 사라졌다. 이밖에 반정 후 처형된 사람은 40여 명에 달했고, 200여 명은 삭탈관직과 함께 유배형에 처해짐으로써 반대파 제거는 모두 마무리되었다.

광해군 일가의 최후

반정후 폐주 광해군의 처형을 가장 강력하게 주장한 사람은 인목대비였다. 인목대비는 계축옥사 당시 자신의 아들 영창대군을 죽이고, 친정아버지 김제남 4부자를 죽음으로 몰고 간 광해군과 그 일당에게 극도의 원한을 품고 있었다. 계축옥사 이후 "나의 친정 가문(연안 김씨)에서는 두 번 다시 왕가와의 혼인을 금하라"고 명했을 만큼 인목대비의 한은 깊었다. 증오심에 불탔던 인목대비는 이미 46년 전에 세상을 떠난 광해군의 생모에게까지 화살을 겨누었다. 세 살에 생모를 여읜 광해군은 왕위에 오르고 나서 생모 공빈 김씨를 공성왕후(恭聖王后)로 추존하고, 생모의 묘를 능으로 격상하여 '성릉(成陵)'의 능호를 올렸다. 반정 후 대비에 복위된 인목대비는 공성왕후로 추존된 공빈의 위호를 삭탈하고, 성릉으로 격상되었던 공빈의 묘는 원래대로 묘로 격하시켰다.

인목대비는 복위된 지 한 달쯤 지난 4월 11일, 광해군의 36가지 죄목을 나열하고, 그를 처형하라 명했다. 그러나 도승지 이덕형(李德泂 : 이항복의 친구 한음 이덕형과는 다른 인물) 등이 나서서, "물러난 임금을 죽이는 법은 없습니다. 지난 중종반정 때에도 폐주가 된 연산군을 살려주어 천수를 누리지 않았습니까?"라며 극력으로 만류하여 광해군은 가까스로 살아남을 수 있었다.

폐위된 광해군의 말로는 비참했다. 인조 정권은 광해군과 폐비 류씨는 물론, 폐세자 부부를 포함해서 네 명을 모두 강화도에 위리안치시켰다. 이때에도 인목대비는 폐주를 극변(極邊)에 안치시킬 것을 주장했으나, 그럴 경우 감시가 어려워져 뜻밖의 사태를 불러올 수도 있다는 의견이 받아들여져 강화도로 가게 되었다.

광해군 부부가 안치된 곳은 강화부의 서문 쪽이었고, 폐세자 부부가 안치된 곳은 강화부의 동문 쪽이었다. 이때 폐세자 이지(李祬)의 나이는 스물여섯으로 폐세자빈과 동갑이었다. 그런데 유배된 지 약 2개월이 지난 5월 22일, 폐세자가 담 밑으로 땅굴을 파고 탈출을 시도한 사건이 벌어졌다. 폐세자빈으로 하여금 망을 보게 한 그는 26일에 걸쳐 70여 척(21미터)의 땅굴을 판 후 배소를 벗어나는 데까지는 성공했으나, 방향을 몰라 멈칫거리다가 이를 수상하게 여긴 나졸에게 잡히고 말았다.

강화부사 이중로(李重老)의 장계를 통해 사건의 전모를 알게 된 의금부에서는 류희분의 노비 이말질수(李末叱水)와 별장 권채(權綵) 그리고 폐세자가 데리고 있던 나인 막덕(莫德)을 잡아들였다. 국문 끝에 의금부에서는 나인 막덕으로부터 다음과 같은 진술을 받아냈다.

폐세자가 처음 위리안치되었을 때 폐빈과 같이 죽기로 약속하고는 보름이 넘도록 물 한 모금 입에 대지 않은 적도 있습니다. 어느 날 폐빈과 함께 목을 맨 것을 여종이 바로 풀어주어 구해낸 일도 있습니다. 전번에 가위와 인두를 서울에서 보내왔는데, 이것을 보고는 마침내 굴을 뚫겠다는 생각을 낸 것 같습니다. 그리하여 자기 손으로 직접 땅을 파서 빈으로 하여금 자루에 흙을 담게 하고는 방 안에 옮겨두었고, 시작한 지 26일 만에야 일을 끝냈습니다. 그러고는 바로 도망쳐 마니산으로 가려다가 방향을 몰라 잡힌 것 같습니다.

사건의 파장은 컸다. 절망한 폐세자빈은 자결하고, 탈출을 도왔던 류희분의 노비 이말질수와 별장 권채 두 사람은 국문 끝에 장살되었다. 그러나 거기서 끝이 아니었다. 반정 공신들 모두가 폐세자를 죽여야 한다고 들고 일어난 끝에 마침내 인조의 동의를 구하는 데 성공했다. 그 후 사건이 일어난 지 한 달 남짓 지난 6월 25일 금부도사 이유형은 폐세자를 자결시키라는 왕명을 받들고 강화로 건너갔다. 이때 금부도사로부터 왕명을 전해 들은 폐세자는 이렇게 말한다.

내가 일찍 자결할 줄 몰랐던 것은 아니나, 지금까지 구차하게 살아 있었던 것은 부왕과 모후의 안부를 알고 나서 일을 조용히 처리하려 했기 때문이다. 지난번 땅굴을 파고 탈출을 시도했던 것도 이 때문이었다. 어찌 다른 뜻이 있었겠는가!

말을 끝낸 폐세자가 방 안으로 들어가 의관을 갖추고 나서 칼을 찾아 손톱과 발톱을 깎으려 하자, 금부도사 이유형은 이를 제지했다. 이에 폐세자는 "그러면 죽은 뒤에라도 깎아주면 좋겠다"고 부탁한 후, 광해군 부처가 있는 서쪽을 향하여 네 번 절하고 다시 방 안으로 들어갔다. 그가 도포 끈으로 목을 매어 힘껏 당겼으나 그만 끈이 끊어지고 말았다. 당황한 그는 숙주(熟紬 : 명주실을 삶아서 만든 끈)를 찾아서 재차 목을 매어 마침내 죽음에 이르렀다. 아들 부부가 죽었다는 소식을 전해 들은 폐비 류씨는 극심한 우울증에 시달리다가 그해(1623) 10월 8일 유배지 강화에서 생을 마감했다. 아들 부부에 이어 폐비 류씨까지 죽게 되자, 광해군의 혈육으로는 박씨 문중으로 시집간 숙의(淑儀) 윤씨 소생의 옹주 하나만 남게 되었다.

그러나 이후에도 광해군은 시종일관 초연한 자세로 현실을 받아들이며 18년이나 삶을 이어가지만, 이 과정에서 그는 몇 번이나 죽을 고비를 겪는다. 복수심에 불탔던 인목대비는 그를 끝내 죽이려 했으나, 그때마다 남인 출신으로 신임 영의정에 오른 이원익을 비롯한 여러 중신들의 반대에 부딪혀 인목대비의 의도는 무위로 끝나게 된다. 인조 정권은 1624년(인조 2) 이괄의 난이 일어나자 광해군의 재등극을 우려해 그를 충청도 태안으로 이배(移配)시켰다. 난이 끝난 후 강화도로 되돌아오기는 했으나, 1636년 병자호란을 일으킨 청에서 광해군의 복수를 운운하자, 이번에는 강화 섬 북쪽의 교동도로 이배시켰다. 이때에도 신경진 등 몇몇이 죽이려 했으나, 밀명을 받은 경기수사가 그 명을 따르지 않는 바람에 가까스로 살아남았다.

병자호란이 끝나던 1637년 광해군이 청에 의해 복위될지도 모른다고 우려한 인조는 그를 교동도에서 다시 제주도로 이배시켰다. 그러나 그는 제주도로 옮긴 이후에도 여전히 초연한 삶을 이어갔다. 자신을 감시하는 별장이 상방을 차지하고 자신을 아랫방에 재워도 아무런 불평이 없었고, 심부름하는 나인이 '영감'이라 부르며 멸시해도 전혀 내색하지 않았다. 별장과 나인의 박대 속에 초지일관 의연한 자세로 삶을 이어가던 광해군은 병자호란이 끝난 후에도 4년을 더 살다가 1641년(인조 19) 7월 1일 "내가 죽으면 어머니 공빈 김씨의 발치에 묻어달라"는 한마디를 남기고 유배지 제주에서 파란으로 점철된 67년 생을 마감했다.

조선의 시간

조선시대에 시간을 나타내는 방법은 12시진(十二時辰)의 정시법(定時法)과 5경법(五更法)인 부정시법(不定時法), 두 가지다.

• 정시법(定時法) : 12간지를 이용한 시간 법으로 하루를 12간지로 나누어 표현한다. 자시(子時 : 23시~01시), 축시(丑時 : 01시~03시), 인시(寅時 : 03시~05시), 묘시(卯時 : 05시~07시), 진시(辰時 : 07시~09시), 사시(巳時 : 09시~11시), 오시(午時 : 11시~13시), 미시(未時 : 13시~15시), 신시(申時 : 15시~17시), 유시(酉時 : 17시~19시), 술시(戌時 : 19시~21시), 해시(亥時 : 21시~23시)가 그것이다.

이중 앞의 한 시간을 초(初)라 하고, 뒤의 한 시간은 정(正)이라고 한다. 그리고 초와 정을 다시 각각 4등분하여 15분 단위로 나누어서 이를 각(刻)이라고 부른다.

• 부정시법(不定時法) : 5경법이라고도 하는데 하룻밤을 다섯으로 나눈 시각으로, 일경(저녁 7시~9시), 이경(밤 9시~11시), 삼경(밤 11시~새벽 1시), 사경(새벽 1시~3시), 오경(새벽 3시~5시)이 있다.

5경의 앞뒤로 혼(昏)각과 신(晨)각을 사용했는데, 혼각은 해는 졌으나 아직 하늘이 밝을 때로 대략 30분 정도 되고, 신각은 해가 뜨기 전이나 해가 떠오르기 시작해서 훤해질 때로 또한 30분가량 된다.

조선시대에는 일반적으로 낮 시간인 묘시에서 유시(새벽 5시~저녁 7시)까지는 12시진을 사용하고, 밤에는 5경법(五更法)이라는 부정시법을 사용했다.

2. 이괄의 난

1624, 이괄의 분노

반대파를 남김없이 제거한 인조 정권은 불안한 서북 지방의 안보를 위해 장만(張晚)을 도원수로 봉해 그해 4월 평양으로 보냈다. 그로부터 4개월이 지난 8월에는 이괄을 평안병사(平安兵使) 겸 부원수로 임명하여 평안도 병영이 자리한 영변으로 보내는데, 이괄은 임지로 떠나기에 앞서 8월 17일 인조를 알현했다.

도원수(장만)와 경이 가니 내가 서북 변방에 대한 근심을 잊겠다. 간첩(間諜)이나 방비하는 여러 일을 마음을 다해 힘껏 행하라.

신은 이 같은 중임을 맡고 밤낮으로 떨리고 두렵습니다. 금년에 불행하게도 적병이 침입해오면 감히 한번 죽기로 싸워 나라의 은혜를 갚겠습니다.

위의 대화 내용으로 볼 때 이때까지만 해도 이괄은 자신을 변방으로 쫓아 보낸 것으로는 생각하지 않았던 듯하다.

김류와 이귀를 중심으로 한 반정 주체들은 이괄이 영변으로 떠난 지 3개월이 지난 그해 윤 10월 18일, 반정에 참여했던 인사들의 정사공신(靖社功臣) 명단을 확정했다. '정사'란 반정을 통하여 종묘사직을 바로 세웠다는 말이다. 이때 1등 공신으로는 김류, 이귀, 김자점, 심기원, 신경진, 이서, 최명길(崔鳴吉), 이흥립, 구굉, 심명세(沈命世)까지 10명이었고, 2등 공신으로는 이괄, 김경징(金慶徵 : 김류의 아들), 신경인(申景禋 신경진의 작은 아우), 이중로(李重老), 이시백(李時白 : 이귀의 장남), 이시방(李時昉 : 이귀의 3남), 장유(張維), 원두표(元斗杓), 이해(李澥), 신경유(申景裕 : 신경진의 큰 아우), 박효립(朴孝立), 장돈(張暾), 구인후(具仁垕), 장신(張紳 : 장유의 아우), 심기성(沈器成)까지 15명이었다. 이밖에 3등 공신으로 책정된 28명을 포함해서 총 53명에 이르렀다.

역사에서 지적한 대로 당시 김류와 이귀 등이 주도한 공신 책록은 너무나 불공정했다. 거사 당일 역모 사실이 누설된 것으로 여기고 집에서 갈등을 겪고 있다가 심기원과 원두표에 의해 반강제로 끌려가다시피 현장으로 달려갔던 김류는 1등 공신에 책록됨은 물론, 인조 정권의 실세로 자리 잡았고, 그날 저녁 김류를 대신하여 실패할 뻔했던 거사를 성공시키는 데 결정적 역할을 했던 이괄은 겨우 2등 공신에 머물렀다. 공신 책록의 보고를 받은 인조는 이튿날 김류와 이귀를 불러 이번 공신 책정의 공정성 여부를 물었다. 인조의 하문에 김류는 이렇게 대답한다.

이는 국가의 막중대사이므로 훈신이 일제히 모여서 의논하여 결정하였습니다. 그 당시 홍제원에 모인 사람들은 생사를 걸고 함께 일하였으므로 이들을 모두 책록했어야 마땅하나, 200여 인을 다 올릴 수는 없으므로 상의를 거쳐서 결정하였습니다. 이괄은 당초 결의한 사람은 아니지만 거사하던 날 칼을 잡고 대오를 나누어 군용(軍容)을 갖추는 데 공이 컸으므로 2등의 맨 앞에 올렸습니다.

이날 김류는 이괄의 2등 공신 책정이 지극히 정당하다는 논조로 말했다. 이괄이 2등 공신에 책록되었다는 소식은 그 즉시 영변에 있는 이괄 본인에게도 전해졌다. 소식을 접한 이괄은 애초에 자신이 김류와 이귀보다 한발 늦게 거사에 참여했던 사실을 떠올리기는 했으나, 마음은 내내 편치 않았다. 김류와 이귀는 무예가 뛰어난 이괄의 공을 인정하면서도 그를 언젠가는 제거할 대상으로 여기고 이렇게 결정했던 것이다.

이괄이 부원수로 부임한 북방 수비대의 총 병력은 1만 7,000명이었다. 이중 5,000명은 도원수 장만이 거느리고 평양에 주둔하고, 주력군 1만 2,000은 이괄의 지휘하에 평안도 병영이 자리한 영변에 주둔하고 있었다. 도원수의 병력보다 부원수의 병력이 많았던 이유는 평양보다 좀 더 북쪽이며 요충에 해당하는 영변에 주력군을 배치했다가 유사시에 신속하게 대처하고자 함이었다.

이괄을 2등 공신에 책정한 김류 일당은 내내 마음이 놓이지 않았다. 원래 반정을 계획할 당시 이괄과는 별로 교분이 없었으나, 그의 군사적인 능력을 감안하여 뒤늦게 합류시켰다. 이괄을 2등 공신에 책록했던 것도 1등 공신에 봉하게 되면 그의 권력이 커질 것이라는 우려 때문이었다. 더구나 거사 때 반정군을 제대로 이끌지 못했던 김류는 이를 자신의 최대 약점으로 생각하고 기회를 보아 이괄을 제거하기로 마음을 굳혔다. 김류 등이 제거를 꾀하고 있는 이괄은 기개와 야망이 넘치는 타고난 무인이었다. 또한 문장과 필법에도 뛰어났기에 항간에서는 이괄이야말로 장래 '병조판서 재목'이라고 회자되었고, 이귀 또한 이 점을 인정하고 그를 인조에게 병조판서로 추천까지 했다. 한편 이괄은 불쾌했던 감정을 털어버리고 성곽 보수와 군사 조련에만 집중하기로 했다.

이때 서울에 있던 김류와 이귀는 이괄이 1만이 넘는 병력을 보유하고 있는 것이 마음에 걸렸다. 이괄이 마음만 먹으면 언제든지 서울은 그의 말발굽 아래 유린당할 수도 있다는 생각 때문이었다. 해가 바뀐 1624년 1월, 이괄과 그의 아들 전(旃), 그리고 한명련(韓明璉)과 정충신(鄭忠信) 등이 폐주 광해군을 복위시키려 한다는 고변이 들어왔다. 이에 의금부에서는 관련자들을 잡아들여 추국에 들어갔다. 추국 과정에서 정인영 등 네 사람이 장살되었다. 그럼에도 진실은 드러나지 않았고, 인조는 이괄과 정충신의 모반을 믿지 않았다.

그러자 이귀는 인조를 인견한 자리에서 이렇게 주장했다.

이괄이 다른 뜻을 품고 강한 군사를 손에 쥐고 있으므로 일찍 도모하지 않으면 뒤에는 반드시 제압하기 어려울 것입니다. 더구나 역적들의 공초(供招 : 진술)에 흉모가 드러났으니, 잡아다가 국문해야 마땅합니다.

이귀의 거듭된 주장에도 인조는 여전히 의문을 품었다.

이괄은 충직한 사람인데, 어찌 반심을 품었겠는가. 이것은 흉악한 무리들이 그의 위세를 빌리고자 한 것이 아닐까?

인조는 미심쩍어했으나 이귀와 김류는 끝까지 이괄의 국문을 주장했다. 타협점을 찾던 인조는 '부원수의 직임은 이괄이 아니면 맡길 만한 사람이 없다'는 명분으로 이괄과 평소 절대적으로 신임했던 정충신은 그대로 둔 채 이괄의 아들 전과 그와 밀접하게 연결되어 있는 평안도 구성순변사(龜城巡邊使) 한명련만을 소환할 것을 지시했다. 이어서 기자헌(奇自獻) 등 역모 혐의가 있는 40여 명의 중앙 관료들은 의금부에 하옥하라는 명을 내렸다.

이때 김류 측에서 이괄과 더불어 제거를 꾀하고 있는 한명련은 원래 신분이 미천했다. 그는 1592년 임진왜란이 일어나자 곽재우와 더불어 경상도에서 의병을 일으켜 많은 공을 세워 경상우도 별장이 되었다. 정유재란 때에는 도원수 권율 휘하에 들어가 왜적과 싸웠고, 난이 끝난 후에는 종2품의 무관직인 방어사를 지냈다. 이어서 반정이 일어나던 1623년 평안도 구성순변사에 임명되어 오늘에 이르렀다. 김류와 이귀가 이러한 한명련에게 역모 혐의를 들씌운 이유는 그의 뛰어난 무장으로서의 능력 때문이었다. 만약 한명련이 이괄과 합세한다면 도저히 감당할 자신이 없었던 것이다. 상황을 파악한 한명련은 이괄과 생사를 함께하기로 결심했다.

아들과 한명련을 체포하기 위해 금부도사가 서울을 떠났다는 소식에 이괄은 격노했다. 변방 수비를 위해 혼신의 힘을 다하고 있는 자신에게 역모 혐의를 씌우려는 그들이 도저히 용납되지 않았던 것이다. 고심하던 이괄은 금부도사가 도착하면 살해하기로 결심했다. 만약 금부도사에게 아들을 내주게 되면 모진 고문 끝에 허위자백을 할지도 모른다는 우려도 있었다. 더구나 그의 아들 '전'은 외독자였다.

금부도사 일행이 당도하자, 이괄은 금부도사 고덕상(高德祥)과 심대림

(沈大臨), 그리고 선전관 김지수(金芝秀)의 목을 지체하지 않고 날려버렸다. 왕명을 받든 금부도사와 선전관을 참살했으니, 그가 택할 길은 '반역'의 외길이었다. 이괄이 반역의 깃발을 높이 들고 영변을 출발한 것은 1624년(인조 2) 1월 24일이었다. 선두에는 임진왜란 때 조선군에 귀순한 130여 명의 항왜병을 세웠고, 그 뒤로 자신의 휘하에 있는 1만 2,000명의 병사를 모두 동원했다. 영변을 떠난 이괄의 반란군은 장만의 군대가 머무는 평양을 우회하여 2월 1일에는 황주에 이르렀다.

이괄이 반란을 일으키기 직전인 1월 19일 도원수 장만은 병으로 사직을 청했다. 장만을 신임했던 인조는 그의 사직을 반려하고, 그가 지닌 도원수에다 황해병사(黃海兵使)를 겸임케 하고 몸이 완쾌될 때까지 집에서 조리하라는 특명을 내렸다.

그러나 불과 닷새 후에 이괄의 반란 소식이 전해졌다. 사세가 급박하게 돌아가자 인조는 병석에 누워 있던 도원수 장만에게 급히 출동하여 이괄의 반란군을 막으라고 지시했다. 이어서 안주목사 정충신을 관군의 전부대장(前部大將)을 삼으라고 명했다. 이때 안주목사로 있던 정충신은 이괄의 기세에 눌려 성을 벗어나 전열을 정비하고 있었다. 이에 중신들은 그에게 군율을 적용해 참형에 처해야 한다고 주장했다. 왕명에 따라 정충신은 군법 시행을 당할 처지에서 일약 관군의 전부대장을 맡게 되었다.

하지만 정충신과 장만의 부장 남이흥(南以興, 1576~1627)이 황주에서 반란군을 막아섰으나, 변변히 싸워보지도 못하고 패하고 말았다. 이때 관군의 지원군이 들이닥치자, 힘을 얻은 정충신은 반란군을 향해 소리쳤다. "이괄은 역적이다. 너희들이 살길은 투항밖에 없다. 투항하는 자는 살려주고, 저항하는 자는 모조리 죽일 것이다!"

정충신의 호통에 반군의 전열이 무너졌다. 그러나 선봉에 섰던 항왜부대가 칼을 휘두르며 돌격하여 관군의 선봉을 무너뜨리자 삽시간에 전세가 역전되었다. 이때 반란군에게 사로잡힌 관군의 선봉장 박영서가 이괄을 향하여 "너는 병마절도사에 부원수까지 겸했는데 무엇이 부족하여 반역을 했느냐?"고 나무라자, 이괄은 그 자리에서 박영서를 칼로 쳐 죽였다.

패퇴를 거듭하던 관군은 전열을 정비하여 평산에서 반란군을 막아섰으나 또다시 패하고 말았다. 이 싸움에서 방어사 이중로와 전 부사 이사주가 전사했고, 이밖에 무수한 군사들이 강물에 빠져 죽었다. 평산전투 이후로는 무인지경이었다. 용맹한 정충신조차 패했다는 소식에 관군들은 아예 막아설 엄두도 내지 못했고, 임진강을 방어하던 어영사 이귀는 강 건너에 반란군이 나타나자 군사들보다도 먼저 달아났다. 이귀의 이 같은 행동은 임진왜란 당시 한강 사수를 명받았던 도원수 김명원(金命元)이 강 건너에 나타난 왜병을 보고 가장 먼저 꽁무니를 뺀 것과 흡사했다.

반란군이 임진강을 건너 벽제를 향하고 있다는 보고가 올라오자 인조 정권은 당황했다. 2월 8일 밤, 대책을 협의한 조정에서는 공주로 몽진을 가기로 결정하고, 떠나기 전에 이괄의 장인 이방좌와 이괄의 처 그리고 이괄의 아우 이돈을 참수하여 효수했다. 이어서 옥에 갇혀 있던 기자헌에게 사약을 내리고, 성철을 비롯한 37명은 참수를 명했다. 이때 처형된 죄수들은 이괄의 반란군과 내응할 염려가 있는 자들과 이외 다른 각종 혐의로 갇힌 자들이었으나, 창황 중에 미처 옥석을 가릴 수 없어 옥에 갇혔던 37명의 죄수를 한꺼번에 처형했던 것이다.

이어서 인조는 우상 신흠(申欽)과 예조판서 이정구(李廷龜)에게 종묘의 신주를 받들고 인목대비와 중전 그리고 원자(元子 : 소현세자)를 호종하여 강화도로 갈 것을 명하고, 자신은 여러 중신들과 함께 충청도 공주로 향했다. 그러나 인조는 중도에 계획을 변경, 이정구로 하여금 양화나루까지 갔던 대비 일행을 모시고 와서 자신과 합류하라 명했다.

2월 8일 저녁, 인조 일행이 숭례문에 이르러 보니, 문이 잠겨 있었다. 승지 홍서봉(洪瑞鳳)이 앞에 있다가 그의 하인에게 자물쇠를 부수게 하고 통과했다. 한강에 이르자 강에는 배가 한 척도 보이지 않았다. 반란이 일어났다는 소문을 들은 뱃사공들이 건너편 강안에 배를 집결시켜놓았던 것이다. 선전관 우상중이 군사들을 데리고 헤엄을 쳐 건너가서 뱃사공들을 때려눕히고 배 몇 척을 끌어왔다. 건너야 할 사람은 많고 어두운 밤이라 시간이 많이 걸렸다. 일행 모두가 강을 건너고 나자, 이내 날이 밝아왔다.

양재역에 이르러 한숨 돌리고 있을 때 유생 김이(金怡) 등이 콩죽을 받들어 올렸다. 허기에 지쳐 있던 왕은 말 위에서 받아먹고, 중신들은 땅바닥에서 먹었다. 김이는 이때의 공으로 2월 12일 금부도사에 제수되었다. 콩죽 몇 그릇으로 불과 사흘 만에 종5품에 해당하는 금부도사가 된 것이다.

몽진 행렬이 수원에 이른 것은 2월 9일 한밤중이었다. 아침에 일어난 인조는 "위기 상황에서 호위(扈衛 : 궁성의 경호)를 허술히 한 병사(兵使) 이경직을 잡아들여 군율로 다스리라"고 명했다. 군율은 참형을 의미했다.

이때 예조판서 이정구가 나서서, "적이 항왜를 선봉으로 삼아 승세를 타고 돌격하니, 훈련이 제대로 안 된 군졸로서는 대적할 수 없었던 것입니다. 동래의 왜관에 머물러 있는 왜인이 1,000명에 가깝다 하는데, 사신을 보내 왜인을 불러다 반란군을 진압해야 합니다. 이경직은 전에 일본에 사신으로 갔던 경험이 있으니, 이 사람이 아니면 그 일을 감당할 사람이 없습니다"라고 주청했다.

이정구의 말에 인조는 "이경직의 죄를 용서하고 청왜사(請倭使)로 삼아 왜인을 청하여 난국을 수습하라"고 명했다. 왕명이 떨어지자 이경직은 그 자리에서 죄를 면제받고 청왜사에 제수되었다. 동래로 떠나려던 이경직이 할 말이 있다며 대신들에게 자신의 의견을 제시했다. "관왜(館倭)가 즉시 와서 구원하지 않고 대마도주에게 알린다면 일이 지연될 것이고, 또한 오더라도 대거로 몰려온다면 그때는 어찌하시겠습니까."

영상 이원익이 그 말을 받아 인조에게 전하자 인조는 말을 바꾸었다.

이경직이 가더라도 그들은 관백(關白 : 천왕을 대신하여 정무를 총괄하는 실권자)의 의견부터 물을 것이다. 그렇게 되면 낭패가 아니겠는가. 또한 왜인은 요사하여 믿을 수가 없다. 만약 우리의 청함을 구실로 병마(兵馬)를 많이 보내오면 뜻밖의 환난이 닥칠지도 모르니, 보내지 말도록 하라.

일이 다급하게 돌아가자 왕은 방금 했던 말을 뒤집으며 갈팡질팡 헤매고 있었다.

2일 천하

이괄은 영변을 떠난 지 불과 보름여 만인 2월 10일에 도성을 접수했다. 영변에서 도성은 900리 길이었다. 이는 임진왜란 때 부산에서 도성까지 천 리 길을 20일 만에 주파한 왜병들보다도 빠른 속도였다. 도성에는 이미 왕 이하 모든 중신들이 피난을 떠나고 방어하던 군사들도 모두 달아나버려 이괄은 말 그대로 피 한 방울 안 흘리고 무혈입성했다. 이괄과 한명련이 수많은 군사를 거느리고 나타나자, 도성 안 백성들은 길을 닦고 황토를 깔며 환호했고, 각 관청의 서리와 하인들은 의관을 갖추고 나와 영접하기를 마지않았다. 이때 앞에서 길을 인도한 사람은 이괄의 아우 '수(遂)'와 덕흥군(德興君 : 선조의 생부)의 증손자 '이충길'이었다.

이괄은 경복궁 옛터에 사령부를 차린 다음, 선조의 열 번째 아들 흥안군(興安君) 이제(李瑅)를 용상에 앉혔다. 이어서 인조반정에 참여했다가 인조를 배신하고 반군에 합류한 이흥립에게 새 임금의 호위를 담당케 하고, 이충길에게는 군사의 지휘를 맡겼다. 또한 도성 안에 남아 있던 자신의 친지들을 불러 관청에 배치하고 새로운 조정을 꾸리고서 나라의 곳간에 쌓여 있던 곡식을 백성들에게 나누어주었다. 급한 불을 끈 이괄은 도성 백성들에게 "새 임금이 즉위했으니, 경동치 말고 생업에 종사하라!"는 방을 붙이며 애써 민심을 달랬다.

이괄에 의하여 하루아침에 용상의 주인이 된 흥안군은 분수를 모르고 허황된 꿈에 사로잡히곤 했다. 비변사에서는 이러한 흥안군이 반란군에게 이용당하는 것을 방지하기 위하여 몽진을 떠나기 전에 그를 남쪽 지방으로 보내 유치시켜야 한다고 주청했다. 그러나 인조는 그 의견을 묵살하고 흥안군에게 대가(大駕 : 왕이 타는 수레, 어가)를 따르라고 명했다. 이에 흥안군은 2월 8일 저녁, 왕의 대가를 따라 몽진 길에 올랐다. 몽진 길에서 엉뚱한 욕심을 낸 그는 한강을 건넌 직후 행렬에서 빠져나와 이괄의 진영으로 달려갔다. 잘하면 용상의 주인이 될지도 모른다고 생각했던 그의 꿈은 현실이 되었다.

세상이 바뀌자 인심도 바뀌었다. 그동안 인조 정권에서 소외받던 자들과 각종 무뢰배들은 평소 자신과 척을 졌던 사람들에게 앙갚음을 하고는 이괄의 진영으로 숨어들었다. 도성 안은 무법천지가 되었고, 민심은 두 개로 나뉘었다. 인조 정권 밑에서 숨죽이고 살던 사람들은 이괄을 지지했고, 인조 정권에서 행세하던 사람들은 이괄에게 등을 돌렸다.

헌데 이때 광해군 정권의 훈련대장으로 있다가 광해군을 배신하고, 능양군(인조)에게 붙었던 이흥립의 처신이 가관이었다. 인조반정 후 1등 공신에 올랐던 이흥립은 이괄이 반란을 일으킬 무렵 수원부사로 있었다.

반란군이 황주에서 관군을 격파하고 서울로 밀려오자 인조는 이흥립에게 경기방어사를 겸하게 하고 이귀를 도와 임진강을 방어하라 명했다. 그런데 막상 반란군이 막아서는 관군마다 격파하고 물밀듯이 몰려오자 그는 속으로 갈등을 느꼈다. 지금의 형세로 보아 인조 정권이 무너지는 것은 시간 문제였고, 이괄의 세상이 되는 것은 의문의 여지가 없어 보였다. 생각이 여기에 미치자 그는 이참에 다시 한번 말을 갈아타기로 결심했다. 어차피 '이기면 충신이고, 지면 역적'이 되는 게 세상 이치였다. 이흥립은 어영사 이귀가 달아나던 날, 이괄에게로 말머리를 돌렸다. 똑같이 말머리를 돌렸으나, 한 사람은 쫓겨 달아나는 옛 임금에게로 가고, 한 사람은 떠오르는 새 임금에게로 갔다. 그 후 난이 진압되자, 인조는 그를 잡아다 옥에 가두었다. 옥중에서 고민하던 이흥립은 국문을 앞두고 그만 목을 매고 말았다.

패퇴를 거듭하던 관군은 전열을 재정비한 후 반란군을 추격했다. 지휘 장수는 도원수 장만과 황주 싸움에서 패퇴한 정충신과 남이흥이었다. 관군이 도성의 길목인 길마재(鞍峴)에 당도한 것은 2월 10일 황혼 녘이었다. 그날 해 질 녘부터 서울에는 동풍이 몰아치기 시작했다. 거센 바람 때문에 이괄은 장만의 군대가 길마재에 도착한 사실을 까맣게 모르고 있었다.

다음 날 새벽이 돼서야 이괄은 장만의 군대가 무악산 기슭 길마재에 진을 쳤다는 보고를 받았다. 영변에서 도성에 이르도록 단 한 번도 관군에게 패한 적이 없는 이괄은 "까짓 장만의 군대쯤이야 아침 해장감도 안 된다"며 코웃음을 쳤다. 이어서 도성 백성들을 향해, "이괄 장군이 장만의 군대를 쳐부수는 장면을 보신 후에 조반을 드세요"라고 휘하 군사들로 하여금 외치게 했다. 이때 이괄이 자신의 군대와 관군의 전투 장면을 보라고 유도했던 이유는 아직 마음을 정하지 못한 도성 백성들에게 자신의 위력을 보여줌으로써 지지 세력을 넓히고자 함이었다.

반군들이 외치는 소리를 들은 도성 백성들은 조반도 미룬 채 인왕산으로 내달았다. 이리하여 동풍이 몰아치는 2월 11일 아침, 길마재 건너편 인왕산 성곽에는 구경 나온 사람들로 빨랫줄에 빨래 널린 듯했다.

마침내 이괄의 반란군과 장만이 지휘하는 관군의 전투가 시작되었다. 싸움이 시작되자 이괄의 호언대로 장만의 군대는 처음부터 지리멸렬 맥을 못 추었다. 사기가 충천한 반군은 관군을 거세게 몰아붙였다. 싸움이 시작되고 얼마 안 되어 선천부사 김경운(金慶雲)이 앞에서 돌격하다가 반군의 총에 맞고 말에서 떨어져 죽었다. 이를 본 관군의 사기는 급격히 떨어지고, 반군의 사기는 더욱 올랐다. 동풍은 여전히 거세게 불어댔다.

바람을 등에 업은 이괄의 군대는 관군을 무악산 마루 봉수대까지 밀어붙였다. 그러나 하늘이 끝까지 이괄의 편을 들지 않는다는 것을 깨닫는 데는 그리 오랜 시간이 필요치 않았다. 지난 저녁부터 거세게 몰아치던 동풍이 별안간 서북풍으로 바뀌었다. 이때 이괄은 산기슭에 서서 군사들을 독려하다가 갑자기 바뀐 풍향에 크게 당황했다. 더군다나 자신이 그토록 업신여기던 장만의 휘하에는 정충신이 있다는 사실을 미처 깨닫지 못했다. 지난 황주 싸움에서 정충신을 격파했던 이괄은 그를 별것 아닌 것으로 생각했으나, 정충신은 그의 생각과는 달리 지략과 용맹을 겸비한 당대의 용장으로 그에게는 이런 일화가 전한다.

정충신(鄭忠信, 1576~1636)은 임진왜란 당시 전라도 광주(光州)에서 순찰사 권율의 통인(通引)으로 있었다. 권율은 이치(梨峙) 싸움에서 승전한 장계를 의주 행재소로 보내야 했으나, 아무도 나서지 않았다. 이때 열일곱의 홍안 소년 정충신이 자청하고 나섰다. 광주에서 의주까지는 자그마치 2천 리 길이었다. 권율의 장계를 품속에 간직한 정충신은 낮에는 산속에 숨고 밤에만 길을 달려 마침내 의주 행재소에 머물고 있는 선조 임금에게 권율의 장계를 올렸다. 정충신의 나이를 확인한 임금 이하 조정 대신들은 놀라움을 금치 못했다. 신분이 미천했던 그는 그 후 무과에 급제한 데 이어 권율 도원수의 사위가 되었다.

이괄의 난이 진압된 후 정충신은 진무공신 1등에 '충무(忠武)' 시호와 함께 '금남군(錦南君)'에 봉해졌다. 그는 정묘호란 때에는 부원수를 지냈는가 하면, 그 후 포도대장과 경상도 병마절도사까지 역임했다. 광주(光州)에 있는 '금남로(錦南路)'는 정충신의 봉작을 딴 것으로서, 그는 오늘날까지도 인구에 회자되는 입지전적 인물이다.

풍향이 바뀌자마자 관군은 바람을 등에 업고 짓쳐 내려가니, 흙먼지로 인하여 눈조차 못 뜨게 된 반란군은 순식간에 전열이 흐트러졌다. 이때 한명련과 닮은 반란군의 좌영장 이양(李壤)이란 자가 탄환에 맞아 말에서 떨어져 죽었다. 이를 본 장만의 부장 남이흥이 "적장 한명련이 죽었다!"라고 소리쳤다. 그 말을 들은 군사들은 환호성을 질렀다. 사실은 한명련은 화살에 맞아 부상만 당했으나, 난전의 와중에 진위를 판별할 재간은 없었다. 사기가 오른 관군은 반란군을 더욱 거세게 몰아붙였다. 관군의 기세에 눌린 이괄은 말머리를 돌려 달아나기 시작했다. 도성 안으로 들어가 성문을 걸어 잠그고 관군과 최후의 일전을 벌일 참이었다.

이괄이 패잔병을 이끌고 돈의문(서대문)에 당도해 보니, 새벽 출전 때 활짝 열고 나갔던 문은 어느새 굳게 닫혀 있었다. 때마침 추격군이 들이닥치자, 이괄은 다시 서소문을 향해 말을 몰았다. 그러나 서소문 역시 닫혀 있다. 다급해진 이괄은 숭례문으로 말머리를 돌려 도성 안으로 뛰어들었다. 도성 안으로 들어와 보니, 이미 도성 백성들은 이괄을 역적으로 인정하고 있었다. 생각 같아서는 손바닥 뒤집듯, 자신에게 등을 돌린 도성 백성들을 도륙내고 싶었으나, 그보다는 우선 목숨을 부지하는 게 급했다. 남의 헛간 구석에서 쥐 죽은 듯 숨어 있던 이괄은 이경(二更 : 9시~11시) 무렵 40여 명의 패잔병을 이끌고 광희문을 통하여 도성을 탈출하는 데 성공했다. 이 과정에서 80여 명의 도성 백성들이 참살당했다.

삼전나루를 통해 한강을 건넌 이괄은 경기도 광주(廣州)에서 목사 임회(林檜)를 살해하고, 그날 밤 이천 묵방리에서 머물렀다. 이괄의 고향은 이천의 이웃 여주였다. 고향이 코앞이라고 생각한 이괄은 갑자기 긴장이 풀렸다. 영변을 떠난 이래 잠시도 긴장의 끈을 늦출 수 없었던 그의 몸은 물먹은 솜만큼이나 무거웠다. 이괄 일행은 해도 지기 전부터 잠에 곯아떨어졌다.

하지만 믿는 도끼에 발등 찍히는 것은 고금이 다르지 않다. 그토록 믿었던 심복 중의 심복인 기익헌과 이수백이 자신의 상관이며 동지였던 이

괄 부자와 한명련을 비롯한 주동자들을 죽이자는 음모를 꾸몄다. 살아
남기 위한 최후의 수단이었다. 2월 12일 한밤중이 되자 기익헌과 이수백
은 몇몇 군사들을 이끌고 이괄이 자는 방에 들어가서 그의 목을 베었다.
이어서 방마다 찾아다니며 한명련을 비롯한 이괄의 참모 여섯 명의 목
을 남김없이 베어버렸다.

　한편 새 임금으로 즉위한 흥안군은 2월 11일 아침 수하들과 함께 싸
움 구경을 위해 인왕산으로 달려갔다. 당연히 이괄의 군대가 이길 것으
로 예상했던 싸움은 기대와는 달리 관군의 대승으로 끝났다. 인왕산 곡
장(曲墻)에 앉아 판세를 관망하던 흥안군은 이괄이 밀리기 시작하자 재
빨리 산을 내려왔다. 그는 자신의 가족을 데리고 이괄을 찾아 나섰다.
이제는 죽으나 사나 이괄을 따를 수밖에 없다고 생각했다. 이날 흥안군
은 이괄을 따라 광주까지 갔으나, 이내 마음을 바꾸어 일행과 헤어져 광
주(廣州) 소천(昭川)으로 방향을 틀었다.
　때로 몰려다니는 게 마음에 걸려 취한 행동이었으나, 임금을 사칭한
그가 숨을 곳은 그 어디에도 없었다. 소천 마을 빈집에 숨어 있던 흥안
군은 그를 찾아 헤매던 전 별장 한교(韓嶠)에게 잡히고 말았다. 사로잡힌
흥안군은 처음에는 자신이 도원수의 군관이라고 둘러댔다. 그러나 이내
말을 바꾸어 "내가 새 임금 흥안군이다. 네가 감히 임금인 나를 이렇게
핍박할 수 있단 말이냐?"라고 호통을 치면서 진짜 임금인 양 행세했다.
　한교는 흥안군을 서울로 압송하여 한남도원수 심기원에게로 끌고 갔
다. 역적의 수괴였던 흥안군이 잡혀 오자 심기원은 곁에 있던 훈련대장
신경진과 몇 마디 주고받고는 그 자리에서 참수해버렸다. 이렇게 되어 잘
하면 조선의 열일곱 번째 임금으로 기록될 뻔했던 흥안군은 용상에 앉

은 지 겨우 엿새 만에 많은 사연을 남기고, 역사의 뒤안길로 사라지고
말았다.

안전하게 도망갈 곳, 남한산성

공주로 향하던 인조는 천안에서 길마재 싸움의 결과를 들었다. 중신들
은 인조에게 "이곳에서 머물며 하회(下回 : 어떤 일이 있은 다음에 벌어지는
일의 형편이나 결과)를 보다가 진퇴를 정하시는 게 좋겠습니다"라고 아뢰
었다. 그러나 뒤이어 들려오는 소식은 "이괄이 패전하고 달아나기는 했으
나, 그 잔여 세력이 아직도 1,000여 명에 이른다"는 것이었다. 이에 중신
들은 "만약 남은 이괄의 잔당이 불시에 행재소를 덮친다면 대책이 없습
니다. 공주까지 가셔야 안전할 것입니다"라고 주청했다. 중신들의 주청에
인조는 애초에 결정한 대로 공주까지 가기로 했다.

인조가 천안을 떠나 공주 공산성에 도착한 것은 2월 13일이었다. 공
주 도착 이틀 후 기익헌, 이수백 등이 와서 이괄과 한명련을 비롯한 반
란군 수괴들의 수급을 바쳤고, 뒤이어 이괄의 잔당들이 모두 소탕되었
다는 소식이 전해졌다. 더 이상 공주에 머물 이유가 없게 된 인조는 2월
18일 서울을 향해 북행길에 올랐다. 인조가 도성에 당도한 것은 2월 22일
정오였다. 곧바로 태묘(太廟 : 종묘의 정전)에 나아가 신주를 봉안하고 환
안제(還安祭)와 위안제(慰安祭)를 거행한 인조는 경덕궁에 짐을 풀었다.
이는 경복궁은 임진왜란 때 소실되고, 창덕궁과 창경궁은 인조반정과 이
번 난리에 불에 탔기 때문이다. 이번 난의 상처는 생각보다 깊었다.

반군 수중에 자신들을 팽개치고 몽진을 떠난 조정에 분노한 도성 백

성들은 궁궐에 불을 지르고 내탕고(內帑庫)에 들어가 값나가는 물건은 남김없이 탈취해갔다. 심지어는 종묘의 제기와 광해군의 사초(史草)까지 없어졌다. 더욱 심각한 문제는 군기고에 보관해두었던 조총과 활을 비롯한 각종 무기를 약탈해가는 바람에 군기고가 텅텅 비었다는 점이다.

여기에 관가는 물론 민가들도 불탄 집이 많았다. 평소 관가에 원한이 있던 자는 관청에 불을 질렀고, 이웃에게 앙심을 품은 자는 그 집에 불을 질렀다. 그러다 문제가 되면 그 즉시 이괄의 진영으로 달아났다.

이괄이 도성에 머물렀던 기간은 이틀도 채 되지 않았으나, 실제로 도성 전체가 무법천지로 변한 기간은 보름에 이르렀다. 이는 이괄이 달아난 후에 공주로 몽진한 인조가 미적거리며 환궁을 늦췄기 때문이다. 그러나 이것은 겉으로 드러난 문제였고, 보이지 않는 문제는 이보다 훨씬 더 심각했다. 인조 정권에 대한 불신과 함께 백성들 간에도 서로가 서로를 믿지 못하는 불신풍조가 생겨났다.

인조반정 주체들이 내세운 광해군 죄상의 핵심은 '폐모살제, 배명금친, 그리고 무리한 궁궐 공사로 민생을 도탄에 빠뜨렸다'는 세 가지였다. 이 가운데 인목대비를 서인(庶人)으로 폐하고 이복동생 영창대군을 죽인 폐모살제는 백성들도 수긍했지만 당장 피부에 와닿는 문제는 아니었다. 임진왜란 때 원군을 보내 조선에 재조지은을 행한 명나라를 배신하고 여진족이 세운 후금의 편을 들었다는 배명금친 또한 백성들의 입장에서는 그다지 큰 관심 사항이 아니었다. 그러나 무리한 공사를 벌여 민생을 도탄에 빠뜨린 것은 당장 백성들의 생계가 달린 문제였다.

백성들은 임진왜란 때 임금과 조정 대신들이 자신들을 도성에 방치한 채 밤중에 몽진을 떠났던 일을 생생하게 기억하고 있었다. 그런데 그 같은 사건이 일어난 지 불과 30여 년 만에 또다시 같은 일이 벌어졌으니,

인조 정권에 등을 돌리는 것은 당연했다.

그 와중에 인조가 공주에서 환궁한 이후에는 더욱 황당한 일이 벌어졌다. 이괄이 도성을 점령했을 당시 반군에 협력했다고 의심되는 사람들은 남김없이 처단했던 것이다. 실제로 그때 이괄에게 협력했던 사람들도 상당히 많기는 했다. 하지만 그들이 반군에 협력했던 것 또한 그 책임의 원천은 인조 정권에 있었다. 반정 후 개혁은 고사하고 민생을 외면했고, 반란군이 몰려오자 백성들을 그 수중에 내버려둔 채 자신들만 살길을 찾아 떠난 것은 바로 왕과 조정 대신들이었다. 그런데도 난이 진압되자 자신들의 책임은 뒤로 돌리고 애꿎은 백성들만을 처형하는 모습을 본 도성 백성들은 인조 정권에 대한 기대를 아예 접고 말았다.

그 후에도 조정에서는 백성들의 안위에는 별 관심을 보이지 않고, 엉뚱하게도 왕이 몽진 길에 올랐을 때 경호에 문제가 있었다고 판단하고, 국왕의 경호를 담당하는 어영청의 인원을 대폭 증강시켰다. 원래 어영청은 인조반정 이후 반정 주체들에 의하여 설치된 조선 후기 오군영(五軍營) 중의 하나였다. 반정 후 친명배금 정책을 표방한 인조는 후금을 친히 정벌하겠다는 가당치도 않은 계획을 세웠다.

이어서 인조는 개성유수 이귀를 어융사(御戎使)로 임명하고, 260명의 화포군(火砲軍)으로 어영군을 구성하여 왕의 경호를 강화했다. 후에 이귀는 어융사에서 어영사(御營使)로 이름을 바꾸고 국왕의 호위를 계속했다. 이괄의 난이 일어나자 이귀는 어영군을 거느리고 임진강을 방어하다가 반군의 기세에 눌려 도망친 후 공주로 파천할 때 국왕을 호종했다. 그곳에서 포수 출신을 충원해 어영군을 600명으로 증강했고, 환도 후에는 1,000명으로 대폭 늘렸다.

인조는 환궁 후 약 보름이 지난 3월 8일, 이괄의 난을 평정하는 데 공을 세운 장수들에게 진무공신의 훈호(勳號)를 내렸다. 이때 1등 공신에는 도원수 장만을 비롯하여 난을 평정할 때 전부대장을 맡았던 정충신 그리고 장만의 부장으로 혁혁한 공을 세운 남이흥 등 세 사람이었고, 2등 공신으로는 이수일(李守一), 류효걸(柳孝傑), 김경운(金慶雲), 이희건(李希健) 등 여덟 명이었다. 이밖에 3등 공신 16명을 포함하여 총 27명을 진무공신으로 책록했다.

인조는 어영군 증강과 진무공신 책록에 이어 다음으로 착수한 일은 유사시에 국왕 및 대신들이 피난할 입보처(入保處 : 유사시 성이나 섬으로 피난할 장소) 확보였다. 당시는 후금의 침략을 막는 것이 최우선 과제였으므로 수전(水戰)에 약한 그들의 약점을 노려 강화도가 제일의 입보처로 떠올랐다. 하지만 강화도는 도성에서 거리도 멀뿐더러 바다를 건너야 했으므로 만일의 경우를 대비하여 남한산성을 두 번째 적지로 선정했다.

남한산성은 본래 신라 30대 임금 문무왕이 쌓은 성이었다. 이후 고려를 거쳐 조선으로 이어지면서 근 천 년 동안이나 폐허 상태로 남아 있었다. 이 성의 수축을 처음으로 계획한 임금은 임진왜란을 겪은 선조였다. 그러나 전란의 후유증으로 인해 자금 조달이 여의치 않자 논의만 거듭하다가 흐지부지되고 말았다.

그 후 광해군 때 다시 축성을 시작했으나, 인조반정으로 광해군이 물러나면서 공사가 중단되어 이때까지도 허물어진 상태로 있었다. 반정 주체들은 허물어진 남한산성의 축성이 시급하다고 몰아붙였으나, 조정의 여론은 둘로 갈렸다. 축성의 필요성에는 그 누구도 이의가 없지만 백성 동원으로 인한 민심 이반을 걱정하는 주장과, 아무리 그렇더라도 작금의 상황이 이 성을 새로 쌓지 않고서는 유사시에 입보처 확보가 어려울 것이라는 주장이 팽팽하게 맞섰다.

이때 영의정 이원익이 축성 반대론자들을 누르고 공사를 강력하게 밀어붙여 축성공사는 현실화되었다. 축성군으로는 대부분 승군을 동원하기로 하고, 공사는 총융사 이서(李曙)와 광주목사(廣州牧使) 류림(柳琳)이 주관했다. 이리하여 이괄의 난이 끝나고 약 4개월가량 지난 1624년 7월에 공사를 시작하여 1626년 7월까지 만 2년에 걸쳐 총 11.7킬로미터에 이르는 남한산성을 완성했다.

유사시 입보처로는 남한산성보다도 한 수 윗길로 쳐주는 강화도에는 조선 전기에 개축한 성곽이 있기는 하지만 유사시에 적의 침입을 막기에는 미약했다. 그런데도 강화도를 최적의 피난처로 선정한 이유는 여진족을 비롯한 북방족들이 말을 타고 싸우는 기병전에는 강한 반면에 물에서 싸우는 수전에는 맥을 못 추기 때문이다.

고려 무신 정권의 실권자였던 최우(崔瑀)가 몽골의 침입을 막고자 강화도를 전시수도로 삼은 이유도 여기에 있었다. 당시 최우가 천도한 가장 큰 이유는 자신의 정권 유지를 위해서였다고는 하지만 그 진짜 이유가 무엇이건 간에 몽골이나 여진족을 막는 데는 강화도는 맞춰온 듯 좋은 곳이었다. 실제로 고려는 1232년(고종 19)부터 1270년까지 강화도에서 만 38년을 버텨냈다. 강화도를 으뜸의 입보처로 선정한 인조 정권은 성곽을 보수하고 관방시설(關防施設)을 정비하는 등 부산을 떨었다.

왕의 경호를 강화하고, 남한산성과 강화도를 정비한 인조 정권에서 다음 단계로 행한 일은 기찰(譏察)의 강화였다. 기찰이란 원래 범인을 잡기 위하여 염탐하고 검문하는 것을 의미했으나, 이들은 기찰을 자신들의 정권을 지키는 수단으로 악용했다. 반란으로 정권을 탈취한 인조와 공신들이 가장 두려워했던 것은 또 다른 반란이었다. 때문에 인조 정권은 반정 직후부터 기찰을 강화했다. 그럼에도 불구하고 이괄의 난을 겪고 나자, 이들은 그 원인이 기찰의 미비에 있었다는 결론을 내렸다. 반정 직후 인조는 공신 1인당 100명 안팎의 병사로 하여금 호위하게 하고 기찰을 강화했는데, 이들 호위병들이 주인의 위세를 믿고 많은 행패를 자행하여 백성들의 원망을 사는 등 부작용이 따랐다.

이러한 경험이 있음에도 불구하고 환도 이후 인조와 공신들은 더욱더 기찰을 강화해나갔다. 반정 주체인 서인들은 먼저 기찰 대상자 명부를 만들었다. 그 대상자는 병력 동원 능력과 광해군 정권의 실세였던 북인과의 연계 여부를 기준으로 했다. 이어서 기찰 중 조금이라도 의심 가는 사람들은 가차 없이 잡아들이고, 혐의가 짙으면 목을 베었다. 이 와중에 억울하게 당한 사람들이 수도 없이 생겨났다.

반란이 두려웠던 인조 정권은 말로는 여진족에 대한 경계를 강화한다고 하면서도 변방의 장졸들에게 조련을 하지 못하게 막았다. 실제로 반정 이후 영변에 주둔하던 이괄은 강한 군대를 만들겠다는 일념으로 군사를 조련했으나, 결과적으로 그 병력이 반란에 동원되었던 악몽도 있었다. 이 사건을 떠올린 인조 정권은 군사 조련과 부대 이동을 원천적으로 막다시피 했다. 조련이 안 된 군대는 오합지졸에 불과했고, 국방력은 나날이 쇠약해져갔다.

기찰에 대한 폐해의 심각성은 이괄의 난이 끝나고 그 3년 후에 벌어지는 정묘호란 때 남이흥의 경우가 이를 증명한다. 정묘호란 당시 평안병사로 재임하던 남이흥은 도원수 장만의 명을 받아 안주를 방어하고 있었다. 이 무렵 후금에서 조선 침략을 가시화하자, 장만과 남이흥은 전략거점인 안주성을 지켜야 한다고 주장했으나, 이때 도성에 있던 이귀는 구성(龜城) 사수를 주장했다. 양측의 주장이 팽팽하게 맞설 때, 인조가 나서서 이귀의 손을 들어주었다.

그러나 막상 후금군이 안주로 진격하자, 장만은 다급한 나머지 남이흥 휘하의 군사를 안주성으로 투입했다. 하지만 까다로운 기찰로 인하여 장졸들은 전혀 조련이 안 된 상태였다. 이미 전세가 기울었다고 판단한 남이흥은 화약 더미에 불을 지르고 장렬한 최후를 마치면서, 이런 말을 남겼다.

장수가 되어 싸움터에서 죽는 것은 조금도 원통할 게 없으나, 군사 조련을 한 번도 못 해보고 죽는 것이 천추의 한으로 남는다.

3. 조선 국왕, 인조

"그대를 봉하여 조선 국왕으로 삼노라"

이괄의 난 후유증으로 몸살을 앓던 인조 정권에서 시급히 해결해야 할 일이 대두했으니, 바로 명 황제의 인조 책봉 문제였다. 반정으로 왕위에 오른 인조는 즉위 2년이 다가오도록 명으로부터 정식으로 책봉을 받지 못했다. 명의 제후국이었던 조선은 국왕이 바뀌면 예외 없이 명에 그 사실을 알려야 했고, 통보를 받은 명 황제는 새로 바뀐 조선 왕의 책봉 여부를 결정했다.

전왕인 광해군 역시 이 문제로 인하여 많은 곤욕을 치렀다. 1608년 2월에 즉위한 광해군은 명 황제로부터 책봉을 받기 위해 즉위 초부터 사신을 파견하며 애를 썼으나, 명은 장자인 임해군을 제치고 차자인 광해군이 즉위한 것에 의혹이 있다며 요동도사 엄일괴(嚴一魁)를 단장으로 하는 실사단을 파견했다. 이에 이이첨을 위시한 북인들은 임해군을 강화 교동도에 안치시키고, 실사단을 뇌물로 무마시켜 명으로 돌려보냈다. 그 후 책봉사(冊封使) 도착을 앞둔 1609년 4월 말, 임해군에게 음독을 강요했으나, 듣지 않자 아예 목을 졸라 죽여버렸다. 임해군이 죽은 다음 달 초, 명의 신종(神宗 : 만력제)은 책봉사 웅화(熊化)를 보내 광해군을 조선의 15대 국왕으로 봉한다는 조서를 내렸다.

광해군의 전례를 기억한 인조는 즉위 초부터 명 황제로부터 책봉을 받기 위해 온갖 노력을 다했다. 주청사를 보낼 때마다 승인을 거부하며 인조의 애를 녹이던 명은 인조가 왕위에 나간 지 2년이 다 되는 1625년 (인조 3) 2월에서야 책봉사 2명을 조선으로 보낸다고 통보했다.

애타게 바라던 책봉사가 북경을 떠났다는 소식에 한껏 고무된 인조 정권은 새로운 고뇌에 빠졌다. 책봉문을 들고 오는 조사(詔使)들의 접대 때문이었다. 조선에서는 명의 사신을 통칭해서 '칙사(勅使)'라고 불렀는데, 이들의 위세와 행패는 상상을 초월했다.

6월 1일 개성에 도착한 조사들은 개독례(開讀禮 : 중국 황제의 조서를 개봉하여 읽는 의식)라는 명목으로 뇌물을 요구했다. 이에 그들을 맞으러 나갔던 접반사(接伴使 : 외국 사신을 접대하던 임시직 벼슬아치)는 준비했던 은 1만 2,000냥을 내주었으나, 이들은 오히려 불만을 나타내므로 도성에 이르러 더 주겠다고 달래야 했다. 6월 3일 인조는 모화관까지 나가서 그들을 맞이했고, 이어서 그토록 원하던 책봉교서를 받았다. 아래는 그날의 『인조실록』 내용이다.

중국 사신 왕민정(王敏政)과 호양보(胡良輔)가 조칙을 받들고 경성에 들어왔는데, 상(上 : 인조)이 백관을 거느리고 교외에서 맞이하였다. 조칙을 반사하는 일이 끝나자 상이 두 사신과 다례(茶禮)를 거행하였다. 조서에 이르기를,

"그대 조선은 그대로 충근(忠勤)을 드러내어 매양 왕위에 봉해줄 것을 청하니, 이는 감히 마음대로 하지 않는다는 의사를 보인 것이다. 생각하건 대 우리 황조께서 일찍이 전 국왕 이혼(李琿 : 광해군)을 책봉하였는데 뜻 하지 않게 전번에 실덕(失德)하였기 때문에 버림을 받았다. 소경왕비(昭敬 王妃 : 인목대비)가 나라의 사정을 갖추 아뢰고 그대 이종(李倧 : 인조)을 세 워 대통(大統)을 이었으면 하기에 특별히 그대를 봉하여 조선 국왕으로 삼 는다. 나라의 대소 신민들은 다 함께 내가 부여한 뜻을 몸 받아 힘써 왕을 도와서 정치를 잘하고 나라를 견고하게 해서 오랑캐를 막으라."

개성에서부터 노골적으로 손을 내밀기 시작한 조사는 서울에 도착한 이후에는 엄두도 못 낼만치 많은 뇌물을 요구했다. 재정 상태가 열악했 던 조정에서는 이 문제를 백성들에게 부담시키고자 했으나, 그 역시 간 단한 문제가 아니었다. 이괄의 난 이후 민심이 돌아선 데다 연이어 닥친 흉년으로 백성들의 살림살이도 말이 아니었기 때문이다. 그러나 나라의 곳간이 비었으니 별도리가 없었다. 고심하던 조정에서는 도리 없이 백성 들에게 부담을 지울 수밖에 없었고, 이래저래 백성들의 불만은 갈수록 높아갔다.

조사들은 화폐로 통용되는 은과 함께 명나라에서 비싸게 팔리는 조 선의 인삼을 선호했다. 당시 왕민정과 호양보는 15만 냥이 넘는 은과 수 천 근에 달하는 인삼을 챙겼다. 이 외에도 조선의 특산품은 물론, 이 땅 에서 나지 않는 물품까지 요구하며 나라의 곳간을 텅 비게 만들었다.

그런 까닭에 조사들이 조선에 머무는 동안 조정은 물론이고, 나라 전 체가 이들의 접대 문제로 비상사태에 돌입해야 했다. 당시 호조에서는 이들의 접대를 위해 4결마다 베 1필씩 거두기를 청하여 인조의 재가를 받아냈다. 이때 호조에서는 "천사(天使 : 명의 사신)가 나올 때 쓸 10만 냥의 은을 백성으로부터 거둔 베로 저자와 여염에서 환무(換貿)하려고 하자 은값이 갑절이나 뛰었다"며 새로운 방안을 내놓았다.

"도독(모문룡)이 오랫동안 우리 지경(가도)에 있어서 한가족과 같으니, 이제 사신을 보내 좋은 말로 개진하기를 '종전에는 책사(冊使)가 나올 때 소용되는 물품을 민간에 부과했는데, 우리나라가 병화와 기근을 치른 뒤라 공사가 텅 비었으니, 노야(老爺 : 모문룡)가 가진 군수(軍需) 중에서 은자 3~4만 냥을 빌려주면 뒷날 상환할 때 쌀과 삼으로 주겠다'고 하면 반드시 허락할 것입니다"라고 주청하여 인조의 재가를 받아냈다.

한편 개성에서 1만 2,000냥을 주었을 때 적다고 불평하는 그들에게 서울에 도착하면 더 주겠다고 했었기에 서울 도착 후, 별예단(別禮單)의 은자 1만 7,000냥을 조사에게 보내고 다른 물품도 이와 대등하게 보냈다. 그러나 그들은 오히려 화를 내며 본국으로 돌아갈 테니 패문(牌文)을 내어달라며 인조를 협박했다. 이에 인조는 지사 김신국을 보내 그들을 달랬다. 하지만 두 조사는 "국왕의 후의는 퍽 감사하나 돌아갈 기한이 이미 임박하였으므로 감히 지체할 수 없어 분부를 따르지 못하겠습니다"라고 엄포했다.

이들은 매일 은자 1만 냥과 인삼 200근을 받아 챙겼을 뿐만 아니라 그들의 수하로 따라온 당지효(黨至孝)에게 들어간 은자와 물품도 이에 못지않았다. 결국 그들의 접대 문제로 시중에는 은과 삼이 바닥을 드러낼 수밖에 없었다. 아래는 그날의 『승정원일기』의 내용이다.

전식이 호조의 말로 아뢰기를,
"신들이 모두 보잘것없는 몸으로 탁지부에 근무하여 이런 망극한 사람을 만나 갖추어두었던 물건이 모두 떨어지지 않은 것이 없고 특히 은과 삼은 바닥이 났습니다. 이번 천사의 행실은 전에 없던 변으로 비록 은과 삼이 진흙이나 모래와 같이 많더라도 어찌 바닥이 나지 않겠습니까. 이러한 지경에 이르렀으니 신들은 황당하고 민망스러워 어떻게 해야 할지 모르겠습니다" 하니, "알았다"고 하였다(『승정원일기』 인조 3년〈1626〉 6월 7일).

그들은 은자와 인삼은 물론, 조선에서 나지 않는 것까지 요구했는데, 그중에서 가장 구하기가 어려워 애를 먹었던 것은 바로 '해구신'이었다. 아래는 『승정원일기』에 실려 있는 이에 관한 기사이다.

이목(李楘)이 영접도감의 말로 아뢰기를,

"천사에게 해구신 25개를 어제 입납하였습니다. 그런데 천사가 오늘 이를 내보내며 이르기를, '모두 진짜가 아니다. 다시 장만하여 들여보내도록 하라' 하였습니다. 이에 역관을 시켜 잘 타이르도록 하였는데도 여전히 받아들이지 않습니다. 이제 비록 산지에서 구하더라도 배에 오르기 전에 마치지 못할 것이 분명한 데다 그것이 뜻에 맞을는지도 알 수가 없습니다. 매우 걱정스럽습니다"(『승정원일기』 인조 3년〈1626〉 6월 11일).

당시의 『승정원일기』를 보면 조사가 6월 1일 개성에 도착한 이후부터 6월 12일 도성을 떠날 때까지 그들에 관한 기사로 넘쳐나는데, 도성을 떠나기 전날인 6월 11일에는 자그마치 이에 관한 기사가 제목만 해도 37개나 된다. 아래는 그날 이목이 두 번째 아뢴 내용이다.

천사가 요구한 물건 가운데 미처 부응하지 못한 것에 대하여 문계(問啓)

하도록 전교하였습니다. 호피 100장 가운데 54장은 이미 지급하였습니다. 그리고 표피(豹皮) 100장, 녹비(鹿皮) 100장, 대왜도(大倭刀) 100구, 소왜도 100구, 백저포(白苧布) 200필, 채화석(綵花席) 100립, 궁자(弓子) 100장도 수량에 맞춰 모두 지급하였습니다. 은장도 200병(柄) 가운데 30자루도 지급하였습니다. 석장도(錫粧刀)는 400자루 가운데 200자루만 지급하였습니다. 하지만 이를 며칠 안에 만들어내기란 매우 어렵습니다. 그 가운데 가장 얻기도 어렵고 요구하기를 간절하게 하는 것은 바로 해구신과 해달피(海獺皮)인데 아직 찾아내지 못하여 매우 근심하고 있습니다. 또 해달피는 훈록비(薰鹿皮) 50장과 수달피(水獺皮) 50장으로 대신하고, 수량을 채우지 못한 호피도 수량에 맞추어 녹비로 채우고, 점궁(墊弓) 50장을 보내려고 하니, 분부를 내려주십시오.

라고 아뢰자 인조는 상이 아뢴 대로 행하라고 전교하였다.

돌아보건대, 너희들과 그들이 무엇이 다른가

이처럼 절박한 상황 속에서도 인조는 그해 4월 18일 반정 후 책록한 정사공신과 이괄의 난 때 공을 세운 진무공신을 포함한 모든 공신들을 경덕궁 융정전으로 불러 모아 회맹연(會盟宴)을 개최한다. 회맹연이란 임금과 공신들이 한자리에 모여 자신들이 가진 권력을 영원토록 누릴 것을 축원하고 나서 공신들은 임금에게 충성을 맹세하고, 임금은 공신에게 보호해줄 것을 다짐한 후, 각 공신들끼리의 유대를 강화하는 잔치를 말한다. 특별한 경우에는 이때 피를 나누어 마시거나 아니면 피를 내어 입술에 바르기도 하지만 인조는 이날 술과 음식만을 내렸다.

인조가 공신들을 모아 회맹연을 연다고 하자, 사간원에서는 이에 대해 부당함을 지적하고 나섰다.

책봉사의 입국 기일은 임박해오고 농사일은 한창 바쁜데 지금 들으니, 각도의 병사(兵使)와 수령 등이 쌀과 포(布)를 모아 연락(宴樂)을 크게 베풀고 여러 날 머물 계책을 세우려 한다 합니다. 이런 때 변수(邊帥)와 수령들이 임지를 떠나서 멀리 온 것도 이미 미안한 일인데 예식이 끝난 뒤에도 즉시 내려가지 않으니, 본 임지의 업무가 폐기될 뿐만 아니라 허다한 하인들까지 경저(京邸)에 머물고 있어 그 폐단이 적지 않습니다. 오늘 안으로 급히 내려보내도록 하소서.

사간원에서는 이처럼 강하게 반대했으나, 이들은 막무가내로 회맹연을 밀어붙인다. 연회 하루 전인 4월 17일, 인조는 왕세자와 문무 대신들을 거느리고 경복궁 신무문(神武門) 앞에 마련된 회맹 제단에 올라 제례를 행하고 맹서문을 낭독했다.

천지가 화합하니 만물이 이루어지고 군신이 협동하니 대업이 흥기하였다. 위대하신 태조께서 천명을 받아 나라를 창건하였고, 역대 임금들이 명철하여 방국을 잘 보전하였다. 문무를 닦아서 화난(禍難)을 막으니, 기울어진 것은 평평하게 되고 굽은 것은 바르게 되었다. 군자들이 아니었다면 어찌 종묘사직을 보존할 수 있었겠는가. 이에 공을 상고하여 관작을 올려준다. 영화를 미루어 안녕을 누리게 하니 이 은택 백세에 미치리라. 아! 우리 동맹인들은 지금부터 맹세하노니, 기쁠 때나 슬플 때나 배신하는 일 없이 억만년토록 유지하기를 기약하노라. 이 맹세에 변함이 있으면 신명이 살펴리라.

이튿날 잔치가 벌어지자, 인조는 승지에게 명하여 모든 공신들에게 뜰 위에서 선시(宣示)하도록 하고 나서 이렇게 하교한다.

경들이 아니었더라면 윤기가 멸절되고 종사가 전복되었을 것이니, 경들의 공은 고금에 없는 것이다. 회맹의 예가 이루어졌으나 보답할 것이 없다. 원컨대 경들과 더불어 어려운 시기를 구제하고 경들과 함께 기쁨과 슬픔을 누리고자 한다. 군신 사이에 각기 도리를 다하여 사욕을 극복하고 지극한 다스림을 이룩하기를 도모하리라. 곤경에 처했을 때를 생각하니, 이날이 어찌 이리도 기쁜지 모르겠다. 각기 주량을 다하여 술잔을 사양치 말라.

이날 인조와 공신들은 종일토록 마시고 놀았다. 이어서 회맹연이 끝날 무렵, 김류, 이귀, 장만 세 사람은 인조에게 이렇게 주청한다.

자고로 새 공신이 회맹을 한 뒤에는 반드시 분축연(分軸宴)을 행합니다. 신들은 20일에 행하려고 하는데, 대간이 논계하여 병사와 수령 등을 속히 내려가게 한다고 하니, 성대한 일이 적적하게 되지 않을까 싶어 감히 아룁니다.

이에 인조는 "그대들 뜻대로 행하도록 하라"는 비답을 내렸다. 인조의 처사에 분개한 사간원에서는 분축연의 개최를 반대하는 상소를 또다시 올렸으나, 인조는 "훈신들의 분축연은 이미 고례가 있으니, 베푸는 것이 무엇이 해롭겠는가. 다시는 번거롭게 하지 말라"는 말로 일축해버린다.

여기에서 말하는 분축연이란 공신들에게 공신첩지를 나누어주고 나서 베푸는 잔치를 말한다. 인조의 허락이 떨어지자 김류 등은 4월 22일에 기어코 분축연을 강행하는데, 그 내용이 실록에 다음과 같이 실려 있다.

> 정사공신과 진무공신이 분축연을 크게 베풀었는데, 그 찬품(饌品)과 기구(器具)가 회맹연보다 훨씬 성대했다. 상(上 : 임금의 높임말)이 1등의 풍악을 내려주도록 명하고 또 중사(中使 : 내시)를 보내어 술을 하사했다.

이괄의 난 후유증으로 인해 수많은 사람이 굶어 죽고, 명나라에서 오는 책봉사 접대 문제로 나라의 곳간이 비어 가도(椵島)에 머무는 모문룡에게 손을 내미는 상황에서도 조정의 권신들은 백성들의 고통을 외면하고 자신들의 결속을 다지는 잔치를 강행했다. 여기에 더하여 변방으로 내려가서 국방에 전념해야 할 군인들조차도 회맹연입네 분축연입네 하면서 도성에 머물러 며칠씩 먹고 마시고 놀았다. 더욱 기가 막힌 것은 회맹연에 불참한 가제조(假提調) 이섭(李瞱)과 청성감(靑城監) 이희순(李希舜) 두 사람을 파직시킨 일이다.

반정 직후 인조는 신하들을 향해 "짐승이 사는 땅에서 사람 사는 세상으로 돌아왔다"고 말한 바 있다. 이는 다시 말해서 '형과 아우를 죽이고, 모후를 폐위하고, 조선에 재조지은을 행한 명나라를 배신하고, 백성들을 부역과 공사장으로 내몬 광해군 정권에서 행한 일은 사람이 아닌 짐승이나 행할 짓'이라는 말이다. 그러나 인조 정권은 광해군 시대에는 상상도 하지 못하던 행태를 보였다.

　당시 인조 정권에 대한 원망과 질타는 날이 갈수록 그 도를 더해갔다. 그리고 마침내 분축연이 열리고 2개월이 지난 6월이 되자 도성에서는 인조 정권을 꼬집는 노래가 떠돌기 시작하는데, 이러한 노래를 가리켜 사람들은 〈상시가(傷時歌)〉라고 했다.

嗟爾勳臣	아! 너희 훈신들아
毋庸自誇	스스로 뽐내지 마라
爰處其室	그들의 집에 살고
乃占其田	그들의 토지를 차지하고
且乘其馬	그들의 말을 타며
又行其事	다시 그들의 일을 행할진대
爾與其人	너희들과 그들이
顧何異哉	돌아보건대 무엇이 다른가

가도를 깔고 앉은 모문룡

이 무렵 평안도 철산 앞바다에 있는 가도에는 명의 장수 모문룡(毛文龍, 1576~1629)이 주둔하고 있었다. 그는 1621년 3월 심양(瀋陽 : 선양)과 요양이 누르하치에게 함락되자, 조선으로 도망쳐왔다. 후금의 아민(阿敏 : 홍타이지의 사촌 형)이 도망간 모문룡을 잡기 위해 5,000의 군사를 이끌고 압록강을 건너 청북(淸北 : 평안도 청천강 이북 지역) 일대를 기습했다. 이때 모문룡은 용천 관아에 머물다가 조선인 옷으로 갈아입고서 달아났다.

요동 땅이 후금에 의해 잠식당하면서 이곳에 살던 한인(漢人)들이 압록강을 건너 청북 지방으로 몰려들기 시작했다. 그로부터 청북 지방에는 요동에서 흘러 들어온 난민들로 넘쳐났고, 이들 난민 중 일부는 강원도와 경기도까지 흘러들었다. 낯선 땅에 들어와 먹고살 길이 막막하게 된 난민들은 무리 지어 민가를 약탈하고 관청으로 몰려가 식량을 내놓으라며 집단으로 행패를 부리기도 했다. 지방관들의 보고에 접한 광해군은 압록강 변방의 수령들에게 난민이 조선 영내로 들어오는 것을 차단하고, 여의치 않을 경우 배편을 마련하여 명나라 내륙으로 돌려보내라고 하명했다.

이어서 광해군은 주민 피해를 우려하여 모문룡에게 난민과 군사를 이끌고 평안도 철산 앞바다에 있는 '가도'로 들어갈 것을 명했다. 가도에 머물게 된 모문룡은 이곳에 동강진(東江鎭)을 설치하고, 수만에 달하는 군대를 주둔시켰다. 이때부터 그는 명으로부터 군량을 지원받았고, 부족한 군량은 조선에 요구하는가 하면 청북 주민들에게 강제로 징수하기도 했다. 만약 조선에서 이를 거부하거나 수량이 적다고 생각되면 뭍에 올라 약탈도 서슴지 않았다.

이후 가도는 해상교통의 요지로 변했다. 이는 후금이 요동 지역을 공격한 이후로 조선에서 명으로 가는 길이 막히자 가도를 거치는 해로를 택했기 때문이다. 이때부터 가도에는 명과 조선 그리고 후금의 상인들이 몰려들기 시작했다. 가도에서 주로 밀무역을 했던 이들은 모문룡에게 뇌물 공세를 폈다. 더욱 기고만장해진 모문룡은 이곳으로 몰려드는 상인들에게 이런저런 명분을 붙여 세금을 받는가 하면, 나중에는 자신이 직접 밀수에 뛰어들었다. 그래서 얻은 별명이 '밀수 왕'이었다.

명에서도 그의 행실을 대략은 알고 있었다. 명은 그의 요구사항을 거부하기도 하고, 때로는 실사도 단행했다. 모문룡은 그런 낌새가 나타나면 후금을 공격하는 시늉을 냈다. 가도에 난민이 계속해서 몰려들자 모문룡은 가도 옆에 있는 신미도까지 점령한 후 넘쳐나는 난민들을 그곳으로 분산 수용했다. 그 후 모문룡은 가도를 '피도(皮島)'로, 신미도를 '운종도(雲從島)'로 개명하는 등 남의 땅을 제멋대로 가지고 놀았다.

당시 명나라는 환관 위충현(魏忠賢)이 권력을 잡고 있었다. 위충현은 어릴 적 집이 가난하여 글을 배우지 못하고 야바위꾼으로 살았다. 그는 도박에 몰두하다 재산을 탕진한 뒤에 스스로 환관이 되었다. 환관이 된 지 얼마 안 되어 신종(神宗 : 만력제)이 죽고, 광종(光宗 : 태창제)이 그 뒤를 이었으나, 그는 즉위한 지 겨우 한 달 만에 죽고 말았다. 광종의 뒤를 이어 명 황조 16명의 황제 중 최악의 군주로 치부되는 희종(熹宗 : 천계제)이 등극했다.

희종의 등극은 위충현에게는 행운이었다. 희종은 제위에 오르기 전 그의 조부 신종의 후궁이던 정귀비의 살해 위협 속에서 불우하게 자란 탓에 문맹에 가까웠다. 그래서 얻은 별명이 '까막눈 황제'였다. 그는 불안한 생활을 하면서 목공 일에만 매달려 그 방면에는 일가를 이루었고, 황제에 오른 후에도 정사에는 아무런 관심이 없었다. 그런 그는 궁궐에서 벌어지는 각종 공사에 참여하여 직접 대패질을 하며 목공 일에 심취했다.

희종에게는 목공 일 외에 별난 취미가 하나 더 있었다. 바로 '귀뚜라미 싸움'이었다. 황제는 몸집이 크고 싸움을 잘하는 귀뚜라미가 있다는 소문을 들으면 천금을 마다하지 않고 사들였다. 시중에는 귀뚜라미 값이 천정부지로 치솟았으며, 심지어는 싸움 잘하는 귀뚜라미를 바치면 벼슬을 내리기도 했다. 그는 이밖에도 자그마치 열아홉 살이나 연상인 자신의 유모 객씨(客氏)와 놀아나며 정치를 외면했다.

그 후 희종은 위충현에게 동창(東廠)의 수장을 맡겼다. 모든 관리를 감찰하고 수사할 수 있는 동창의 힘은 막강했다. 위충현은 자신의 눈 밖에 난 사람들은 가차 없이 제거하고, 온 조정을 거머쥐고서 황제를 허수아비로 만들었다. 이런 그를 가리켜 사람들은 '구천세(九千歲)'라고 불렀다. 황제 앞에서만 부를 수 있는 '만세(萬歲)'는 차마 부르지 못했던 것이다. 위충현의 창고는 뇌물이 산을 이루었고, 조선으로 오는 사신들은 예외 없이 그에게 뇌물을 바쳤다. 따라서 그들은 위충현에게 바친 본전을 봉창한 후에 자신의 주머니도 채워야 했으므로 조선에 오면 더욱 극성을 떨어댔다.

위충현은 조선의 새 임금 인조가 책봉 문제로 몸이 달았다는 소식을 듣고, 그 교량 역할을 모문룡에게 맡기기로 했다. 모문룡으로 하여금 자신을 대신하여 조선 국왕을 길들여 좀 더 많은 뇌물을 챙기고자 함이었다. 이때부터 모문룡은 한양으로 수하를 보내 책봉 문제는 자신이 해결할 테니 이에 대한 대가를 지불하라고 요구했다. 인조는 거절할 재간이 없었다. 그가 요구하는 것은 빠짐없이 들어주었고, 나중에는 명 사신이 드나드는 길목인 평안도 안주에 모문룡의 송덕비까지 세워주었다.

1624년 6월 3일, 마침내 인조가 명 황제에 의해서 책봉되자, 모문룡의 기세는 하늘을 찔렀다. 그 후 가도에는 요동의 난민들이 10만이 넘게 몰려들었다. 그들은 모문룡의 군사를 앞세우고 육지로 올라 노략질은 기본이고, 부녀자까지 겁탈하는 만행을 저질렀다. 견디다 못한 청북 백성들은 아예 농사를 포기하고, 타지방으로 이주하기도 했다.

인조가 책봉된 후 모문룡의 요구는 갈수록 늘어 조선으로서는 감당하기 어려웠다. 이밖에도 명에 끼치는 해악도 날이 갈수록 커졌다. 결국 그는 1629년 명의 병부상서 원숭환에 의해 제거되는데, 그해 10월 23일자 『인조실록』에는 다음과 같은 기사가 보일 정도로 모문룡으로 인한 피해는 상상을 초월했다.

> 모영(毛營)에 전후로 준 미곡이 모두 26만 8,700여 석이라고 관향사(管餉使) 성준구(成俊耉)가 치계하였다.

모문룡의 가도 진출은 후금에도 타격이었다. 그가 실제로 후금을 공격하는 일은 드물었지만, 모문룡이 가도에 주둔함으로 인해 요동 지역의 난민 유출은 해마다 늘어났다. 때문에 후금은 요서 지방을 공격하여 넓은 영토를 얻기는 했으나, 그 땅에 농사지을 사람이 부족하게 되었다. 후금은 목에 가시 같은 모문룡을 노리기 시작했고, 이로 인해 조선은 그 불똥을 맞을 위험에 처하게 되었다.

4. 누르하치

누르하치의 맹세

1616년(광해군 8) 압록강 건너 요동 땅에는 건주여진(建州女眞)의 족장 누르하치가 후금을 건국하고, 조선을 위협하는 한편, 대륙의 맹주로 군림하던 명을 노리는 상황이 벌어진다. 급기야 그들은 1627년(인조 5년) 1월에는 정묘호란을 일으키고, 1636년(인조 14) 12월에는 병자호란을 일으켜 조선을 굴복시키고, 명 정복에 박차를 가한다. 그러면 여기에서 잠시 동북아의 일개 부족에 불과했던 여진족이 조선과 차하르(몽골) 그리고 명을 정복하게 되는 과정을 살펴보기로 한다.

여진족은 원래 우리 민족과 같은 계통인 퉁구스족으로 옛 명칭은 숙신(肅愼)이라 했다. 그 후 여진족은 한나라 때는 읍루(挹婁), 남북조시대에는 물길(勿吉), 수와 당 시절에는 말갈(靺鞨)이라 불려왔다. 만주 일대를 호령하던 고구려가 멸망한 후 고구려의 유장(遺將) 대조영(大祚榮,

?~719)이 고구려 유민과 말갈 세력을 연합하여 698년 발해(渤海)를 세울 때, 말갈인은 그 사회의 일원으로 활동하며 발해국의 백성이 되었다. 발해는 조상의 나라였던 고구려를 본받아 사방 5,000리에 이르는 광활한 영토를 소유하며 번영을 구가했다.

그 후 916년 거란족을 규합하여 요(遼)를 건국한 야율아보기(耶律阿保機)가 건국 10년 후인 926년 발해를 공격하여 멸망시켰다. 이때부터 요에서는 말갈족을 일러 여진족이라 부르기 시작했다. 거란에서는 여진족을 두 개로 나누어 불렀다. 요에 편입되어 그들의 통치를 받으면서 송화강 서남부 일대에 거주하는 여진을 숙여진(熟女眞)이라 했고, 요의 통치를 거부하고 수렵과 목축으로 생업을 이어가는 여진을 통칭해서 생여진(生女眞)이라 불렀다. 요나라는 생여진에게 갖가지 공물을 요구하며 괴롭히고 탄압했다. 생여진은 이에 굴하지 않고 격렬하게 저항하며 내내 굽히지 않았으나, 돌아온 것은 죽음뿐이었다.

그 후 발해가 멸망한 지 142년이 되는 1068년 오랜 세월에 걸쳐 요에게 짓밟히며 겨우 그 명맥을 이어가던 생여진에서 그들의 운명을 바꿀 걸출한 인물이 태어나니, 그가 바로 금 태조 완안 아골타(完顔 阿骨打, 1068~1123)였다. 아골타는 1115년 '금(金)'을 세우고, 여진족을 탄압하던 요를 공격했다. 금나라가 요나라의 마지막 황제였던 천조제(天祚帝)를 사로잡고, 요를 멸망시킨 것은 아골타가 나라를 건국한 지 10년 만인 1125년이었다.

이어서 금의 2대 황제 태종은 1127년 '정강지변(靖康之變)'을 일으켜 송의 황제인 휘종·흠종 부자(父子)를 생포하고 한족이 세운 송을 멸망시켰다. 위세를 떨치던 금나라도 세계 최강을 자랑하는 몽골족에게는 당할 수 없었다. 1234년 몽골제국의 2대 황제 태종(오고타이)은 금나라의 마지막 황제 말제(末帝)를 살해하고 금을 멸했다. 어느 민족이건 간에 나라를 잃으면 비참한 처지가 되는 것은 오십보백보였으나, 여진족의 앞길은 말 그대로 가시밭길 그 자체였다. 나라가 멸망하자 여진족의 운명은 벼랑 끝으로 내몰리게 되어 황야를 떠도는 유랑민으로 전락했고, 그 옛날 조상들이 했던 방식대로 사냥과 목축으로 생계를 이어갔다.

금을 멸망시킨 몽골은 칭기즈칸의 손자 쿠빌라이(원 세조) 대에 이르러 영토를 한껏 넓혔다. 그는 장강(長江 : 양쯔강) 이남에 자리 잡은 남송까지 멸하고, 나라 이름을 '원(元)'으로 바꾸었다. 세상에서 으뜸가는 나라라는 의미였다.

그러나 역사는 끊임없이 변하고, 음지가 양지가 될 때도 있는 법. 영원할 것만 같던 원제국 앞에 천적이 나타나니, 그것은 떠돌이 승려 출신 주원장(朱元璋, 1328~1398)이었다. 홍건적을 이끌고 원에 대항하던 주원장은 만리장성 너머로 원을 몰아낸 다음, 대륙의 원주인이던 한족의 나라를 세우고 이름을 '명(明)'이라 정했다. 이처럼 대륙의 주인이 여러 차례 바뀌는 동안 여진족의 운명은 더욱 비참해졌다. 거란족이 강성할 때는 요에 당했고, 몽골족이 흥할 때는 원나라에 짓밟히다가, 한족이 일어나자 다시 명에게 온갖 설움을 다 당했다.

그러나 하늘은 여진을 잠시 잊고 있었을 뿐 결코 버리지는 않았다. 금나라가 멸망한 지 325년 후인 1559년, 건주여진에서 한 사내아이가 태어나니, 이 아이가 바로 여진족 전 역사에서 최고의 영웅으로 추앙받는 '애신각라(愛新覺羅) 누르하치(努爾哈赤, 1559~1626)'이다. 이 무렵 여진은 건주여진과 해서여진 그리고 야인여진, 이렇게 세 부류로 나뉘어 있었다. 셋 중 건주여진은 지금의 길림성을 중심으로 송화강 일대에 거주했고, 해서여진은 흑룡강성 일대를, 그리고 야인여진은 동만주와 연해주 지역을 차지하고 있었다.

이중 누르하치는 건주여진의 군장이자 명의 '지휘사' 벼슬을 하고 있던 '애신각라(愛新覺羅) 탑극세(塔克世)'와 '희탑랍(喜塔拉) 액목제(額穆齊)' 사이에서 3남 1녀 중 장남으로 태어났다. 탑극세는 큰아들 이름을 멧돼지 가죽을 의미하는 '누르하치'라 지었다. 난세를 헤쳐나가려면 멧돼지 가죽만큼이나 질겨야 살아남을 수 있다고 해서 지은 이름이었다.

누르하치가 태어날 무렵 요동 지역은 명나라가 요동총병으로 임명한 이성량(李成梁, 1526~1615)의 관할하에 있었다. 이성량은 조선에서 건너간 이영(李英)의 후손으로 원래 그의 뿌리는 조선이었다. 요동총병이 된 이성량은 요동 지역의 행정권은 물론, 군권과 사법권까지 장악하고, 몽골과 여진에 대한 방위와 교역을 총괄했다. 30여 년에 걸쳐 요동총병으로 군림했던 이성량은 사실상 요동의 황제였다. 이성량은 임진왜란 때 참전했던 큰아들 이여송(李如松, 1549~1598)에 이어 차자(次子) 이여백을 비롯한 아들 5형제와 조카 4명까지 집안의 사내 아홉 명을 모두 무장으로 길러냈다. 이들은 요동 일대에서 호랑이 같은 무장(武將)으로 이름을 떨쳐 요동 사람들은 이들을 가리켜 '이가구호장(李家九虎將)'이라 부르며 두려움에 떨었다.

이 무렵 여진은 여러 부족으로 갈가리 찢어져 있었다. 그들은 각자 부족 내의 도독을 자처하며 자신의 세력을 넓히고자 이웃 부족과 혈투를 벌이기 일쑤였다. 그 누구도 두각을 나타내지는 못했으나, 이들 중 누르하치의 외조부인 왕고(王杲)가 가장 강력한 세력을 형성하고 있었다. 이들은 자신의 세력을 넓히기 위하여 이웃 부족과 싸움을 벌이는 한편, 지배자인 명나라에 끊임없이 저항했다. 누르하치의 집안은 다른 족장들이 명나라에 저항할 때 그의 조부 각창안(覺昌安)과 부친 탑극세까지 명에 허리를 굽히고 순종하며 살았다. 이런 환경에서 태어난 누르하치는 열살 때 어머니를 여의었다. 계모의 학대를 견디다 못한 누르하치는 제밑동생 슈르하치(舒爾哈齊)를 데리고 외조부 왕고에게 의탁했다. 그의 나이 열다섯 살 때였다.

왕고는 결기가 강한 무장이었다. 건주위(建州衛)의 족장이던 그는 아들 아태와 함께 명나라에 반감을 품고 끊임없이 저항했다. 소부대를 이끌고 국지전만 일삼던 왕고는 1574년 마침내 대부대를 이끌고 요양과 심양 공격에 나섰다. 격노한 이성량은 즉시 반격에 나서 그의 군대를 격파하고, 왕고를 사로잡아 능지처참으로 다스렸다. 왕고가 사로잡힐 때 함께 붙잡힌 누르하치의 운명 역시 바람 앞의 촛불이었다. 이성량의 말 한마디면 그 자리에서 모든 게 끝장이었다. 당시 열여섯에 불과했던 누르하치는 죽기에는 너무 어렸고, 또 억울했다. 외조부가 능지처참 당하는 것을 지켜보던 누르하치는 이성량에게 무릎을 꿇고 살려달라고 빌어 가까스로 목숨을 구할 수 있었다. 죽음 일보 직전에서 살아난 누르하치는 그날부터 이성량에게 충성을 바치며 심복이 되어갔다.

한편 왕고가 죽을 때 구사일생으로 목숨을 건진 그의 아들 아태 역시 아버지를 죽인 이성량을 향해 복수의 칼을 갈면서 때를 기다리고 있었다. 아버지 왕고가 명군에게 살해되던 1583년이 가기 전, 아태는 이성량을 향하여 복수의 칼을 빼 들었다. 그러나 아태는 이성량의 적수가 되지 못했다. 이성량은 자신에게 반기를 든 아태를 죽이고, 그의 본거지였던 고륵성 백성들의 씨를 말리다시피 학살했다. 비명이 산천을 울리고 피가 내를 이루는 가운데, 누르하치의 조부와 부친도 살해당했다. 이 와중에도 누르하치는 천행으로 살아남기는 했으나, 조부와 부친이 살해되었다는 비보를 접하고 망연자실했다. 이때부터 누르하치는 명을 불구대천의

원수로 여기고 언젠가는 명을 멸하겠다고 맹세했다.

누르하치의 후금(後金) 건국

이 사건 이후로 누르하치는 1583년(만력 11) 그의 나이 스물다섯 살 때 이성량에게서 뛰쳐나왔다. 그때부터 누르하치는 자신의 세력을 키우기 시작했다. 누르하치는 천부적으로 남을 설득하는 능력이 뛰어났다. 뿐만 아니라 그는 남이 따를 수 없는 힘을 가졌고 용맹했다. 누르하치는 대항하는 부족들을 무력으로 제압하면서 자신의 세력을 키워나가던 끝에 그로부터 5년 후(1588)에는 건주여진 5부를 통일했다.

누르하치의 세력이 커지는 데 불안을 느낀 섭혁, 오랍, 과이심, 합달, 석백, 과이가, 패이찰, 주사리, 눌은의 아홉 개 부족들은 1593년 3만에 달하는 연합군을 결성하여 누르하치를 공격해왔다. 이에 비해 누르하치의 군대는 그 10분의 1도 안 되었다. 연합군이 공격해오자 누르하치의 군사들은 완전히 전의를 상실했다. 이를 본 누르하치가 군사들 앞에 섰다.

싸움은 병력의 다수로 결정되는 게 아니다. 나는 언젠가는 저들이 쳐들어올 줄 알고 이에 대한 대비를 철저히 해놓았다. 9개 부족으로 편성된 적들은 각자의 이해관계가 달라 오합지졸에 불과하다. 내가 앞장설 것이니 너희들은 절대 동요하지 말고 그들에 맞서라. 용맹한 우리 군사에게 적은 추풍낙엽으로 쓰러질 것이다.

자신감 넘치는 누르하치의 모습을 본 병사들은 이내 안정을 찾고, 땅으로 떨어졌던 사기는 하늘로 치솟았다. 막상 싸움이 시작되자 적들은 누르하치의 군사에게 적수가 되지 못했다. 누르하치의 예감이 적중하는 순간이었다. 누르하치가 9개 부족 연합군을 격파하자, 다른 부족들도 스스로 머리를 숙이고 다가왔다. 그 후 누르하치의 부족은 몇 해가 지나지 않아 주변에서 가장 강한 부족으로 성장했다. 그리고 마침내 1601년에는 마지막 남은 합달 부족을 제압하고, 전체 여진을 통일하는 기적을 이루어냈다. 누르하치가 여진의 패자가 되었다는 소식은 이내 북경에도 전해졌다. 이에 명에서는 누르하치에게 '건주좌위(建州左衛) 도독첨사(都督僉事)'의 벼슬을 내렸다. 명을 배신하지 말고 내내 충성을 다하라는 의미였다.

누르하치는 자신의 최종 목표인 명나라를 정벌하기 위한 방책의 하나로 '팔기군(八旗軍)'이라는 독특한 조직체를 구상하고, 그해(1601)부터 작업에 돌입했다. 팔기군의 구성원은 열다섯부터 예순 살 사이의 남자는 모두 해당되었다. 이들은 평상시에는 각자 생업에 종사하다가 필요할 때 소집되어 훈련을 받았으며, 외적이 침범하면 즉시 전투에 투입되는 체제로 운영되었다. 팔기군은 초기에는 황, 백, 홍, 남(藍) 4개의 기(旗)로 각 그룹을 구분하여 관할하다가 1615년경에는 팔기로 확대되는데, 그 이름은 다음과 같다.

  1. 정황기(正黃旗) 2. 양황기(鑲黃旗) 3. 정백기(正白旗) 4. 양백기(鑲白旗)
  5. 정홍기(正紅旗) 6. 양홍기(鑲紅旗) 7. 정람기(正藍旗) 8. 양람기(鑲藍旗)

팔기군의 최고 사령관은 누르하치였고, 각 기마다 자신의 아들과 형제들로 구성된 '패륵(貝勒)'이라는 지휘관을 두었다. 패륵은 전투 시 선두에서 병사들을 이끌었다. 또한 전투에 임할 때면 뒤에서 병사들을 감시하는 예병(銳兵)을 따로 두었다. 예병은 적을 공격할 때 뒤로 물러서는 병사를 칼과 도끼로 찍어 죽이는 역할을 담당했다. 또 성을 공격할 때 사다리 오르기를 기피하거나 멈칫대는 병사들은 전투가 끝난 후 처형했다. 이들은 전투를 하다가 적의 총칼에 맞아 죽은 동료의 시체를 거두어오면 적군을 죽인 것과 동등한 대우를 해주었다. 또한 부상병과 전사자의 유가족에게는 생계대책은 물론, 전리품을 분배할 때 우선순위를 주었다. 이러한 체제를 갖춘 팔기군은 싸움터에서 적군을 두려워하지 않는 강군

팔기군(八旗軍)

팔기군은 화살을 의미하는 '니루(niru)'를 기본 단위로 하며, 5개 '니루'를 '잘란(jalan)'이라 하고, 5개 잘란을 '구사(gusa)'라고 한다. 구사의 의미는 '기(旗)'를 뜻하는데, 1구사가 팔기의 1기(旗)에 해당한다. 각 구사가 사용하는 깃발의 색깔과 형태는 모두 달랐으며, 전체 구사는 8개 군단으로 이루어졌으므로 '팔기군'이라 불렀다.

누르하치는 1니루를 300명으로 정했다. 이는 여진족이 사냥을 나갈 때 10명으로 조를 짜던 방식에서 현실에 맞게 인원을 늘린 것이다. 그러므로 1잘란은 1,500명, 1구사의 인원은 7,500명에 달했다. 따라서 전체가 8기이므로 팔기군의 총 병력은 6만에 달했고, 모든 백성은 팔기 중 한 기에 소속되었다. 다시 말해서 팔기는 여진을 다스리는 군사·행정·생산 조직의 총체였다.

처음 여진족만으로 출발했던 팔기군은 1634년 차하르(몽골) 정복 후에는 이들도 팔기군으로 편입했고, 1644년 명을 정벌하고 북경으로 천도를 단행한 후에는 한족들도 팔기군으로 편입하여, 팔기몽골과 팔기한군이라 하여 만주족으로 구성된 원조 팔기군과 구분해서 불렀다.

이 되어갔다.

팔기군을 확립한 누르하치는 1616년(만력 44) 1월 1일, 건주여진의 본 거지 허투알라(赫圖阿拉 : 후에 '흥경'으로 개칭)에서 국호를 대금(大金), 연 호는 천명(天命)이라 정하고, 칸(汗)의 자리에 올랐다. 후에 누르하치가 세운 대금을 가리켜 금나라의 뒤를 이었다 하여 '후금'이라 부르게 되는 데, 이 '후금'이란 명칭은 누르하치의 아들 태종에 의해 1626년 나라 이 름을 '청(淸)'으로 바꾸기 전까지 10년간 지속되었다.

강홍립, 명과 후금 사이에서

1618년(천명 3) 4월 13일, 누르하치는 '명나라는 아무 죄도 없는 나의 조 부와 부친을 살해했다'는 항목을 첫머리로 내세운 '7대 원한(七大怨恨)' 을 하늘에 고한 뒤에 명나라에 대한 복수에 나섰다. 이어서 그는 2만의 팔기군을 이끌고 요동의 전략 요충지 무순성(撫順城)을 점령하고, 그 여 세를 몰아 청하성까지 점령하며 기염을 토했다.

이 무렵, 명나라 황제는 임진왜란 때 조선에 원군(援軍)을 파견했던 신 종(神宗 : 만력제)이었다. 신종은 열 살의 어린 나이에 등극하여 내각수보 (內閣首輔 : 국무총리) 장거정(張居正)의 보필을 받아 일조편법(一條鞭法)을 시행하며 선정을 폈다. 장거정은 충심으로 어린 황제를 보필했고, 신종 또한 그의 충심을 의심하지 않고 받아들였다. 신종 초기 10년 동안은 둘 의 화합으로 명 조정이 제대로 굴러갔던 까닭에 '만력신정(萬曆新政)'이 라는 신조어까지 생겨났다. 하지만 거기까지였다.

1582년(만력 10) 장거정이 죽고 나서, 신종은 일탈의 길로 들어섰다. 밤낮으로 여인을 품는가 하면 나중에는 미소년들에게 빠져 동성애까지 행하며 타락의 극치를 보였다. 이때 무순과 청하가 후금군에 점령당했다는 소식이 전해지자 명 조정은 아연했다. 그동안 명은 누르하치에게 모든 편의를 제공했고, 누르하치 또한 명에 대하여 고분고분했다. 중신들은 누르하치가 여진을 통일했다는 이야기를 들은 지 오래였으나, 그가 명을 배반하리라고는 꿈에도 생각지 못했다.

조정의 여론은 이참에 아예 누르하치의 싹을 잘라야 한다는 쪽으로 기울었다. 논란 끝에 임진왜란 때 도움을 준 조선에 원군을 요청하기로 하고, 이어서 총사령관 격인 요동경략에는 병부시랑(국방차관) 양호(楊鎬)를 임명했다. 양호는 출전에 앞서 10만에 달하는 병력을 4로군으로 편성하고 진군 전략을 짰다.

산해관총병 두송(杜松)이 거느리는 서로군 3만은 개철총병(開鐵摠兵: 개원·철령총병) 마림의 북로군 2만과 각각 다른 길로 진군하여 사르후(薩爾滸)에서 합류하고, 요동총병 이여백(李如柏) 휘하의 남로군 2만 5,000은 청하에서 아골관을 거쳐 후금의 도읍 혁도아랍으로 진군하고, 요양총병 유정(劉綎)이 거느리는 동로군 1만 3,000은 조선에서 오는 원군과 합류하여 사르후로 진군하기로 했다. 이어서 총사령관 양호는 예비병력 1만 2,000과 함께 심양에 대기하면서 전군을 지휘하기로 하고, 4로군 모두 3월 1일까지 사르후에 도착할 것을 명했다.

지휘관 다섯 명 중 총사령관 양호와 동로군 수장(首將) 유정은 임진왜란 때 참전했던 장수였다. 조선에서 달려올 지원군을 유정의 동로군과 합류시키기로 한 것은 이런 이유였다. 또 남로군 수장 이여백은 임진왜란 때 평양성을 탈환하는 데 결정적 공을 세운 이여송의 아우로서 다섯 명의 지휘관 중 3명은 조선과 직·간접적으로 인연이 있었다.

진용 편성을 마치자 총사령관 양호는 진군 명령을 내렸다. 그러나 지휘관들은 서로 손발이 맞지 않았다. 전공에 눈이 먼 서로군 사령관 두송은 휘하 군사를 이끌고 강행군 끝에 마림의 북로군과 합류하기로 한 사르후에 약속 날짜인 3월 1일 무사히 도착했다. 이때 요동 일대에 폭설이 내려 3월 1일까지 사르후에 도착한 부대는 두송의 서로군이 유일했다. 마림의 북로군도 진군을 서둘렀으나 폭설 때문에 약속 날짜보다 하루가 늦은 3월 2일에서야 도착했다. 그러나 먼저 도착한 두송은 뒤에 오는 북로군을 기다리지 않고 도착 즉시 진지를 구축한 다음, 3만의 서로군을 총동원하여 후금군을 향해 공격을 개시했다.

이에 맞서는 누르하치의 군사는 총 6만이었다. 명군이 4로군으로 편성되었다는 첩보를 입수한 누르하치는 전력 분산 방지를 위해 군을 나누지 않았다. 그는 6만 대군을 사르후에 매복시키고 있다가 두송 부대의 선제공격을 기다렸다는 듯이 치고 나왔다. 무리한 강행군으로 녹초가 될 정도로 지쳐 있던 두송의 군대는 후금군의 공격에 맥없이 무너져 내렸다. 전투가 끝났을 때 산야에는 명군의 시체로 발 디딜 틈도 없었고, 그 속에는 서로군의 수장 두송의 시체도 있었다. 남보다 먼저 전공을 세우려던 두송은 허무하게도 남보다 먼저 가고 말았던 것이다. 두송의 서로군을 격파한 누르하치는 뒤따라오던 마림의 북로군까지 궤멸시키며 기선을 잡았다.

두송과 마림의 패전 소식을 접한 총사령관 양호는 이여백과 유정에게 진격을 중지할 것을 명했다. 그러나 행군 속도가 빨랐던 유정의 동로군은 후퇴하기에는 이미 늦었다. 이때 동로군에는 강홍립(姜弘立, 1560~1627)이 조선에서 이끌고 온 1만 3,000명의 지원군이 합류한 상태였다. 조선군은 무기와 장비도 제대로 갖추지 못한 데다, 압록강을 건널 때 지급된 군량은 진작에 떨어져 장졸들은 며칠째 미숫가루로 연명하고 있었다. 이 같은 상황은 발등에 불이 떨어진 명에서 하루빨리 지원군을 보내라고 독촉하고 해빙기를 맞아 얼었던 압록강 물이 풀리기 시작함으로써 군량을 강 건너로 옮기지 못한 것 등 그 원인은 다양했다.

애초에 광해군은 명에서 원군을 요청했을 때 이에 응하지 않으려 했다. 광해군은 이미 저물어가는 명나라를 돕다가 신흥 강국인 후금과의 마찰을 빚을 필요는 없다고 판단했다. 그러나 명에서는 임진왜란 때 지원군을 보내 재조지은을 행한 것을 내세우며 압박을 멈추지 않았다. 게다가 중신들의 여론 역시 명의 요청을 받아들여야 한다는 쪽으로 기울자, 명의 요청을 끝내 거부할 수가 없었다.

광해군은 출전을 앞둔 강홍립에게 "명나라 장수의 말을 그대로 따르지는 말고, 현지에서 형세를 보며 향배를 정하라"고 지시했다. 이 말은 '적당히 싸우다가 정히 불리하게 되면 항복을 해도 좋다'는 의미였다. 원래 문관 출신으로 형조참판을 맡고 있던 강홍립은 광해군이 자신에게 도원수 직책을 맡길 때 극구 사양했다.

그러나 그는 국왕 직속의 어전통사(御前通事) 출신으로서 중국어에 능통했다. 여기에 발목이 잡힌 강홍립은 남들이 마다하는 총대를 멜 수밖에 없었다. 강홍립이 1만 3,000명에 달하는 지원군을 이끌고 의주 동북쪽에 위치한 창성나루를 통해 압록강의 도강을 끝낸 것은 1619년 2월 21일이었다. 이때 조선군은 장비와 무기를 비롯하여 군량에 이르기까지 모든 보급이 제대로 이루어지지 않은 상태였다.

창성에서 부대 편성을 마친 강홍립은 장졸들에게 도강 전에 군량을 지급하기 위해 보급관을 기다렸다. 당시 보급관은 두 명으로서 그중 하나는 평안감사 박엽(朴燁)이었고, 나머지 한 명은 분호조참판(分戶曹參判 : 국가적인 큰일이 있을 때 호조의 업무를 분할해서 관장하던 임시 관청의 참판) 윤수겸(尹守謙)이었다. 두 명의 보급관 중 윤수겸은 제때에 군량을 조달했으나, 박엽은 끝내 나타나지 않았다. 당시 조선군이 도강하던 2월 20일은 양력으로는 4월 4일로서 이미 압록강의 얼음이 녹고 있었기에 도강에는 많은 어려움이 따랐다.

이때 조선군의 호송을 맡은 명의 교일기(喬一琦) 유격이 작전에 차질을 빚는다며 한시바삐 출발할 것을 독촉하자, 강홍립은 먼저 도착한 군량을 나누어 지급하고 부대의 도강을 명했다. 조선군의 도강이 완료되자, 교일기 유격은 더욱 진군을 독촉했다. 그의 독촉 속에 발길을 재촉하던 강홍립 부대는 이내 난관에 봉착하게 되는데, 그가 올린 치계를 통해 당시의 상황을 살펴보자.

대설 중에 행군하느라 각 영 병사들이 가진 군장과 의복이 모두 젖은 데다가 도독(유정)의 전진하라는 명령도 없었으므로 신들은 주둔하여 그대로 머무르고 있었습니다. 조금 뒤에 도독이 사람을 보내어 전진하도록 재촉했으므로 신들은 즉시 삼영(三營 : 좌영, 우영, 중영)의 병마(兵馬)에 명하여 먼저 출발하였습니다(『광해군일기』 1619년 2월 26일).

군대가 전진하는 길은 험난하고 멀며 큰 내로 둘러싸여 있습니다. 오늘 아침에 또 강을 가로질러 건너야 했는데, 압아하(鴨兒河)에 비하여 더 깊고 넓기 때문에 비가 조금만 와도 건너기가 매우 어렵습니다. 군사들은 지칠 대로 지쳤고, 가지고 온 군량은 이미 다 떨어져가는데 군량과 건초가 보급되지 않고 있으니, 앞으로의 일이 매우 걱정됩니다(『광해군일기』

1619년 2월 27일).

강홍립은 여러 차례 본국에다 군량을 보내달라는 치계를 올렸다. 3월 1일 비로소 군량 수십 석이 도착했으나, 1만 3,000명 군사에게 분배하기에는 턱없이 부족했다. 도리가 없게 된 강홍립은 추위와 허기에 지친 장졸들을 이끌고 유정의 동로군과 합류하여 진군을 서둘렀다. 이때 두송이 지휘하는 서로군은 이미 사르후에 도착했다는 소식이 들려왔다.

두송 부대가 사르후에 도착했다는 보고가 올라오자 동로군 사령관 유정은 연합군의 진군을 더욱 서둘렀다. 그러나 사르후를 코앞에 둔 '부차(富察)'에 도착했을 때 두송과 마림의 부대가 패퇴했다는 소식이 날아들었다. 이 소식은 곧장 경략 양호에게 전해졌고, 이에 놀란 양호는 즉시 회군을 명했다. 그러나 전방에서 진군을 서두르던 유정의 동로군은 이미 적과 교전을 벌이고 있었다. 뒤따르던 조선군 역시 공격에 뛰어들고자 했으나, 조선군은 이때 전투에 임할 형편이 아니었다. 압록강을 건넌 이후 계속 굶주린 데다가 폭설로 인하여 젖은 군복과 신발을 신고 행군하려니 몸 상태가 말이 아니었고, 굳게 믿었던 조총은 날씨 탓에 막대기나 진배없었다.

게다가 연합군을 공격하는 후금군의 장수는 용맹하기로 이름 높은 누르하치의 차남 다이샨(代善)이었다. 다이샨의 용명(勇名)은 명군에게는 이미 귀에 익은 지 오래였다. 적군의 장수가 다이샨이라는 것을 안 순간 명군은 그 자리에서 무너져내렸고, 동로군 사령관 유정은 격전 중에 전사했다. 이제 남은 것은 조선군뿐이었다. 최악의 상황이었으나 강홍립은 물러서지 않았다. 적을 죽이지 않으면 내가 죽어야 하는 싸움터에서 상황이 나쁘다고 해서 앉아서 죽을 수는 없는 노릇이었다. 조선군은 죽기 아니면 살기로 싸웠다. 하지만 후금군은 사납고도 날랬고, 거기에 연승의 뒤끝이라 사기마저 높았다. 마침내 역부족으로 좌영장 김응하(金應河, 1580~1619)를 비롯한 8,000여 명이 전사하고, 살아남은 군사는 겨우 5,000이었다.

이때 전사한 김응하는 숨이 끊어지는 마지막 순간까지 조선인의 용맹과 기개를 잃지 않았다. 그는 적군에게 겹겹으로 포위된 상황에서도 버드나무 하나를 등지고 세 개의 활로 번갈아가며 화살을 날렸다. 화살 한 개가 날 때마다 적군의 외마디 비명이 산천을 울렸다. 잡았던 활이 부러지자 죽은 군사가 쓰던 활을 다시 잡고 쏘았다. 화살이 떨어지자 이번에는 칼을 뽑아 들고 적과 맞섰다. 이때 적병 하나가 달려들어 등 뒤에서 창으로 내질렀다. 창은 김응하의 등을 관통하여 가슴까지 나왔으나, 그는 끝까지 칼을 놓지 않고 적병을 향해 달려들었다. 김응하의 용전분투하는 모습을 지켜보던 적장은 "이 같은 자가 두어 명만 더 있었다면 승패가 뒤바뀌었을지도 모른다"며 감탄해 마지않았다. 김응하의 용명(勇名)을 들은 후금에서는 그에게 '의류장군(依柳將軍)'이란 칭호를 붙여주었다. '버드나무를 의지하고 싸운 장군'이라는 의미였다.

김응하의 전설 같은 이야기는 광해군에게도 전해졌다. 소식을 들은 광해군은 그를 영의정에 추봉하고, 이순신과 동급인 '충무(忠武)' 시호를 내렸다. 이어서 그의 고향인 강원도 철원에 사당과 함께 김응하의 동상을 세워주었다. 뒤늦게 소식을 들은 명의 신종(만력제)은 그를 요동 지역의 으뜸 벼슬인 '요동백(遼東伯)'에 추서하고 처자에게는 백금을 하사했다. 김응하는 조선과 후금에 이어 명나라까지 세 나라의 영웅이 된 것이다.

심하전역 당시 강홍립의 종사관으로 참전했다가 후금군의 포로가 된 후 생환한 이민환(李民寏)은 조선군이 적에게 궤멸되는 상황을 그의 『책중일록(柵中日錄)』 3월 4일자에 이렇게 기록했다.

　… 잠시 후 앞서 나갔던 명군 장수들이 달려와 패전 소식을 알렸다. 제독 유정이 전사하고 1만여 병사들이 전멸했다는 소식이었다. 곧이어 연기와 먼지 속에서 적의 기병들이 들이닥쳐 조선군을 포위 공격해왔다. 좌영이 고립되었으므로 원수(강홍립)는 즉시 우영으로 하여금 전진하여 좌영과 합세해 싸우도록 명했다. 겨우 전투 대열이 갖추어졌으나, 적의 기병은 폭풍우처럼 돌진해왔다. 조선군이 조총을 한 차례 발사한 후 다시 장전하기도 전에(조총은 화약을 넣고 쏘아야 하므로 장전 시간이 길게 걸린다) 적은 이미 진영으로 돌입했다. 엄폐물이 없는 상황에서 조선군은 적의 철갑 기병에게 그대로 유린되었다. 좌영과 우영이 차례로 궤멸되고 김응하 등 7,000여 장병이 도륙되다시피 했다. 서너 시간에 걸쳐 진행된 이 살육전을 강홍립 등의 지휘부는 언덕에서 내려다보며 완전히 넋을 잃었다. 두 부대를 평정한 적의 기병들이 중영의 조선군을 포위했다. 며칠이나 굶은 조선군은 싸우려 해도 싸울 수가 없었고, 도망치려 해도 이미 퇴로가 끊겼다. …

　강홍립은 살아남은 패잔병과 함께 고립무원 상태에 이르렀다. 추위가 살을 파고들고, 뱃가죽이 등에 붙는 상황이 되면서 그의 고뇌는 깊어졌다. 이럴 때 어찌해야 조선인의 기개도 지키고 군사들을 살릴 수 있겠는가. 갈등을 겪던 강홍립은 추위와 굶주림 속에서도 이를 악물고 버텼다. 광해군은 그에게 '적당히 싸우다가 정히 불리하면 항복을 해도 좋다'는 언질을 주기는 했으나, 실제로 오랑캐라 여기는 후금군에게 항복한다면 그 엄청난 비난을 어떻게 감당할 것인가!

남의 싸움에 말려들어 춥고도 황량한 이역의 산하에서 죽어가는 병사들을 바라보는 강홍립의 속은 타 들어갔다. 그러나 시간이 갈수록 숨을 멈추는 병사의 수는 늘어나고, 부상병들의 신음 소리는 귀를 파고들었다. 여기에서 더 버티다가는 성한 병사들의 목숨도 장담할 수 없다고 생각한 강홍립은 5,000의 패잔병과 함께 마침내 백기를 들고 말았다.

기록에는 이때 5,000명의 조선군이 후금에 항복했다고 했으나, 이민환의 『책중일록』에 의하면 당시 그들의 포로가 된 군사는 약 4,000명이었으며, 이들 중 500~600명은 저들에게 살육당했다고 한다. 또한 살아남은 장졸 중에서도 도망가다가 허기와 추위로 죽은 사람이 많아 압록강을 건너 조선으로 돌아간 사람은 겨우 2,700여 명에 불과했다고 한다. 결국 출전했던 1만 3,000명의 병사 중 2,700명만 살아남고, 1만여 명에 달하는 조선군은 불귀의 객이 되고 말았던 것이다.

역사에서는 1619년 음력 3월 초에 벌어진 이 싸움 전체를 가리켜 '사르후전투(sarhū, 薩爾滸戰鬪)'라 부르고, 강홍립이 패한 싸움을 따로 떼어 '심하전투' 또는 '심하전역(深河戰役)'이라 부른다. 이 밖에 더 좁은 의미로는 '부차전투'라 부르기도 한다. 사르후전투에서 조선군은 8,000의 군사를 잃었으나, 이 전투를 주도했던 명군의 피해는 실로 막대했다. 이때 전사한 명의 장수는 자결한 이여백을 포함하여 315명이나 되었고, 죽은 병사는 자그마치 4만 6,000여 명에 달했다. 출전할 때 10만에 달하던 원정군의 절반을 잃은 것이다.

사르후전투에서 대승을 거둔 누르하치는 여기에서 멈추지 않았다. 누르하치는 승전의 여세를 몰아 사르후전투를 치른 지 겨우 두 달 남짓 지난 1619년 6월, 4만의 팔기군을 이끌고 개원성과 철령성으로 들이쳤다. 두 개의 성을 연이어 함락시키고 잠시 숨 고르기에 들어갔던 누르하치가 다시 칼을 뽑아 든 것은 그로부터 2년 후인 1621년이었다. 실전으로 단련된 팔기군을 거느린 누르하치는 요동의 중핵으로 자리 잡은 심양성(瀋陽城)을 공격 개시 두 시간 만에 함락시키고, 이어서 요동에서 중원으로 들어가는 길목에 자리한 요양성(遼陽城)까지 함락하며 명나라를 두려움에 떨게 했다.

심양과 요양을 손에 넣은 누르하치는 그해가 가기 전 즉, 1621년에 허투알라(赫圖阿拉)에서 요양으로 도읍을 옮기고 나서 그곳을 '동경(東京)'이라 불렀다. 그 후 누르하치가 죽기 한 해 전인 1625년 요양에서 다시 심양으로 도읍을 옮긴 후에 심양을 '성경(盛京)'으로 격상시켰다. 이때부터 청의 도읍 역할을 충실히 해내던 심양은 청이 명을 멸하고 중원으로 진출하던 1644년 누르하치의 손자 순치제가 북경으로 천도를 단행하면서 19년 만에 청의 도읍으로서의 역할을 마치게 된다.

영원성 패배와 누르하치의 죽음

욱일승천의 기세로 명의 숨통을 조여가던 누르하치에게 천적이 나타나니, 바로 북송 말기에 등장했던 악비(岳飛, 1103~1141)와 더불어 한족(漢族) 최고의 영웅으로 추앙받는 원숭환(袁崇煥, 1584~1630)이다. 대륙의 남쪽 광동성 동완현에서 태어난 원숭환은 사르후전투가 일어나던 1619년 비교적 늦은 나이인 서른여섯에 과거에 급제한 문관 출신이었다. 그는 복건성의 관리로 재직할 때부터 병법에 관해 토론하기를 즐겨 했을 정도로 군사 분야에 관심이 많았다.

그 후 희종 재위 시절인 1622년 병부직방주사에 임명되어 변방 근무를 시작했다. 이때 '영원'이 전략의 요충임을 간파한 원숭환은 요동 지역 근무를 자원했다. 그의 뜻이 받아들여져 요동 지역 방어군관에 임명되자, 그는 산해관 외곽에다 영원성(寧遠城)의 축성을 서둘렀다.

1624년 9월에 완공된 영원성은 높이 10미터에, 두께는 기저부가 9.6미터, 상단 두께가 7.7미터나 되는 웅장하고도 견고한 성이었다. 원숭환은 이 난공불락의 성곽 위에 네덜란드에서 수입한 '홍이포(紅夷砲)'를 설치했다. 최대사거리 9킬로미터에 유효사거리가 2.8킬로미터에 달하는 홍이포는 당시로서는 최신식 대포에 속했고, 특히 공성전(攻城戰)에서 가공할 위력을 발휘했다. 홍이포의 위력을 실감하게 된 명에서는 처음에는 네덜란드와 포르투갈 등지에서 수입해서 사용하다가 1621년부터는 자체 제작에 성공하여 실전에 배치했다.

1626년(천명 11) 1월 23일, 요동 벌을 제패한 누르하치가 6만의 팔기군을 거느리고 영원성 앞에 나타났다. 누르하치 역시 영원성의 소문은 진작부터 듣고 있었다. 그러나 지금까지 명군을 수없이 격파했던 누르하치는 영원성이 제아무리 견고하다 한들 자신이 거느린 팔기군의 공격 한 방이면 그 자리에서 무너질 것으로 낙관했다.

성 앞에 당도한 누르하치는 성을 사수하는 원숭환에게 투항을 촉구하는 통첩을 보냈다.

나는 철기병(鐵騎兵) 20만을 거느리고 이 성을 치러 왔다. 네가 거느린 군사는 감히 내게 상대가 되지 않는다. 네가 저항을 포기하고 이쯤에서 투항한다면 높은 관직을 내리고 평생 부귀영화를 누리게 해주겠다.

이때 원숭환이 거느린 방어군은 겨우 2만에 불과했으나, 원숭환은 전혀 위축되지 않고 이렇게 받아친다.

오랑캐 주제에 감히 하늘 높은 줄 모르고 대드는구나. 내가 거느린 군사는 네 군사의 두 배도 넘는다. 네가 여기에서 물러선다면 전 죄를 묻지 않고 대명 천자의 은혜를 입도록 해주겠다.

원숭환이 투항을 거부하자 누르하치는 즉각 공격을 명했다. 기마병의 말 울음소리가 성벽을 에워싼 가운데, 화살이 날고 석포(石砲)가 날았다. 원숭환도 지지 않았다. 성 위에 장착한 홍이포에서 불을 뿜기 시작했다. 높고도 견고한 성 위에서 쏟아지는 대포알이 떨어질 때마다 후금 진영에서는 외마디 비명과 함께 수십 명의 철기병이 날아갔다. 명군이 쏘아대는 홍이포에 비해 팔기군이 쏘아대는 석포는 어린애 장난감에 불과했고, 종일토록 쏘아대도 이 거대한 철옹성을 뚫지는 못했다. 평생 싸움터를 누볐던 누르하치도 이토록 엄청난 성곽을 대하는 것은 처음이었다. 이틀에 걸친 맹공에도 성은 여전히 우뚝함을 자랑했다.

마침내 제풀에 지친 누르하치가 후퇴를 명했다. 1626년 1월 26일에 벌어진 이 싸움이 바로 원숭환이 누르하치의 기를 꺾은 그 유명한 '영원성 전투'다. 고작 2만 군대가 6만의 팔기군을 무찌른 것이다. 더군다나 상대는 싸움터에서 평생을 보낸 여진족의 영웅 누르하치가 아닌가! 더욱 놀라운 것은 그를 패퇴시킨 장수는 한 번도 싸움터에 나서 본 적이 없는 문관 출신의 원숭환이었다. 후금과의 전투에서 대승을 거두었다는 소식에 한껏 고무된 명나라 조정에서는 승리의 주역 원숭환을 병부시랑(兵部侍郞 : 국방차관) 겸 요동순무(遼東巡撫)로 승진시키고, 요동 방어를 전담시켰다.

반면에 처음으로 패전을 당한 누르하치는 후퇴하면서 이렇게 한탄했다.

나는 스물다섯 살부터 시작한 전투에서 한 번도 패한 적이 없고, 공격하여 함락시키지 못한 성이 없다. 어찌하여 이 성이 내게 한을 품게 하는가. 이는 필시 하늘의 뜻이리라!

영원성전투에서 백면서생으로 여겼던 원숭환에게 의외의 일격을 당한 누르하치의 충격은 말도 못하게 컸다. 심양으로 회군을 단행한 후에도 분이 안 풀린 누르하치는 엉뚱하게도 몽골 부족 객이객(喀爾喀)과 파림(巴林)을 향해 칼을 빼 들었다. 비록 영원성전투에서는 패했으나 막강한 전투력을 과시하는 팔기군을 거느린 누르하치는 이들 두 부족을 완전히 재기불능 상태가 될 정도로 초토화시켰다.

당시 몽골 부족들은 그 누구도 누르하치를 돕지 않았다. 누르하치가 하필 이 두 부족에게 화살을 겨눈 것은 지리적으로 가까운 이들 부족이 항상 후금을 위협하고 있었기 때문에 이 기회에 아예 후환을 없애려는 목적에서였다. 그랬음에도 누르하치의 분은 풀리지 않았다. 결국 영원성 패배의 충격을 이겨내지 못한 누르하치는 여름철로 접어들면서 자리에 눕고 말았다. 병세가 악화되자 그는 청하의 온천으로 요양을 떠났다. 그곳에서 회복을 위해 안간힘을 쓰던 누르하치는 끝내 회복되지 않자, 심양의 궁성으로 돌아가기로 했다. 그러나 심양으로 발길을 재촉하던 중 심양성을 불과 40여 리를 남겨둔 애계보(靉鷄堡)에서 풍운으로 가득 찬 68년 생을 접으니, 그날은 1626년(천명 11) 8월 11일이었다.

5. 홍타이지

홍타이지의 조선 정벌

누르하치가 죽고 20여 일이 지난 1626년(천명 11) 9월 1일, 후금의 도읍 심양에서는 누르하치의 8남 홍타이지(皇太極, 1592~1643)가 부왕의 뒤를 이어 칸(汗)에 올랐다. 칸에 오른 홍타이지는 연호를 이때까지 사용하던 '천명(天命)'에서 '천총(天聰)'으로 바꾸었다.

생전에 후계자를 지명하지 않고 죽은 누르하치는 16명의 처첩 사이에서 16남 8녀의 자녀를 두었다. 이중에서 홍타이지는 해서여진(海西女眞) 족장의 딸 '엽혁나랍(葉赫那拉) 맹고철철(孟古哲哲)'을 생모로 누르하치의 여덟째 아들로 태어났다.

장남 추연(褚英)은 아버지에게 반항하다가 서른여섯 살에 죽임을 당하고, 차남 다이샨(代善)은 아버지 후궁과의 사통 혐의로 제외되었다. 그 외 14명의 아들 중에서 가장 뛰어난 홍타이지가 후계자가 된 것이다. 홍타이지는 칸에 오르고 나서 3명의 친왕(親王)과 더불어 조정을 관장했다. 이중 대패륵은 예친왕(禮親王) 다이샨이고, 2패륵은 아민(阿敏 : 누르하치의 사촌 형)이며, 3패륵은 망굴타이(莽古爾泰 : 누르하치의 5남)였고, 4패륵은 홍타이지 자신으로 이들 4명을 '4대 패륵'이라 했다.

몽골족이나 여진족 등 북방 민족은 전통적으로 자식들에게 교육을 제대로 시키지 않는다. 이는 그들의 생활환경 자체가 교육에 적합하지 않기 때문이다. 따라서 세계 최대의 정복자 칭기즈칸도 문맹이라고 알려져 있다.

그러나 홍타이지는 달랐다. 그는 어려서부터 행동이 침착했고, 독서를 아주 좋아했다. 그는 박학다식했고, 아버지를 닮아 용맹 또한 뛰어났다. 홍타이지가 비록 칸의 자리에 오르기는 했으나, 형들을 제치고 올랐기 때문에 즉위 초에는 제대로 힘을 쓰지 못했다. 그뿐만 아니라 그가 칸이 된 데 대하여 심한 불만을 나타내는 형제들로 인하여 정권도 불안정했다. 즉위 초 홍타이지의 입장에서는 무엇보다도 먼저 형제들을 다독여 취약한 정권부터 안정시키는 게 급선무였다. 홍타이지는 아버지가 못다 이룬 명나라를 멸하고 중원으로 진출해야 한다는 사명감이 누구보다도 강했다. 그러나 즉위 초의 불안정한 정치 상황으로 인해 대외 정복에 섣불리 나설 수가 없었다.

홍타이지는 칸에 오른 뒤로 우선 정권 안정에 총력을 기울였다. 이 같은 노력 덕분에 그해(1626) 연말쯤에는 그런대로 안정을 찾았다. 이때부터 홍타이지는 아버지가 이루지 못한 꿈을 이루고자 눈을 돌리기 시작했으나, 지금 상황에서는 쉽게 칼을 뺄 수가 없었다. 명에는 누르하치조차 두려움에 떨게 하던 원숭환이 건재했고 압록강 건너에는 명을 조상처럼 떠받드는 조선이 있었기 때문이다. 지난 사르후전투 때도 조선은 1만 3,000에 달하는 원군을 파견했다. 다행히 그들을 물리치기는 했으나, 후금이 명을 정벌하려고 나설 때 또다시 조선에서 원군을 보내 원숭환과 협공 작전을 편다면 문제는 심각해진다.

거기에다 가도에 머물고 있는 모문룡의 존재는 홍타이지의 눈엣가시였다. 모문룡이 군사를 이끌고 후금을 공격하는 일은 드물었으나, 그의 가도 주둔은 명을 정벌하는 데 적지 않은 장애가 되었다. 후금은 그동안 명과의 전쟁에서 요동의 많은 지역을 장악했다. 그러나 그곳에 살던 토착민들이 모문룡이 머무는 가도로 몰려갔기 때문에 정복으로 차지한 땅에는 농사지을 사람이 부족했다. 그런 이유로 경제 문제도 심각해졌다. 명과의 전쟁으로 인하여 그들과의 국교가 단절되어 양국 간의 무역은 이미 끊어진 지 오래였다. 오랜 옛날부터 농사보다는 주로 수렵에 의존해왔던 이들은 식량이며 모든 물자가 부족했다. 그런 까닭에 부족한 물자는 명이나 조선과의 교역을 통해서 해결했고, 교역이 난관에 봉착하게 되면 그때는 기마병을 앞세우고 약탈에도 나섰다.

그러나 지금은 사정이 다르다. 요동 벌을 제패하고 명과 자웅을 결하고 있는 마당에 그때처럼 약탈 따위에 눈을 돌릴 수는 없었다. 지금으로선 오직 한 길, 하루빨리 명을 정복하고 중원으로 진출하는 길 밖에는 없다. 그러자면 먼저 조선의 뒤꼭지부터 눌러놔야 안심이다. 또한 이 길이 취약한 정권을 안정시키는 최선의 길이기도 하다. 홍타이지는 마침내 결단을 내렸다. "그렇다! 조선을 먼저 정벌하자. 명 정벌은 그 후의 일이다."

하지만 전쟁에는 명분이 있어야 했다. 홍타이지는 전쟁의 명분을 다음의 네 가지 항목으로 정했다.

첫째, 조선의 친명배금 정책으로 인하여 후금은 막대한 피해를 입었다.
둘째, 조선은 명장(明將) 모문룡에게 가도에 주둔하는 것을 허락하고,

식량을 제공하여 그가 후금을 침략하는 데 도움을 주었다.

셋째, 조선은 청 태조(누르하치)의 장례식에 조문 사절을 보내지 않았다.

넷째, 후금에 우호적인 정책을 취했던 광해군을 폐위한 인조를 문책하겠다.

네 항목 중 '누르하치의 장례식에 조문 사절을 보내지 않았다'는 것과 '광해군을 폐위한 인조를 문책하겠다'는 두 가지 항목은 완전히 생트집이었다. 양국 사이에는 그동안 국교가 활발하게 이루어졌던 것도 아니며, 설사 그렇다 해도 형편상 보내지 않을 수도 있는 일인데, 이를 침략의 구실로 삼는다는 것은 어불성설이 아닐 수 없다.

광해군 폐위 문제만 해도 그렇다. 광해군이 후금에 우호적인 정책을 취했거나, 아니면 배타적인 정책을 취했거나 그를 폐위한 건 어디까지나 조선 내부의 문제이지, 그들이 관여할 바는 아니다. 그러나 오랜 옛날부터 강자가 약자를 침공할 때는 이런 억지 명분이라도 끌어 붙여 공공연하게 침략행위를 자행하는 게 약육강식의 원리이다.

비근한 예로 거란은 고려의 강조(康兆 : ?~1010)가 목종(穆宗)을 살해한 것을 응징하겠다며 1010년(현종 2) 10월에 40만 대군을 이끌고 고려를 침공했다. 당시 목종은 모후 천추태후와 김치양의 불륜으로 정치에 흥미를 잃고 남색(男色)에 빠져 국가는 존망의 기로에 서 있었다. 이에 서경(西京 : 평양) 도순검사로 있던 강조가 자신의 휘하에 있던 5,000의 군사를 이끌고 김치양 일당을 제거하고 목종을 살해했다. 이어서 삼각산 신혈사(神穴寺 : 후에 진관사로 개명)에 숨어 있던 대량원군(大良院君)을 고려 제8대 임금(현종)으로 추대했다. 강조가 일으킨 이 사건은 어디까지나 고려 내부의 문제였다. 그러나 고려를 침략할 명분을 찾고 있던 거란의 성종(成宗)은 '목종 살해 사건의 진상을 밝힐 것'을 요구하며 고려를 침공했던 것이다.

네 항목의 침략 명분을 정한 홍타이지는 사르후전투 때 투항한 강홍립과 그의 부장으로 함께 참전했던 박난영(朴蘭英), 그리고 이괄의 난 때 후금으로 달아났던 한명련의 아들 한윤(韓潤)에게 길 안내를 맡게 하고, 조선 정벌을 선포했다.

정묘년(1627), 다국적국 3만 조선을 침략하다

강홍립은 광해군의 명에 따라 출전 당시부터 별로 내키지 않는 전쟁에 참전했다가 불가항력적인 상황에서 투항했으나, 그 후에도 결코 조선에 해를 끼치는 일을 저지르지는 않았다. 광해군 재위 시에는 후금의 내막을 나름대로 조사하여 밀서를 통해 광해군에게 보고했고, 인조반정 후에는 인조 정권에 알리며 조선을 돕고자 애를 썼다.

이에 비해 한윤은 전혀 달랐다. 그는 홍타이지에게 인조 정권이 죄 없는 광해군을 폐위시켰다고 주장하고, 인조가 왕위에 오른 것을 강하게 비난했다. 여기에 더하여 이괄의 난으로 인해 조선의 국방 능력이 급격히 약화된 사정을 소상하게 밝히고, 이 기회에 조선을 공략하여 인조를 쫓아내야 한다고 부추겼다. 따라서 홍타이지가 조선 침략을 결심했던 이유 중의 하나는 한윤을 통해 조선의 내부 사정을 소상하게 알게 된 것도 일부 작용했다고 볼 수 있다.

결심을 마친 홍타이지는 대패륵이며 자신의 사촌 형인 아민(阿敏)을 조선 정벌 최고사령관에 임명하고, 부장으로는 지르갈랑(濟爾哈朗), 아지거(阿濟格), 두두(杜度), 요토(岳托) 등 싸움터에서 잔뼈가 굵은 맹장들을 대동하게 했다.

그리고 자신은 심양에 앉아 만약에 있을 명의 침공에 대비하기로 했다. 홍타이지의 명에 따라 아민이 여진족, 한족, 몽골족으로 구성된 3만의 다국적군을 이끌고 후금의 도읍 심양성을 출발한 것은 1627년(정묘년) 1월 8일이었다. 아민은 부대를 셋으로 나누어 주력부대는 자신이 직접 거느리고 한양으로 직행하기로 하고, 그중 하나는 봉황성에서 갈라져 압록강을 건너 평안도 창성으로 향하고, 또 하나는 가도의 모문룡을 치기로 했다. 이들은 1월 13일(양력 2월 28일)밤 아직 얼음이 채 녹지 않은 압록강(鴨綠江)을 건넌 후 다음 날 새벽 의주성을 포위하고 투항을 요구했다.

당시 의주부윤은 1598년 11월, 노량 앞바다에서 이순신이 최후를 마칠 때 숙부의 죽음을 감추고 노량해전을 승리로 마무리했던 이순신의 조카 이완(李莞, 1579~1627)이었다. 그는 1625년 2월 의주 성내에 들어와 노략질을 일삼던 모문룡의 부장 주발시(朱發時)를 붙잡아 곤장을 쳤을 만큼 의기가 강했다.

이완은 아민의 투항 요구를 거부하고 결사항전을 선언했다. 이완이 투항을 거부하자 아민은 즉각 공격을 명했다. 이때 의주성에는 3,000명에 달하는 방어 군사가 있었다. 비록 아민이 거느린 팔기군이 천하무적의 강군이라고는 하지만 죽음을 각오한 조선군도 절대 밀리지 않았다. 한나절을 공격했으나, 성은 떨어질 기미를 보이지 않았고, 양측의 사상자만 늘어갔다. 단숨에 의주성을 함락하고 한양으로 진격하고자 했던 아민은 전략을 바꾸기로 했다. 조선군 포로를 통해 의주성 서쪽에 수구(水口)가 있다는 것을 알아낸 아민은 한윤에게 사냥꾼으로 가장한 100명의 군사를 이끌고 이곳 수구로 잠입하게 했다. 아민의 명에 따라 성내 잠입에 성공한 한윤은 가장 먼저 군기고(軍器庫)에 불을 질러 의주성을 순식간에 혼란에 빠뜨렸다. 이어서 곳곳에 불을 지르고 잠결에 놀라서 뛰쳐나오는 백성들을 닥치는 대로 참살했다. 혼란의 와중에 성문이 열리고 주력군이 들이닥쳤다.

적군이 파도처럼 밀려오는 것을 본 이완은 군사들을 독려하며 사력을 다해 싸웠다. 그러나 불가항력으로 아군이 밀리기 시작하자, 군사들을 이끌고 적진으로 뛰어들었다. 그가 의주부윤이라는 사실을 알아차린 적병은 이완에게 공격을 집중했다. 이완은 벌집이 된 상태로 끝까지 적에게 대항했으나, 마침내 적군의 칼날에 최후를 맞았다. 이완이 전사하자 함께 싸우던 사촌 아우 '이신(李藎, ?~1627)' 역시 불타는 화약고로 뛰어들어 순국의 길을 걸었다.

이때 전사한 이완은 이순신의 맏형 희신(李羲臣)의 4남이었다. 그는 노량해전 다음 해인 1599년 불과 스물한 살의 나이로 무과에 급제하고, 광해군 시절에는 충청도 병마절도사를 지냈다. 그 후 이괄의 난 때에는 반란군 진압의 공으로 진무공신에 올랐다. 인조는 이괄의 난으로 인해 서북 변경이 불안해지자 이완의 능력을 참작하여 의주부윤에 제수했다. 이때부터 이완은 의주가 조선의 관문이며 서북 방어의 핵(核)이라는 점을 절감하고 가혹할 정도로 군사 조련에 힘을 기울였다. 그의 조련방식이 지나치다고 생각한 군사들은 그를 향해 원망과 불평을 시작했다. 그러나 이완은 불평하는 군사들에게 매질까지 하면서 조련을 멈추지 않았다. 그가 군사 조련에 힘쓴다는 것을 간파한 인조 정권은 이것이 신경에 거슬리기는 했으나, 의주가 서북 방어의 요충임을 감안하여 눈을 감을 수밖에 없었다.

후금군이 침공했을 때 이미 이런 날이 닥쳐오리라는 것을 예측하고 있었던 이완은 전혀 흔들리지 않았다. 적군이 성문을 돌파하고 물밀듯이 밀려들자, 이미 전세가 기울었음을 직감한 그는 이곳이 내가 죽을 자리라 판단하고 목숨을 내놓고 싸우다가 최후를 맞은 것이다. 이날 이완과 함께 죽은 사촌 아우 '신'은 사실 이순신의 아들이었다. 이순신은 적실 상주 방씨(方氏)에게서 회(薈), 울(蔚), 면(葂)) 3형제를 얻고, 측실 해주 오씨에게서 '훈(薰)'과 '신(藎)' 두 아들을 얻었다. '훈' 또한 무인으로 그는 지난 이괄의 난 때 길마재 싸움에서 전사하고, 아우 신은 이번 의주성전투에서 전사했으니, 과연 충무공의 후예다운 의로운 죽음이었다. 이완 종형제가 죽자, 판관 최몽량(崔夢亮) 부자까지 참살한 후금군은 군사들과 백성들을 남김없이 살육하고 의주성을 점령했다.

의주를 점령한 후금군은 이튿날 선천에 이르러 부대를 다시 나누었다. 아민이 이끄는 주력군은 안주와 평양을 거쳐 한양으로 직행하고, 잔여 병력은 모문룡이 머무는 가도를 들이쳤다. 후금군에게 대패한 모문룡은 패잔병을 이끌고 가도 옆에 있는 신미도로 달아났다.

적군은 선천을 지나 1월 17일에는 곽산(郭山)에 있는 '능한산성(凌漢山城)'에 당도했다. 이 성은 그리 크지는 않았으나, 고려 현종 3년인 1011년에 벌어진 거란의 2차 침입 당시 도순검사 양규(楊規)가 1,700이라는 소수 병력으로 6,000에 달하는 거란의 기병군단을 섬멸하고 빼앗겼던 성을 되찾은 역사의 혼이 서려 있는 성이었다.

의주성 백성들의 참살 소식에 접한 곽산 군민(軍民)들은 공포에 떨었다. 이들은 급하게 몸만 빠져나와 능한산성으로 달려갔다. 곽산 군민들만이 아니었다. 인근에 사는 선천과 정주 백성들까지 산성으로 몸을 피했다. 이때 성안에는 곽산군수 박유건과 정주목사 김진 그리고 선천부사 기협(奇協)이 와 있었다. 이들 중 박유건과 김진은 겁이 많았으나, 기협은 담이 크고 기개가 넘치는 인물이었다.

그는 1613년(광해군 5)에 강화부사가 되었다. 그해 계축옥사가 일어나자, 영창대군이 여덟 살 어린 나이로 강화도로 유배를 오게 되었다. 의협심이 강했던 기협은 어린 나이에 섬 구석에 위리안치된 영창대군을 불쌍히 여기고 친아들 못지않게 보살폈다. 이 사실은 당시의 실세였던 이이첨의 귀에 들어갔고, 기협은 파직과 함께 투옥되었다.

투옥된 지 4년 만에 풀려난 기협은 1620년 황해도 관찰사에 이어 1626년에는 행선천부사(行宣川府使 : 새로 받은 관직이 전에 받았던 관직보다 품계가 낮을 경우에는 관직 앞에 '행〈行〉'을 붙인다)에 제수되었다. 그로부터 1년 후인 이때 후금군이 침공하자 그는 이웃 고을과 힘을 합쳐 싸우고자 이곳으로 달려온 것이다. 기협은 박유건과 김진에게 함께 힘을 합쳐 싸울 것을 주장하고, 군사들을 이끌고 앞장섰다. 이렇게 되자 주인 입장인 박유건은 울며 겨자 먹기로 칼을 들 수밖에 없었고, 결국 김진까지 합세했다. 이를 본 군민들은 모두가 목숨을 내걸고 싸움에 임했다.

그러나 얼마 못 가서 군사들은 지치고 화살도 떨어졌다. 결국 앞에서 용전분투하던 기협이 가장 먼저 전사했다. 위기를 느낀 박유건과 김진은 투항을 선택하고 성은 함락되었다. 적장은 박유건과 김진 등 사내들의 머리를 깎고, 그의 처첩들은 진중에 가두었다. 또한 밤이면 잠자리 시중을 들게 하고, 행군할 때면 으레 처첩들의 남편에게 말고삐를 잡게 했다. 처첩들을 빼앗아간 적장의 말고삐를 잡는다는 것은 차마 못 할 짓이었으나, 살기 위해선 도리가 없었다. 박유건과 김진은 기회를 틈타 "조선 사대부가의 부녀로서 어찌 오랑캐 장수에게 몸을 맡길 수 있느냐?"고 처첩들을 나무랐다. 처첩들도 할 말이 있었다. "그러는 영감들은 어찌하여 오랑캐 장수에게 무릎을 꿇으셨소?" 충절을 못 지킨 주제에 감히 누구를 나무라느냐는 얘기였다.

의주와 곽산을 점령한 후금군은 이어서 지척에 있는 정주성을 함락시키고, 1월 21일 청천강을 건너 의주대로 길목에 자리한 안주성(安州城)에 다다랐다. 이때 안주성의 방어는 평안병사 남이흥이 맡고 있었다. 후금군의 공격이 있기 전부터 도원수 장만과 남이흥은 전략거점인 안주성을 사수해야 한다고 주장했다. 그러나 변방 사정을 알 리가 없는 인조가 이귀의 구성(龜城)을 사수해야 한다는 주장을 받아들여 남이흥은 구성에 머물고 있었다.

아민의 군대가 압록강을 건넜다는 보고가 올라오자, 도원수 장만은 다급한 나머지 구성에 주둔하고 있던 남이흥의 군대를 안주성으로 투입했다. 하지만 남이흥의 군대는 전혀 조련이 안 된 상태였다. 인조 정권에서 변방의 군사들이 강하게 되면 이괄 같은 반란의 무리가 생겨날 것을 우려하여 군사들의 조련을 막았기 때문이다. 이미 전세가 기울었다고 판단한 남이흥과 안주목사 김준(金浚) 부자 등 장수들은 화약 더미에 불을 지르고 장렬한 최후를 마치고, 지휘관을 잃은 안주성은 이내 함락되었다. 성을 함락한 적군은 살아남은 성민들을 남녀노유를 가리지 않고 참살했다. 『승정원일기』에 따르면 강화가 이루어진 후, 안주성 안팎에서 수습하여 묻은 시체가 3,041구이고, 불에 타 죽은 시체는 1,000여 구에 달했다고 한다.

평안감사 윤훤 참수당하다

안주성이 무너지고 성안 백성들이 모두 참살되었다는 소식을 접한 평양성은 삽시간에 통곡의 도가니로 바뀌었다. 이어서 적군이 안주를 떠나 숙천을 향했다는 급보가 전해지자 평양성 백성들은 피난길에 나섰고, 성은 삽시간에 텅 비고 말았다. 이때 평안감사는 윤훤(尹暄)이었다. 성내에는 감사 윤훤과 종사관 홍명구(洪命耉)를 비롯하여 군관 40여 명이 남아 있었다. 윤훤은 수하에게 화약 궤짝을 가져오라 명했다. 적군이 성내로 들이닥치면 화약궤에 불을 지를 참이었다. 곁에 있던 군관들이 극력으로 말렸으나, 그는 요지부동이었다. 이에 홍명구가 나섰다.

군사도 없이 텅 빈 성안에 앉아 죽음을 기다릴 것이 아니라 잠시 몸을 피했다가 다시 군사를 모으면 병사들이 모일 것입니다. 이때 그 군사를 이끌고 적을 공격하면 공을 이룰 수 있을 것이고, 만약 실패하면 그때 자결해도 늦지 않습니다.

홍명구의 말이 옳다고 여긴 윤훤은 수하들과 함께 성을 탈출하여 평양성 남쪽 50리 지점에 위치한 중화(中和)에서 치계를 올렸다.

적병이 이미 숙천에 이르렀는데 본 성의 군병들은 모두 놀라서 도망가 버리고 텅 빈 성에 홀로 앉아 있자니 이렇다 할 계책이 떠오르지 않아서 군관 40여 명을 이끌고 중화로 퇴각하여 머물고 있습니다.

윤훤이 중화에서 올린 치계가 조정에 도착한 것은 1월 24일이었다. 그의 치계를 받아 본 조정 중신들은 하나같이 윤훤을 참형에 처해야 한다고 주청했다. "평안감사 윤훤은 겉으로는 굳게 지킬 계책을 보였으나, 속으로는 달아날 마음을 품고 있다가 적병이 들이닥치자 성을 버리고 달아났습니다. 임금을 망각하고 나라를 저버리며 성을 버리고 도주하였으니, 그 죄를 군율에 따라 처단하지 않는다면 황주와 평산 두 성도 차례로 무너지고 말 것입니다. 그를 참수하여 군율을 엄하게 하소서."

결국 윤훤은 평양성을 버리고 달아난 죄로 인조의 행궁이 있는 강화에서 2월 15일 참수형에 처해졌고, 그 목은 그날 밤으로 효수되었다. 그러나 이때 인조의 처사는 이괄의 난 때 보여준 이귀에 대한 처분과는 너무도 딴판이었다. 이괄의 반란군이 황주를 지나 임진강으로 밀려들자 임진강의 방어를 맡고 있던 어영사 이귀는 군사들보다도 먼저 달아났다. 당시 조정의 여론은 이귀의 처형을 주장했으나, 인조는 끝까지 그를 감쌌다. 그 후에도 이귀는 여전히 인조의 총애를 받았고, 인조가 강화로 몽진할 때에는 왕을 호종했다.

6. 혼군

인조는 또다시 강화도로 도망치고

적군이 의주를 함락하고 곧 안주에 이를 것이라는 치계가 조정에 당도한 것은 1월 17일이었다. 치계를 접한 인조와 중신들의 얼굴은 흙빛으로 변했다. 명과의 의리를 지키고 오랑캐 나라인 후금을 배척하겠다는 명분을 내걸고 반정을 일으킨 인조 정권이었다. 당황한 인조는 "저들이 모문룡을 잡아가려고 온 것인가, 아니면 전적으로 우리 조선을 침략하기 위하여 온 것인가?"라고 물었다. 인조는 자신이 즉위한 이후로는 말로만 친명배금을 외쳤지, 단 한 번도 후금의 영토를 침범한 사실이 없었다는 것과, 심하전역 당시 지원군을 파견했던 것도 전조(前朝) 정권에서 행한 일임을 떠올렸다.

그날 인조는 도원수에 장만을, 부원수에는 정충신을 임명했다. 이때 정충신은 와병 중이었음에도 불구하고 부원수의 직책을 맡긴 것을 보면 당시 인조가 정충신을 얼마나 신임했는지 짐작하기 어렵지 않다. 장만은 이때 인조에게 왕의 경호를 담당하는 어영군에서 유능한 포수 100명만 자신의 부대에 포함시켜 달라고 주청했다. 그러나 인조는 유능한 포수를 빼내게 되면 어영군이 약해진다는 명분을 내세워 이를 물리쳤다.

인조는 이들을 전선으로 떠나보내고 나서 승전 소식이 전해지기를 애타게 기다렸다. 그러나 연이어 들려오는 소식은 인조의 가슴을 다시 한 번 서늘하게 만들었다. 1월 21일 안주성을 무너뜨리고, 사흘 후인 24일 평양성까지 함락한 적의 선봉대가 황주를 향해 진격하고 있다는 소식이 들려왔다. 위급을 느낀 인조는 영부사(領府事) 이원익을 도체찰사(都體察使)에, 전임 이조판서 김상용(金尙容)을 유도대장(留都大將 : 도성을 지키는 대장)에 임명하고, 이어서 24일에는 세자에게 분조(分朝)를 이끌고 전주로 내려가서 민심을 수습하라고 명했다.

이날 인조는 도체찰사로 임명한 이원익과 좌의정 신흠(申欽)을 포함해서 26명의 배종관(陪從官)으로 하여금 세자를 따르게 하고, 이원익의 후임으로는 부체찰사로 임명했던 김류를 승진 임명했다. 세자에게 분조를 맡긴 인조는 종묘의 신주와 종실 가족들을 이끌고 강화도 몽진을 결정했다. 강화도로 가는 행렬에는 이 밖에도 김류, 이귀, 신경진, 김자점 등 인조 정권의 실세들이 모두 포함되었다. 이들은 강화도로 피신하면 수전의 문외한인 후금군으로부터 절대 안전하리라고 굳게 믿고 있었다. 그래도 안심이 안 되었던 인조는 김류에게 "강화도를 방어할 병력이 얼마나 필요한가?"라고 물었다. 인조의 하문에 김류는 "1만 명에서 한 명이라도 모자라면 절대 지킬 수 없습니다"라고 잘라 말했다. 방어군 문제 말고도 걱정할 일은 또 있었다. 군량이었다. 이에 대하여 인조는 "경창(京倉 : 한양에 세워진 국영 창고)에 비축해둔 곡식을 수송하여 쓰게 하라"고 명했다. 이어서 충청병사 류림(柳琳)을 '연강방어대장'에 임명하고, 5,000의 병력으로 한강 사수를 명했다. 모든 준비를 마친 인조는 1월 26일 밤, 중신들을 거느리고 강화로 떠났다.

노량나루에서 배를 탄 인조의 몽진 행렬은 양천에서 하룻밤을 묵었다. 이튿날 통진에 도착한 인조는 김포에 조성된 자신의 생모 '연주부부인'이 잠들어 있는 육경원(毓慶園)을 참배하느라고 이틀을 머문다. 인조의 생모는 정묘호란이 일어나기 한 해 전인 1626년 1월 14일에 사망했다. 이때 인조는 한성부의 방민(坊民) 1,200명을 뽑아 산역꾼으로 보내고, 여기에 더하여 도성 백성들 중 귀천을 가리지 않고 매 호당 1인씩 차출한 여사군(舉士軍 : 국상 때 상여를 메는 사람)만도 4,700명에 달했다.

인조는 생모의 장례식 날 몸소 묘소까지 가고자 했으나, 중신들의 반대로 인해 교외에서 상여를 떠나보내야 했다. 생모의 묘소를 직접 보기를 소원했던 인조는 그해(1626) 9월 4일 기어코 묘소 참배를 관철했으니, 묘소를 다녀간 지 불과 반년도 안 되어 또다시 참배를 강행한 것이다.

인산(因山) 때 국왕이 산릉(山陵)에 친림(親臨)하는 것은 효를 중시하는 조선 사회에서 임금이라 해서 다르지 않았다. 국초의 태종, 세종, 문종은 산릉 친림을 단행했다. 그러나 단종, 예종, 성종은 즉위 초반의 불안정한 정국으로 인해 이를 실행하지 않았다. 이후 이것은 하나의 전례가 되어 후세의 임금들은 산릉을 참배하지 않았다.

그러나 인조는 자신의 생모가 왕후를 지내지도 않았을뿐더러 몽진 중임에도 불구하고 참배를 강행했다. 생모의 묘소 참배로 몽진 행렬을 지연시킨 인조가 강화부에 도착한 것은 1월 29일 유시(酉時 : 오후 5시~7시) 무렵이었다. 그 후 후금과의 강화가 이루어지고 나서 귀환 길에 인조는 또다시 육경원 참배를 강행했다.

"후금이 형이 되고 조선이 아우가 되다"

개전 이래 파죽지세로 한양을 향해 내닫던 후금군은 황해도 평산에서 진격을 멈추고 갑자기 조선 측에 강화(講和)를 제의해왔다. 조선은 반신반의했다. 압록강을 건넌 이후 평안도와 황해도 일대를 멍석말이하듯 기세를 올리던 저들의 저의를 알 수가 없었기 때문이다. 그러나 이때 아민은 두 가지 난관에 봉착해 있었다. 첫째는 군량을 조달하기가 어려웠고, 다음으로는 다른 패륵들과 심각한 불화를 겪고 있었다. 군량 문제는 개전 초부터 겪었던 문제였다. 개전 이후 후금의 재정 상태는 가뜩이나 열악한 중에, 병참선이 길어지면서 군량 조달이 점점 더 어려워지고 있었다. 이로 인해 본국에 있을 때부터 사이가 좋지 못했던 아민과 부장들과의 불화는 날이 갈수록 그 도를 더해갔다. 마음이 조급해진 아민은 수하 장수들에게 군사들을 이끌고 서둘러 한양으로 달려가서 조선 왕을 사로잡으라고 명했다. 그러나 아민의 동생 지르갈랑(濟爾哈郎)을 비롯한 대부분의 장수들은 이 명령을 따르지 않고 부대를 이끌고 평산으로 가버렸다.

조선 측의 미심쩍은 반응에도 불구하고 후금 측에서는 강홍립과 그의 아들 '강숙에게 교량 역할을 맡기며 강화를 구체적으로 들고나왔다. 부장들의 강공에 결국 아민이 한발 물러섰던 것이다. 그러자 조정의 여론은 둘로 갈렸다. 저들이 평안도 일대를 멍석말이하듯 할 때에는 벌벌 떨던 중신들 중에서도 내가 언제 그랬냐 싶게 강화를 반대하는 사람이 늘어났다.

이런 가운데도 최명길을 비롯한 몇몇 중신들은 강화를 적극적으로 추진했다. 강화를 반대하는 척화파(斥和派)들은 조선 땅을 침범하고 죄 없는 백성을 살해한 오랑캐들과 화해 운운하는 것은 생각조차 할 수 없는 일이라고 열을 올렸다. 반면에 강화를 찬성하는 주화파(主和派) 측에서는 민생은 도탄에 빠지고 백성들은 어육(魚肉)이 되고 있는 마당에 허울뿐인 명분만 내세울 거냐며 맞받아쳤다.

이런 상황에서 2월 2일에는 호차(胡差 : 후금의 사신)가 "앞으로는 조선이 명과의 왕래를 끊고 우리 두 나라가 형제국이 되자"라는 내용을 담은 호서(胡書 : 후금의 국서)를 가지고 강화부(江華府)에 나타났다. 인조는 돌아선 민심과 조정 중신들의 마음을 달래기 위해 "이런 때일수록 모두가 마음을 가라앉히고 나라를 위해 매진해달라"는 교서를 발표하고서야 강화를 추진하기 시작했다.

그러나 이때 사간 윤황(尹煌)이 강화를 반대하는 극렬한 상소를 올렸다.

이번에 화친한 것은 이름은 화친이지만 실제로는 항복입니다. 간신의 계책에 현혹되어 공의(公議)를 배격한 채 더러운 오랑캐들의 무례한 모욕이 도를 넘었는데도 전하께서는 부끄럽게 여길 줄 모르시니, 신은 통분을 금치 못하겠습니다. 삼가 바라건대, 속히 오랑캐의 사자를 참수하여 뭇사람들의 마음을 위로해주고 화친을 주장하여 나라를 그르친 신하와 장수를 참수하여 군율을 진작시키소서.

가뜩이나 척화파들의 반대로 인해 회담이 결렬될지도 모르는 상황에서 극렬한 내용을 담은 윤황의 상소까지 올라오자, 조정은 또다시 화전 양론으로 격론을 벌일 수밖에 없었다. 척화파들은 윤황의 상소를 지극히 옳게 여기고 당장 후금 사신의 목을 베고 강화회담을 중지할 것을 주장하고, 주화파들은 한시바삐 강화를 종결지어 전화(戰禍) 속에서 허덕이는 백성을 구해야 한다고 주장했다.

중신들의 주장이 사분오열되어 끝도 없이 이어질 것 같던 논란은 마침내 강화하는 쪽으로 결론이 났다. 이는 척화파들의 주장이 명분은 그럴듯했으나, 군사력과 경제력이 뒷받침되지 않는 상황에서 그것은 헛구호에 불과했던 것이다. 강화를 결정한 조정에서는 원창부령(原昌副令) 이구(李玖)를 원창군에 봉하여 왕제(王弟)라 칭하고, 후금 진영으로 보내 협상을 종결짓게 했다. 모든 협상을 끝낸 인조는 3월 3일 밤, 강화를 마무리 짓는 제(祭)와 맹서 의식의 거행을 위해 여러 중신들을 거느리고 연미정에 마련된 단으로 나아갔다.

인조는 단 앞에 무릎을 꿇고, 중신들과 후금 측에서 대표로 파견한 유해(劉海)를 비롯한 여덟 명의 후금 대신들은 그 옆에 도열했다. 인조가 향을 피우고 하늘에 고하는 예를 마치자, 좌부승지 이명한이 맹서문(盟誓文)을 읽었다.

조선 국왕은 정묘년 갑진월 경오일(1627년 3월 3일)에 대금국과 맹약을 한다. 우리 두 나라가 이미 화친을 결정하였으니, 이후로는 서로 맹약을 준수하여야 한다. 만약 우리 조선이 금국을 적대시하여 화친을 위배하고 군사를 일으킨다면 하늘이 재앙을 내릴 것이며, 또한 금국이 불량한 마음을 품고서 화친을 위배하고 군사를 일으켜 침범한다면 역시 하늘이 앙화를 내릴 것이니, 두 나라 군신은 각각 약조를 지켜 함께 태평을 누리도록 할 것이다. 황천(皇天)·후토(后土)는 이 맹약을 살펴 들으소서!

맹서문 낭독이 끝나자 인조는 행궁 안 침전으로 들고, 이어서 김류, 이귀, 윤겸, 이정구, 신경진 등 중신들은 후금의 여덟 명의 대신과 함께 흰 말과 검은 소의 혈골(血骨)을 앞에 놓고 다시 한번 맹서 의식을 거행했다.

"지금 이후로 조선과 후금국 중 누구라도 맹약을 어긴다면 이와 같이 피와 골이 나오게 될 것"이라 낭독하고, 모든 참석자들이 술과 고기를 먹는 것으로써 대미를 장식했다. 1627년 3월 3일 조선과 후금 사이에 강화협상을 맺은 내용은 '조약'이라는 말 대신 '약조'라는 문구를 사용하는데, 그해가 정묘년이므로 '정묘약조(丁卯條約)'라 부른다. 4개 조항으로 된 정묘약조의 내용은 아래와 같다.

첫째, 화약 후 후금군은 즉시 철병한다.
둘째, 후금군은 철병 후 다시 압록강을 넘지 말아야 한다.
셋째, 양국은 형제국으로 정하되, 후금이 형이 되고 조선이 아우가 된다.
넷째, 조선은 후금과 화약을 맺되, 명나라와 적대하지 않는다.

정묘호란 최대 승리, 용골산성전투

개전 초 압록강을 건넌 아민이 거느린 주력군은 의주성을 함락하고, 이어서 그 이웃에 있는 용천부와 철산부를 공격했다. 용천은 평안도 서쪽 압록강 하구에 위치하여 해안선을 방어하는 요충이면서 모문룡이 머무는 가도로 향하는 길목이기도 했다.

당시 용천부사 이희건(李希建, 1576~1627)은 의주가 함락되었다는 소식이 들려오자, 용천부 동쪽 10리 지점에 있는 용골산성으로 용천 백성을 대피시켰다. 이곳 산성을 거점으로 군대를 동원하여 적의 배후를 치자는 것이 이희건의 전략이었다. 이희건은 원래 무과에 급제한 무장 출신으로 무용이 뛰어났다. 그는 안주목사와 선천부사를 거쳐 이괄의 난이 일어날 당시에는 이곳 용천부사로 재임 중이었다. 이희건은 1624년 1월, 이괄의 난이 일어나자 장만 도원수의 막하로 달려갔다. 그의 의지와 내력을 알게 된 장만은 이희건에게 자신의 부장 역할을 맡겼다. 그는 장만을 도와 길마재 싸움에서 반란군을 격파하고 진무공신 2등과 함께 '홍양군(洪陽君)'에 봉해졌다.

그러나 이희건은 공신에 책록되기 직전 자신의 임지였던 용천으로 귀임했다. 그 후 이희건은 용천부가 전략의 요충임을 절감하고, 나라의 허락을 얻어 용골산성을 대대적으로 개축했다. 성을 쌓을 때는 군사들과 함께 직접 돌과 흙을 져 나르며 불과 반년이란 짧은 기간에 용골산성을 완성했다. 결국 그의 우려대로 성을 개축한 지 불과 3년 후에 정묘호란이 일어났다. 의주성을 점령하고 백성들을 참살한 적군이 그 이웃에 있는 용골산성을 포위하자, 성내의 인심이 크게 동요하고 선동자가 날뛰기 시작했다. 이에 이희건은 선동자를 처단하고 민심을 안정시켰다. 그는 적보다 열세한 병력으로는 성안에서 농성(籠城)하는 것보다 적군이 진영을 갖추기 전에 출성하여 유격전을 전개하는 것이 전략상 유리하다고 판단했다. 그러나 100여 명의 군사를 이끌고 성을 나선 이희건은 변변히 싸워보지도 못하고 최후를 마친다.

그가 전사하자 성안에서는 또다시 혼란이 일어났다. 성내가 걷잡을 수 없는 혼란에 빠지자, 성의 백성들은 전 무관 출신으로 경상도 영산현감(靈山縣監)을 지낸 정봉수(鄭鳳壽, 1572~1645)를 의병장으로 추대하니, 그의 전력(前歷) 또한 이희건 못지않았다. 1592년 초에 무과에 급제한 정봉수는 그해 4월 임진왜란이 일어났을 때는 선전관이 되어 선조를 의주까지 호종했다. 그 후 정봉수는 영산현감에 이어 1605년에는 흑산도 앞

바다에 출몰한 왜구 토벌에 앞장섰던 무장이었다. 의병장으로 추대된 정
봉수는 무과에 급제한 김종민을 중군으로 삼고, 아우 기수와 함께 성의
방어 전략을 짰다. 성안에는 용천 고을은 물론 인근의 철산과 선천 그
리고 의주성이 함락될 때 탈출한 사람들까지 몰려들어 가마솥처럼 들
끓고 있었다.

그러나 이중에 정작 싸움에 임할 수 있는 군사들은 몇 명 안 되는 것
을 파악한 정봉수는 의병 모집을 서둘렀다. 의주성 참살 소식에 불안에
떨고 있던 인근 백성들은 정봉수가 의병을 모집한다는 소문을 듣고 너
나 할 것 없이 지원하여, 의병의 총수는 약 4,000명에 이르렀다.

이때 이희건의 죽음을 목격한 적군은 기회를 놓치지 않고, 수천의 병
력을 이끌고 성을 공격해왔다. 정봉수는 적의 공격이 예상되는 지점마다
미리 군사를 배치하고 있다가 그 즉시 반격에 나섰다. 성안의 방어가 허
술할 것으로 여기고 성을 공격하던 적은 갑자기 쏟아지는 총탄과 화살
세례에 선두가 무너졌다. 그러나 적은 한발도 물러서지 않고 계속 달려
들었다. 머뭇거리는 자는 뒤에서 예병이 도끼와 칼로 내리쳤기 때문이다.
이를 본 정봉수는 조총과 활 그리고 돌과 끓는 물로 무차별적으로 공격
했다. 군사들뿐만이 아니었다. 여기에서 밀리게 되면 의주성 짝이 난다고
생각한 백성들은 남녀노소를 불문하고 죽기로 싸웠다.

이보다 앞서 미곶첨사(彌串僉使) 장사준(張士俊)은 부사 이희건이 전사
하자, 스스로 상투를 자른 후에 적에게 투항했다. 이어서 그는 자신의 처
를 인질로 맡기고 용천부사가 되기를 청하였다. 여편네를 팔아 일약 용
천부사가 된 장사준은 제멋대로 관곡(官穀)을 내어 술을 빚고 백성들의
소를 강탈하여 적에게 먹이는 등 이적(利敵) 행위를 일삼았다. 그뿐만 아
니라 상투를 자르지 않은 사람을 붙들어다 강제로 상투를 자르게 하고,

거부하면 죽이는 등 천인공노할 만행을 저질렀다. 이어서 정봉수에게 투항을 권유했으나, 정봉수는 아무런 반응을 보이지 않았다. 그러자 장사준은 "만약 항복하지 않으면 너에게 화가 닥침은 물론, 백성들 또한 그 화를 피할 수 없을 것"이라고 협박했다. 거듭된 협박에도 정봉수가 묵묵부답으로 일관하자, 그는 후금군 수백 명을 성 밑에 매복시키고 공격의 기회를 노렸다. 기회를 노리던 정봉수는 야간 기습을 단행하여 장사준을 포함한 공모자 수십 명을 잡아 죽였다.

이에 잃었던 사기를 되찾은 백성들은 정봉수를 중심으로 군, 관, 민 모두가 한 몸이 되어 또다시 공격에 나섰다. 백성들의 끈질긴 공격을 견디지 못한 적군은 "나중에 보자"라는 여운을 남긴 채 마침내 물러가버렸다. 앞서 의주성 싸움을 떠올렸던 적군은 용골산성을 가볍게 보고 공격했다가 의외의 참패를 당했던 것이다. 적군이 물러간 뒤에도 정봉수는 성을 떠나지 않고, 무너진 성곽을 개축하는 등 방어책에 골몰하고 있었다. 정봉수는 적이 압록강을 건너 자기네 영토로 돌아가지 않고, 남쪽으로 내달은 것으로 볼 때 머잖아 재침이 있을 것으로 예상했다.

그 후 강화 소식을 들은 지 보름이 채 안 된 3월 17일, 철군 중이던 후금군의 총사령관 아민이 1만에 달하는 대군을 동원하여 용골산성을 공격해왔다. 정봉수는 또다시 의병 부대를 이끌고 결사항전에 돌입했다. 조선군의 반격에 선두에서 돌진하던 선봉대가 무너졌으나, 적은 물러서지 않았다. 제1대가 무너지면 제2대가, 제2대가 무너지면 다시 제3대가 몰려왔다.

그러나 성이 무너지면 한 명도 살아남을 수 없다는 것을 익히 알고 있던 백성들은 죽기 아니면 살기로 싸웠다. 적군은 그날 다섯 번에 걸쳐서 총공격을 감행했다. 정봉수는 석거포(石車砲)를 비롯하여 조총과 활, 그리고 돌과 통나무를 굴리는 등 온갖 방법을 동원하여 적의 공격을 막아 냈다. 새벽부터 시작한 싸움은 신시(申時 : 오후 3시~5시)까지 계속되었으나, 군민들의 사기는 꺾이지 않았다. 마침내 제풀에 지친 아민은 전군의 퇴각을 명했다. 개전 이래 평안도와 황해도 일대에서 수없이 조선군을 격파하며 무적의 용맹을 자랑하던 아민의 팔기군을 격퇴시킨 이 싸움이 바로 정묘호란 최대의 승첩으로 불리는 '용골산성전투'였다.

소현세자의 분조

3월 3일 후금과의 강화가 성립되고 나서 그달 23일에는 전주에서 분조 (分朝) 활동을 하던 소현세자(昭顯世子, 1612~1645, 소현세자의 이름은 '왕' 이며 한자로는 '汪' 또는 '炡'자를 쓴다. 炡은 데칠 '정'이라고 하나, 이름에 쓸 때는 왕으로 발음한다) 일행이 강화행궁으로 돌아왔다. 세자가 서울을 떠 난 것은 1월 24일이었으니, 그는 서울을 떠난 지 두 달 만에야 돌아온 것 이다. 조정에서 분조 구성을 처음으로 거론한 것은 적군이 안주에 이 르던 1월 21일이었다. 인조를 비롯한 조정 중신들은 1월 13일 한밤중에 압록강을 건넌 적군이 불과 열흘도 안 되어 안주성에 다다른 것으로 볼 때 도성까지 내려오는 것은 시간 문제일 것이라고 판단해 분조를 구성하 고 소현세자로 하여금 분조를 이끌도록 했다.

인조는 이괄의 난이 끝난 다음 해(인조 3년)에 열네 살짜리 원자를 세 자로 책봉했다. 이때 인조가 원자를 세자로 책봉한 것은 이괄의 난을 겪 으면서 이괄의 난 같은 비상시국에 대비하고자 함이었다. 이에 따라 인 조는 1월 22일 영부사(領府事) 이원익을 도체찰사로 임명하고, 배종관으로는 좌의정 신흠, 찬획사(贊劃使) 이식(李植), 분병조참판(分兵曹參判) 이명준(李命俊), 서평부원군 한준겸, 이조참의 이성구, 필선(弼善) 이경헌, 동양위(東陽尉) 신익성 그리고 분조대장에는 무관 출신의 류비(柳斐)를 임명하여 총 21명으로 분조를 구성할 것을 명했다.

그러나 이틀 후인 23일 사간원 간원들이 "세자시강원의 강관(講官)들이야말로 조석으로 세자를 대하는데, 난리를 핑계로 서로 헤어지게 한다는 것은 정리상 안 될 일입니다. 이들 강관들도 분조행렬에 포함해야 할 것입니다"라고 주청했다. 이에 인조는 그들의 청을 받아들여 기왕에 정해진 인원 외에 5명을 추가하여 배종관은 모두 26명으로 늘어났다.

전란으로 인하여 느닷없이 분조를 이끌게 된 소현세자는 오늘날로 치면 중학교 3학년에 해당하는 열여섯 살에 불과했다. 따라서 인조가 이원익과 신흠 등 고위층 인사들을 분조 구성원에 포함한 것은 세자의 나이가 어리다는 것을 감안했기 때문이다. 분조 구성이 완료되자 소현세자는 26명의 배종관들과 함께 1월 24일 도성을 출발하여 과천을 거쳐 이튿날에는 수원부에 이르렀다.

학가(鶴駕 : 세자의 수레)가 수원에 이르렀을 때 그곳 판관이 다담(茶啖)상을 올렸다. 어린 나이에 전란의 고초를 겪는 세자를 격려하고자 함이었다. 그러나 세자는 "앞으로 다른 고을에서도 이를 선례로 앞다투어 올리게 되면 그 폐단이 적지 않을 것"이라며 이를 물리쳤다. 이어서 이번 전란을 맞아 의주에서 아들과 함께 적군의 포로가 되어 참살당한 판관 최몽량(崔夢亮)의 집에 궁관을 보내 조문과 위로의 말을 전하도록 했다. 또한 수원을 지나 여타 고을에서는 군사와 백성들에게 전란으로 인한 고충을 묻고 선유(宣諭)를 행하는가 하면, 영부사를 불러 남쪽의 수군을 강화도로 보내라고 지시했다.

1월 26일 수원을 출발한 학가는 진위(振威 : 평택) → 직산 → 전의를 거쳐 2월 1일에는 충청도 감영이 소재하는 공주에 도착하여 3일간 머물렀다. 2월 4일 공주를 출발한 세자의 학가는 니산(尼山 : 논산) → 여산(礪山 : 익산) → 삼례를 지나 2월 7일에는 마침내 전주에 이르렀다. 전주에 도착한 세자는 무군사(撫軍司 : 왕세자의 행영〈行營〉. 행영이란 국가 비상시에 설치하는 임시 군영)를 설치하고, 의병을 모집하여 전장으로 보내는 등 본격적으로 분조 업무에 착수했다.

이때 일부 배종관들은 이 전쟁이 오래갈 것에 대비하여 분조를 다른 곳으로 옮겨야 한다고 주장했다. 그러나 한편에서는 "학가가 오는 것을 본 전주 백성들 모두가 기뻐했는데, 만약 학가가 전주를 떠나게 되면 이곳 민심이 걷잡을 수 없이 흩어질 것"이라며 분조의 이동을 강하게 반대했다. 애초에 인조는 분조를 구성하면서 전주에 머물러 삼남의 민심을 안정시키라고 명했다. 따라서 분조가 전주로 간 것은 왕명에 따른 것이었다. 그런데 내려올 때 공주에서 민심의 동향을 살펴본 결과 의외의 사실을 알게 되었다.

학가가 공주에 머물 때는 마음의 안정을 찾고 있던 그곳 백성들이 3일 후 학가가 공주를 떠나자 적군이 가까이에 이르렀다고 판단하고 피난 준비에 여념이 없었던 것이다. 분조의 이동을 반대하는 쪽에서는 도성을 떠날 때 전주에 머물도록 지시한 왕명과 함께 이것을 명분으로 들었다.

반면에 분조의 이동을 찬성하는 쪽에서는 "만약 적세(賊勢)가 급하게 되면 내륙 안쪽에 자리한 이곳 전주보다는 배편을 이용하여 강도(江都 : 강화도)와의 연결이 가능한 바다와 인접한 장소가 유리할 것"이라고 주장했다. 따라서 이들이 분조가 머물 장소로 거론한 곳은 서산, 태안, 순천, 나주, 진주, 통영 등 바다를 접했거나, 아니면 바다에서 비교적 가까운 지역이었다. 논란이 계속되자, 세자는 강화행궁에 머물고 있는 부왕에게 상황을 설명하고 분조가 머물 장소를 다시 한번 지정해줄 것을 호소했다. 이 무렵 후금군은 평산에서 진퇴를 멈추고 강화를 추진하고 있었기에 인조와 중신들은 어느 정도 안정을 찾아가고 있었다. 적세가 그다지 급하지 않다고 판단한 인조는 세자가 올린 치계에 대하여 "애초에 결정한 대로 전주에 머물라"고 명하여 논란을 잠재웠다. 논란이 가라앉자, 분조에서는 전란 중이라 해서 왕세자 앞에서 글을 강론하는 서연(書筵)을 중지해서는 안 된다고 주장하여 총 16회에 걸쳐 서연을 시행했다.

분조에서는 이외에도 삼남의 지역 백성들을 대상으로 문·무과의 과거를 설행(設行)하기로 하고, 그 날짜를 2월 15일로 확정했다. 그러나 때아닌 비가 계속해서 내려 응시자가 몇 명 안되자, 시험 날짜를 2월 18일로 연기했으나, 비는 그때까지도 내리고 있었다. 그날 세자는 비가 오는데도 불구하고 새벽 5시부터 오후 5시까지 시험 감독관을 지정하고 부정 행위자의 처벌 방법을 협의하는 등 모든 일을 총괄했다. 이어서 시험 감독관 김육(金堉)에게 "고사장의 담장이 매우 낮고 틈이 많아 허술하니 철저히 단속하라"고 지시하며 남다른 열정을 보였다.

이날 문과에 응시한 선비는 모두 144명이었고, 그중 4명이 급제의 영예를 안았다. 그러나 이날 김육은 "757명의 무과 응시자 중 아직도 활을 쏘지 않은 자가 85명에 이릅니다. 더이상 등록하는 것을 막아야 혼란을 방지할 수 있을 것입니다"라며 세자에게 그만 등록을 멈추게 해달라고 요청했다. 이에 세자는 "양식까지 싸 들고 수백 리 먼 길을 달려온 응시자들을 헛걸음을 치게 해서는 안 될 것"이라며 시간을 제한하지 말라고 지시했다.

그 후 24일까지도 응시자가 밀려들자 이번에는 주무 부서인 무군사에서 "이미 이름을 올린 자 외에는 더 받지 말아달라"고 요청했다. 이에 세자는 "때아닌 장마로 인하여 응시자들이 기한에 맞춰 도달할 수 없었다고 하니, 응시자들을 모두 과장에 들여 원망이 없도록 하라"고 지시했다. 우여곡절 끝에 무과 역시 별 탈 없이 시험이 끝났고, 3월 1일에 발표된 무과 급제자는 총 601명에 달했다. 급제자를 이렇게 많이 선발한 이유는 응모자가 워낙 많았던 데다 이때가 전쟁 중이었기 때문이다.

정묘약조의 후폭풍

인조는 세자가 돌아오고 17일이 지난, 4월 10일, 강화행궁을 떠나 환궁 길에 올랐다. 강화를 출발한 지 사흘째가 되는 4월 12일, 도성에 이른 인조는 종묘에 들러 그동안 도성을 비우게 된 사유를 고하고 경덕궁으로 환궁했다. 1월 26일 도성을 떠났으니, 도성을 비운 지 두 달 보름여 만이었다.

환궁 후 인조는 가장 먼저 외적의 침입으로 흩어진 민심 수습에 나섰다. 하지만 3년 전에 이어 두 번씩이나 백성들을 팽개친 채 혼자만 살겠다고 달아났던 임금을 백성들은 쉽사리 용서하지 않았다. 3년 전 이괄의 난 때에는 왕이 도성을 비운 지 보름 만에 도성 전체가 쑥밭이 되었으나, 이번에는 불행 중 다행으로 두 달 반이나 비웠는데도 큰 탈은 없었다. 적군이 평산에서 진격을 멈추었기 때문이다.

그러나 평안도와 황해도의 피해는 엄청났다. 가장 심각한 것은 인명 피해였다. 후금군은 성을 점령한 후에는 거의 씨를 말리다시피 성의 백성들을 학살했다. 그 와중에도 젊고 예쁜 여자들은 살려주었으니, 이는 우선 노리개로 삼았다가 전쟁이 끝난 후에 자국으로 끌어갈 심산이었던 것이다.

저들은 또한 민가에 들어가 값나가는 세간과 재물을 남김없이 약탈하고, 마지막에는 그 집에 불을 지르는 만행을 저질렀다. 요행으로 성한 집이라 해도 무엇 하나 남아 있는 게 없었다. 저들이 물러간 뒤에 집으로 돌아온 사람들은 먹을 것은 물론, 당장 입을 옷 한 벌도 없었다. 그중에서 가장 심각한 피해를 입은 것은 청북 지역이었다.

개전 초부터 피해를 당한 이 지역은 화의가 이루어진 뒤에도 피해는 계속되었다. 저들은 강화가 이루어진 뒤 가도의 모문룡 부대의 준동을 막아야 한다는 구실을 내세워 의주에 만주병 1,000명과 몽골병 2,000명을 주둔시키고, 압록강 건너 진강(鎭江 : 단둥 일대)에 만주병 300명과 몽골병 1,000명을 포함하여 총 4,300명의 병력을 주둔시켰다. 이렇게 남겨진 후금군은 민가로 돌아다니면서 분탕질을 하고, 부녀자를 겁탈하는 등 만행을 멈추지 않았다. 그럼에도 각 도의 수령들은 대책을 마련할 방도가 없었다.

저들이 남겨둔 4,300명의 병력 중 1,300명은 만주병이었으나, 그 외 3,000명은 몽골병이어서 이들로 인한 피해는 더욱 막심했다. 별 이해관계도 없는 싸움에 어쩔 수 없이 나서게 된 이들의 불만은 컸다. 더구나 낯선 땅에 남아 고향으로 돌아갈 기약조차 없게 된 이들은 그 분풀이를 이곳 주민들에게 했다. 몽골병들은 대낮에 술을 퍼마시고 약탈에 나서는 건 아예 일상이 되다시피 했고, 돌아다니다가 젊은 여자가 눈에 띄면 겁탈하기 일쑤였다. 그 남편이나 가족이 나서면 아예 죽이거나 아니면 인사불성이 되도록 두들겨 팼다. 백성들은 억울하고 원통했으나, 하소 연할 데도 없었다. 관에 찾아가서 하소연해봤자 법보다 주먹이 가까운지 라 해결 방법은 없었다.

저들은 본국에서 군량 보급이 제대로 안 되자 급기야는 아무 땅이나 차지하고 농사를 짓기도 했다. 견디다 못한 청북 백성들은 아예 농사를 접고 타지방으로 떠나는 사람까지 생겨났다. 보다 못한 지방관들은 후금 군으로 인한 피해 현황을 조사하여 조정에 이에 대한 해결책을 촉구했 다. 지방관들의 장계가 쇄도하자, 조정에서는 심양으로 사자를 보내 완전 철수를 요청했다. 이에 대한 저들의 답변은 한결같았다. "조선이 가도에 머무는 모문룡 군대를 쫓아내면 우리도 철수할 것이다." 결국은 모문룡 이 조선에 머무는 한 언제까지고 조선을 떠나지 않겠다는 심산이었다.

정묘약조의 후폭풍은 여기에서 머물지 않았으니, 그것은 이를 바라보 는 명의 시선이었다. 명에서는 지난 사르후전투 당시 강홍립의 투항 때부 터 조선을 의심하고 있었다. 당시 강홍립이 후금에 투항한 것은 이미 계 획된 행동이었다는 것이다.

그 후 정묘호란이 일어나자, 명 일각에서는 노골적으로 조선을 비판하 는 목소리가 흘러나왔다. 1627년 5월, 동지성절사(冬至聖節使)로 명에 갔던 김상헌의 장계를 보면 "명에서는 조선이 가도의 모문룡을 제거하 기 위해 후금군을 끌어들였고, 그들에게 군량까지 지급한 것으로 의심 하고 있다"고 했다. 김상헌의 장계를 본 인조 정권은 당혹하지 않을 수 없었다. 아니어도 '오랑캐와 화의를 맺은 것 때문에 반정의 명분이 크게 훼손되었다'고 자조하던 그들이었다. 정묘약조 이후 의주에 주둔하던 후 금군의 피해는 주로 청북 지방에 한정되었으나, 전란의 상흔은 전국 곳곳에서 나타나고 있었다. 가뜩이나 전쟁으로 인해 백성들은 헐벗고 굶주리는데, 후금은 정묘약조 때 약정한 세폐는 물론, 그밖에 약조에 포함되지 않은 것까지 요구했다. 여기에 더하여 이듬해(1628) 명 정벌에 나서면서 조선 측에 군비지원과 함께 전함까지 요구했다.

고심하던 인조는 "우리 조선은 200년 넘게 명을 부모지국으로 섬겨왔고, 임진왜란 때에는 재조지은까지 입었는데, 어떻게 부모의 나라를 치는데 협조하겠느냐"며 그들의 요구를 정면으로 거부했다. 당시 인조가 저들의 요구를 노골적으로 거부한 것은 그의 용기라기보다는 평소에 지녔던 숭명 사상이 그 척도였다. 그러나 숭명 사상의 척도를 떠나 그 무렵 조선의 재정 상태는 파탄 직전에 이르렀다고 해도 과언이 아닐 만큼 최악이었다. 정묘호란 전부터 수년 동안 이어진 가뭄과 기근에다 전쟁까지 겪게 된 농민들은 막다른 골목으로 내몰리고 있었다.

때문에 조선은 약화된 국방력과 무너진 경제로 인해 그들의 요구에 부응하고자 해도 여력이 전혀 없었다. 이런저런 사정이 겹쳐 조선에서는 날이 갈수록 배금(背金) 사상만 높아지게 되었으니, 그것은 언제 터질지 모르는 활화산이었다.

멸망의 길로 들어선 명나라

정묘호란으로 인해 조선의 국방력과 경제력이 완전히 무너졌다고 판단한 홍타이지는 다시 명 공략에 나서기로 했다. 결심을 마친 홍타이지는 조선과의 강화를 맺은 지 약 두 달이 지난 1627년 5월, 양황기와 양백기로 편성된 팔기군을 이끌고 지난해에 패퇴했던 영원성을 향해 진격을 개시했다. 이때 원숭환은 후금군의 침공에 대비하여 성곽 위에는 홍이포를 증설하고, 성 밖 곳곳에 방어진지를 구축했다. 영원성 앞에 도착한 홍타이지는 공성무기를 총동원하여 공격을 명했다. 후금군이 공격을 개시하자 이에 맞서 성 위에 장착한 홍이포가 일제히 불을 뿜기 시작했다. 성 밖에서도 양군 간에 치열한 전투가 벌어졌다.

일진일퇴의 공방전 끝에 홍타이지가 거느린 팔기군은 원숭환이 지휘하는 명군에게 또다시 패퇴하고 말았다. 이대로는 물러설 수 없다고 생각한 홍타이지는 군사를 돌려 금주성 공격에 나섰다. 원숭환은 전해에 영원성에서 누르하치군을 물리친 후, 요서 일대에 금주성과 대릉하 그리고 송산성까지 3개의 성을 영원성 못지않을 만큼 견고하게 축조하고, 축성 작업을 진두지휘했던 좌도독 조솔교에게 금주성의 방어를 맡겼다.

또다시 패퇴할 수는 없다고 각오를 다진 홍타이지는 금주성을 무자비하게 공격했다. 그러나 원숭환의 지원을 받는 조솔교는 홍타이지의 공격을 24일이나 버텨냈고, 날이 갈수록 후금군의 사상자만 늘어갔다. 6월 무더위에 일사병으로 쓰러지는 병사들도 속출했다. 결국 홍타이지는 다시 한번 원숭환의 높은 벽만을 실감했을 뿐 아무런 성과도 거두지 못하고 돌아서야 했다.

원숭환이 버티고 있는 한 영원성과 산해관의 돌파는 한낱 헛된 꿈에 불과하다고 판단한 홍타이지는 그 누구도 생각하지 못했던 새로운 전략을 들고나왔다. 즉, 원숭환이 지키고 있는 요서 일대를 우회하여 몽골의 영역을 지나 하북성 북방의 장성(長城)을 넘어 북경을 공략하자는 것이 그의 구상이었다. 홍타이지는 이 작전을 위해 먼저 정친왕(鄭親王) 지르갈랑에게 소수의 병력을 내주고 영원성과 금주성을 공격하여 원숭환의 발목을 요서 일대에 묶어두기로 했다. 이어서 1629년(천총 3) 10월 2일,

대패륵 다이샨을 대동하고, 몽골의 코르친 부족을 향도로 삼아 정예 팔기군을 이끌고 출정 길에 올랐다.

홍타이지는 원숭환이 지키고 있는 영원성을 피해 몽골 지역으로 우회하여 장성 동북쪽의 희봉구(喜峰口)를 지나 북경을 향해 진격했다. 홍타이지가 북경성 북방 일대를 초토화시키고 나서 명의 도읍 북경성 코앞으로 밀고 들어간 것은 10월 26일이었다. 느닷없이 후금군이 북경성 앞에 나타났다는 소식에 북경 군민들은 경악했다.

황제의 명을 띤 파발이 원숭환이 사수하고 있는 영원성으로 말을 몰았다. 급보를 접한 원숭환은 동원 가능한 병력을 모두 끌어모아 북경으로 달려갔다. 원숭환이 수하 군사들을 이끌고 북경성 동쪽 외성문인 광거문(廣渠門) 앞에 이르렀을 때에는 후금군의 공성(攻城) 개시 일보 직전이었다. 다급해진 원숭환은 천리 길을 달려 숨이 턱에 차 있는 병사들을 이끌고 홍타이지가 이끄는 팔기군을 향해 달려들었다. 광거문 앞에서는 용맹을 자랑하는 팔기군과 고도로 훈련된 명의 정병(精兵)과의 운명을 건 한판 싸움이 벌어졌다. 이 싸움에 패하는 날이면 명의 사직마저 무너진다고 생각한 원숭환은 글자 그대로 사력(死力)을 다해 싸웠다. 일진일퇴의 공방전 끝에 11월 23일, 마침내 원숭환은 홍타이지의 팔기군을 물리쳤다. 원숭환의 충성심과 분전(奮戰)으로 벼랑 끝으로 내몰린 명의 사직을 구한 것이다.

이 싸움에 대한 청의 초기 역사를 기록한 『만문노당(滿文老檔)』을 보면 홍타이지가 10월 2일 출병하여 도중에 명군을 쳐부순 이야기는 상세하게 기록했으나, 원숭환에게 패한 이야기는 한마디도 없다. 이밖에 청의 정사(正史) 『청실록(淸實錄)』에도 북경성 싸움에 대한 이야기는 단 한 줄도 없다.

중국에서는 역사를 기록하는 3가지 원칙이 있다. 첫째, '위중국휘치(爲中國諱恥)'로서, 중국의 수치스런 내용은 철저하게 감춘다는 말이다. 둘째, '긍초이누이적(矜鞘而陋夷狄)'인데, 중국을 높이고 상대국을 깎아내려야 한다는 말이다. 셋째, '상내약외(詳內略外)'로 중국의 역사는 상세히 적고 상대국의 역사는 간략하게 적어야 한다는 말이다. 북경성 싸움에 대한 기록이 부재한 이유는 아마도 중원으로 진출한 이후 한족(漢族) 문화에 동화되었던 청이 이 원칙을 따른 것이 아닐까 추측한다.

원숭환은 위기에 빠진 북경성을 구하기 위해서 목숨을 걸고 싸웠다. 그러나 어처구니없게도 그가 고의로 길을 내주어 오랑캐들이 북경성 턱밑까지 쳐들어왔다는 말도 안 되는 유언비어가 북경 일대에 나돌기 시작했다. 이것은 위충현 밑에서 권세를 누리던 엄당(閹黨 : 환관들을 중심으로 위충현이 조직한 정치 집단) 일파의 소행이었다.

뿐만이 아니었다. 북경 교외에 토지와 별서(別墅)를 가진 권신들 역시 이 일대가 쑥밭이 된 책임은 원숭환에게 있다고 몰아갔다. 이 무렵 숭정제는 동림당(東林黨 : 엄당의 반대당) 세력이 지나치게 커진다고 생각하고 즉위 초에 쫓아냈던 엄당에게 다시 힘을 실어주고 있었다. 마침내 엄당의 잔당들은 원숭환을 탄핵했다. 원숭환으로서는 억울하기 짝이 없었으나, 그렇다고 뾰족한 수도 없었다. 더욱 황당한 것은 숭정제조차 그들의 말을 믿고 원숭환을 의심한 것이었다.

이 의심 많은 숭정제를 이용하기로 한 것은 후금의 칸 홍타이지였다. 홍타이지는 비록 북경성 공방전에서 패하기는 했으나, 환관 양춘과 왕성덕을 사로잡는 데 성공했다. 두 사람을 진중에 붙들어둔 홍타이지는 이들을 특별 관리하도록 명했다. 어느 날 밤 두 사람이 구금되어 있는 바로 옆방에서 벽 하나를 사이에 두고 홍타이지의 밀명을 받은 고홍중과 포승선이 밀담을 나누고 있었다. 양춘과 왕성덕은 귀를 기울였다. "원숭환과 홍타이지가 함께 황성을 공략하기로 약속했으니, 북경은 곧 함락될 것"이라는 속삭임이 들려왔다. 그 말을 듣고 나서 두 사람은 온몸에 식은땀이 날 만큼 놀랐다. 두 환관은 자신들이 듣고 있다는 사실을 모르고 밀담을 나누고 있는 게 분명하다고 생각했다.

11월 29일, 홍타이지는 명군 측에 강화를 제의하면서 두 환관도 풀어주었다. 숭정제를 만난 이들은 그 즉시 자신들이 들은 바를 고했고, 숭정제는 그 말을 사실로 받아들였다. 12월 1일, 숭정제는 군사에 관해 의논할 일이 있다며 원숭환을 황궁으로 불러들였다. 황제를 철석같이 믿고 있던 원숭환은 수하 두 사람만을 대동한 채 황궁으로 달려갔다.

그러나 천만뜻밖에도 그곳에는 원숭환을 잡기 위한 함정이 기다리고 있었다. 원숭환을 대한 황제는 "경은 어찌하여 황성이 위기에 빠졌는데도 즉시 구원하러 오지 않았는가?"라고 질책했다. 너무도 뜻밖의 추궁을 받은 원숭환이 미처 대답을 하지 못하고 우물쭈물하고 있는 사이 "원숭환을 금의위에 하옥하라"는 황제의 명이 떨어졌다. 원숭환이 하옥되자 원숭환이 영원성을 축조할 때 적극적으로 후원했던 손승종과 내각 대학사 성기명(成基命)이 나섰다. 그들은 황제를 향하여 "적이 성 밑에 와 있는 상황에서 원숭환을 처형하는 것은 스스로 장성을 허무는 것과 같습니다"라며 원숭환의 구명을 요청했다.

반면에 엄당 일파는 "오랑캐와 결탁하여 황성을 치려 했던 원숭환의 죄는 능지처참해야 마땅하다"며 극언의 상소를 올렸다. 양측의 팽팽한 주장은 자그마치 반년 넘게 이어졌으나, 최후의 열쇠를 쥔 숭정제는 마침내 엄당의 손을 들어준다. 결국 원숭환은 1630년 8월 16일 '황제를 속여 모반을 획책하고 간악한 무리들과 결탁해 나라를 팔아먹었다'는 죄목으로 북경성 서시 거리에서 책형(磔刑)으로 최후를 마친다. 책형이란 칼로 죄인의 살점을 적게는 수백 번, 많게는 천 번이 넘게 저며내다가 마지막에는 내장이 터져 나오거나, 아니면 골을 부수어 죽이는 것으로서 사형 방식 중 가장 잔인한 형벌이다. 원숭환을 책형으로 죽인 숭정제는 그래도 성에 차지 않았는지, 그의 살점을 북경성 백성들에게 고기로 먹도록 했으니, 그것은 결국 망국을 재촉하는 지름길이었다.

황제가 된 홍타이지

원숭환을 제거한 홍타이지는 1632년 명나라 못지않은 후금의 숙적 차하르(몽골)를 공격하여 차하르의 22대 칸 '릭단'을 몰아낸다. 이때 릭단은 자신의 어린 아들 '에제이'에게 칸의 지위와 함께 전국옥새(傳國玉璽)까지 넘겨주는데, 이 옥새가 바로 진시황 대부터 내려오는 '나라를 전한다'는 의미를 지닌 전국옥새이다.

전국옥새(傳國玉璽)

사방 4치에 호랑이 문양을 새겨넣은 이 옥새에는 '수명어천 기수영창(受命於天 旣壽永昌 : 하늘의 뜻을 받아 영원히 창성하리라)'이라는 여덟 글자가 새겨져 있다. 진시황(秦始皇)이 재상 '이사(李斯)'에게 명하여 천하의 명옥으로 알려진 화씨지벽(和氏之璧)으로 제작했다는 이 옥새는 중국의 역대 통치자들이 반드시 지녀야 하는 것으로 여겼으며, 이것을 가진 자만이 진정한 하늘의 아들(天子)로 인정받을 수 있다고 생각했다.

진시황 사후 한(漢) 왕조로 넘어간 이 옥새는 우여곡절 끝에 칭기즈칸의 손자 쿠빌라이가 세운 원 왕조로 넘어가 원의 마지막 황제 순제(順帝)에게로 전해진다. 선조(先祖)로부터 옥새를 물려받은 순제는 1368년 명 태조 주원장에게 멸망당한 뒤 만리장성 너머 몽골 초원으로 쫓겨가면서도 옥새를 놓치지 않는다. 순제는 선조의 발흥지였던 몽골의 타알 호수 근처에 위치한 응창부에서 '북원(北元)'을 세우고 북원의 초대 황제 '혜종'으로 즉위한다.

북원은 3대 '평제(토구스 테무르)'까지는 여전히 황제 칭호를 사용하나, 4대 조리그투부터는 '칸'의 호칭을 사용하기 시작하여 그는 '조리그투 칸'이라 불린다. 조리그투 칸에 의해 명맥을 이어가던 북원은 16대 다얀 칸(達延汗) 대에 이르러 전성기를 구가한다. 분할되었던 몽골의 전 부족을 통일하여 몽골제국의 위상을 되찾은 다얀 칸은 자신이 차지한 영토를 여러 아들들에게 나누어주어 다스리게 했다. 그중에서 맏손자인 '보디 칸'이 가장 큰 '차하르'부를 차지하게 되는데, 이 차하르가 북원의 정통이다.

그 후 22대 릭단 칸(林丹汗) 대까지 전성기를 구가하던 차하르는 후금의 정벌전으로 인해 쇠망의 길로 접어든다. 결국 후금의 2대 군주 홍타이지에게 내몰린 릭단은 초원과 사막을 떠돌다가 1634년 감숙성 시라탈라에서 천연두로 생을 마감한다. 릭단 칸이 죽자, 그의 어린 아들 '에제이'가 칸의 지위를 이어받으니, 이 사람이 바로 몽골족 최후의 칸으로 기록되는 '에제이 칸'이다.

에제이는 아버지로부터 칸의 지위를 물려받기는 했으나, 칸에 오른 지 겨우 1년 후인 1635년 홍타이지의 거듭되는 침략에 무릎을 꿇고 후금에 귀부하게 된다. 이때 에제이는 자신의 안전을 보장받기 위해 선대로부터 물려받은 그 귀중한 옥새를 홍타이지에게 바침으로써 길고도 험난했던 전국옥새의 여정은 여기에서 끝나고, 옥새를 획득한 홍타이지는 제위에 오를 준비에 박차를 가한다.

1636년(천총 10) 4월 11일. 이날 여명(黎明)을 맞아 모든 패륵과 대신들을 거느린 홍타이지는 백마에 올라 성경성(盛京城 : 심양) 동쪽 문인 덕성문을 통하여 황제 즉위식을 거행할 천단으로 향했다. 천단 앞에 당도한 홍타이지는 말에서 내려 천천히 단으로 올랐다. 이어서 만주인, 한인(漢人), 몽골인 관리들이 그 뒤를 따랐고, 조선의 춘신사(春信使)로 참석한 나덕헌(羅德憲)과 이확(李廓)도 따랐다. 홍타이지는 친히 천단에 향을 피우고 세 번 무릎을 꿇고 아홉 번 머리를 조아리는 이른바, 삼궤구고두(三跪九叩頭) 의식을 행했다. 이어서 패륵들과 대신들이 새 황제를 향해 삼궤구고두를 행하자, 그 뒤를 따라 그곳에 참석한 모든 사람들이 삼궤구고두를 행했다.

이어서 일등공(一等公) 양구리(楊古利)가 만주인, 몽골인, 한인의 여러 대신들을 이끌고 태조의 묘(廟)에 제사를 올리는 축문을 읽었다. 삼궤구고두와 고축(告祝)을 마치자 홍타이지에게 '관온인성황제(寬溫仁聖皇帝)'의 존호를 올리고 나라 이름을 '후금'에서 '대청(大淸)'으로 바꾸고, 연호는 '천총'에서 '숭덕(崇德)'으로 개원되었음을 선포했다. 이어서 참석했던 모든 사람들이 "황제 폐하 만세!"를 소리 높이 외치는 것으로 홍타이지의 황제 즉위식은 대미를 장식했다.

이런 과정을 거쳐 홍타이지는 그토록 원했던 황제의 위에 올랐다. 수백 년에 걸쳐 여진족을 일러 오랑캐라고 업신여기며 중원의 주인임을 자처하던 명나라 황제조차도 갖지 못한 전국옥새를 손에 넣고 제위에 오른 홍타이지는 하늘의 별을 딴 것만큼이나 뿌듯했다.

그런데 이토록 좋은 잔칫날에 재를 뿌리는 사태가 발생했다. 즉위식에 참석한 패륵들과 대신들은 물론 만주인, 한인(漢人), 몽골인을 비롯한 모든 사람들이 빠짐없이 새 황제에게 삼궤구고두를 행하고 만세를 불렀으나, 유독 조선의 춘신사 나덕헌과 이확만은 이를 거부했다. 이들의 머릿속에는 하늘 아래에는 오직 한 분의 황제, 즉 명의 숭정제만이 황제였을 뿐 그 외 다른 사람들이 황제를 칭하는 것은 하늘의 뜻을 거역하는 것이라 여겼다. 나덕헌과 이확의 행동을 유심히 지켜보던 청의 관료들은 격분했다.

그들은 식이 끝나기가 무섭게 두 사람을 향하여 "감히 이 자리가 어떤 자리인데, 그토록 무례한 짓을 저지르느냐!"며 마구 두들겨 팼다. 한쪽에서는 두 놈을 죽이라고 난리를 쳤고, 다른 한편에서는 잡아다 국문을 가하라고 소리쳤다. 그러나 새 황제(청 태종)는 신하들을 만류하며 이렇게 말한다.

"나덕헌과 이확의 무례한 행동은 헤아리기를 다할 수 없다. 그것은 조선 왕이 고의로 틈을 찾기 위해 내가 먼저 악행을 시작하기를 바라고 하늘에 맹세한 화친의 맹약을 먼저 깨뜨리기를 바라는 마음에서 그렇게 하라고 시킨 것이다. 나는 그 같은 작은 일에는 개의치 않는다"라는 말로 식장의 격앙된 분위기를 가라앉혔다.

분위기로 보아서는 그 자리에서 죽을 수도 있었으나, 청 태종의 치밀한 계산과 침착한 행동으로 일단 두 사람은 호랑이 굴을 벗어나게 되는데, 이때 그들의 손에는 태종이 인조에게 보내는 국서가 들려 있었다. 귀국 길에 오른 그들은 청 황제로부터 받은 국서 내용이 몹시도 궁금했다. 그 내용에 따라 죽을 수도 살 수도 있었기 때문이다. 궁금증을 견디다 못한 그들은 더이상 참지를 못하고 통원보(通遠堡)에 이르러 봉서를 개봉하는데, 그 서두는 이렇게 시작된다.

汗云, 爾國與天朝, 修好二百餘年, 不必斥絕於一朝也(한이 이르기를, 너희 나라는 천조〈명나라〉와 더불어 2백여 년 우호를 닦았으니, 하루아침에 단절할 필요는 없도다.)

서두에 이어 홍타이지는 그동안 조선 측에서 행한 모든 적대 행위를 나열하며 강도 높게 비난했다. 거기에는 '지난 사르후전투 때 아무런 원한 관계도 없는 후금을 명과 함께 치러 왔다는 것과 후금의 백성이 조선으로 달아나면 그 즉시 잡아서 명으로 보낸 것, 그리고 인열왕후의 조문을 위해 참석했던 후금의 사신들을 박대했던 것' 등을 비난하는 내용으로 가득 찼다. 홍타이지의 국서를 읽은 두 사람은 아연 긴장했다. 만약 이것을 국왕과 조정 대신들에게 보였다가는 목이 달아날지도 모르는 일이었다. 고심하던 두 사람은 원본은 통원보 숙소에 버리고 등사본만 챙겨가기로 했다. 극도로 불안해진 이들은 의주에 도착한 즉시 조정에 장계를 올렸다.

노중(虜中)에 있을 적에 마침 그들이 참호(僭號 : 분수에 넘치는 칭호)를 칭하였는데, 저희들은 위협을 당하면서도 끝까지 굴하지 않았습니다. 통원보에 도착하여 그 글을 열어보니, 말뜻이 패악하고 설만(褻慢 : 무례하고 거만함)하여 감히 싸 가지고 오지 못하고 몰래 잡물 속에 두고 왔습니다. 그 글에 '대청 황제'라 칭하였고, 우리나라를 '너희 나라'라고 하였습니다.

두 춘신사의 장계가 올라가자 조정에서는 마치 이들이 역적질이라도 하고 온 양 온통 난리를 치며 상소를 올린다. 아래는 그중 평안감사 홍명구가 올린 상소의 내용이다.

나덕헌, 이확 등의 장계와 등출한 적서(賊書)의 말을 보니 가슴이 찢어져 통곡을 금치 못하겠습니다. 저 적이 참호를 가지고 사신을 구박하는 날 칼에 엎어져 의(義)에 죽는 일은 이 무리들에게 기대할 것은 아닙니다. 신의 생각으로는 의사(義士)를 모집하여 덕헌 등의 머리를 베어가지고 적한(賊汗:청 태종)의 문에 던져주는 것보다 더 좋은 방책은 없습니다. 그러면 그들이 아무리 개돼지 같다 하더라도 반드시 무서워 꺼릴 것이며, 설혹 침략해온다고 하더라도 조선의 장졸이라면 그 누가 팔뚝을 걷어붙이고 무찌르지 않겠습니까.

홍명구의 상소에 이어 일부 유생들은, "청컨대, 빨리 상방검을 내리시어 두 사람의 머리를 베어 국경에 효시하고 심양으로 들여보내시옵소서" 라는 극렬한 상소를 올렸다.

논란 끝에 인조는 금부도사 이정철에게 나덕헌·이확을 잡아오라는 명을 내렸다. 결국 두 사람은 서울로 오던 도중 금부도사에게 잡혀 5월 4일 의금부에 하옥된다. 이후 두 사람을 죽여야 한다는 여론이 팽배했으나, 심양에서 청 태종에게 끝까지 절을 하지 않았을뿐더러 그들에게 심하게 매까지 맞았다는 점을 참작하여, 나덕헌은 의주 백마산성으로, 이확은 선천 검산성으로 각각 3년 유배형에 처해졌다.

1636년(병자년) 2월, 후금에서 보낸 사신을 내치고, 그로부터 2개월이 지난 4월 11일, 청 태종의 즉위식을 거행할 때 나덕헌과 이확이 삼궤구고두를 거부한 이 사건은 마침내 병자호란으로 이어지는 도화선이 된다.

파국으로 치닫는 양국 관계

정묘호란과 병자호란은 인조 정권이 주변 상황을 냉철하게 파악하고 좀더 유연하게 대처했더라면 충분히 막을 수도 있는 전쟁이었다. 그러나 인조 정권은 임진왜란 이후 급변하는 주변 정세에는 눈을 감은 채 지나친 숭명배금과 자신들의 정권 유지에만 급급한 나머지 국방에는 거의 신경을 쓰지 않았다.

이에 비해 전조 광해군 정권은 날로 강성해지는 후금을 경계하고, 명과 후금 사이에서 균형 잡힌 외교를 구사하며 전쟁을 피해갔다. 그러나 인조 정권은 이괄의 난과 정묘호란 때 그토록 엄청난 곤욕을 치르고도 전혀 달라진 모습을 보이지 않았으니, 이는 정권 전체가 무능하다고 볼 수밖에 없다.

인조 재위 시에는 시종일관 나라가 불안정한 상황이었다. 왕위에 나간 지 불과 1년도 되지 않아 반정을 함께한 이괄이 난을 일으켰고, 그 3년 후에는 정묘호란이 일어났다. 정묘호란 후 병자호란 발발까지 10년 동안에도 가도의 모문룡 문제를 위시하여 주변 상황은 늘 긴장의 연속이었다.

그럼에도 인조는 자신의 권위를 좀 더 강화하기 위한 방안의 하나로 생부 정원군을 왕으로 추존하기 위해 지나칠 만큼 강한 집념을 보였다. 집권 초기부터 이 문제에 매달리던 인조는 즉위 9년째 되는 1632년 2월, 영의정 윤방(尹昉)을 도제조로 하는 추숭도감(追崇都監)을 설치하여 그해 5월 정원군을 '원종(元宗)'으로, 생모 구씨는 '인헌왕후(仁獻王后)'로 추존했다. 또한 1635년 12월 9일에 세상을 떠난 인열왕후 한씨(인조 비)의 장례를 그로부터 정확히 4개월이 지난 1636년 4월 9일에 치르는데, 그날의 『인조실록』에는 이런 내용이 보인다.

사경(四更 : 새벽 1시~3시)에 대여(大轝)가 대궐을 나와 유시(酉時 : 오후 5시~7시)에 능소에 도착했는데, 여사(轝士 : 상여꾼) 및 각종 차비군(差備軍)이 6,770인이었다.

1636년 4월이라면 병자호란 발발 8개월 전으로서 후금의 홍타이지는 그달 11일 제위에 올라 공공연히 조선 침략의 야욕을 드러내고 있을 때였는데도 불구하고, 인조는 인열왕후의 국장을 그토록 호화롭게 치르고 있었던 것이다.

이보다 앞서 후금은 1636년 2월 21일 인열왕후의 조문 사절로 잉굴다이(龍骨大, 용골대)와 마푸타(馬夫大, 마부대)를 보내왔다. 그러나 그들의 진짜 목적은 조문보다는 홍타이지에게 황제의 존호를 올리게 되었으므로 형제국인 조선에서도 이를 축하해달라고 주문하는 데 있었다. 잉굴다이는 서울에 도착하기 전 의주부윤 이준(李浚)을 통하여 계문(啓聞)을 올렸다.

우리나라가 이미 대원(大元)을 획득했고 또 옥새를 차지했다. 이에 서달의 여러 왕자들이 대호(大號)를 올리기를 원하고 있으므로 귀국과 의논하여 처리하고자 차인을 보냈다. 그러나 이들만 보낼 수 없어서 우리들도 함께 온 것이다.

그들의 방문 목적을 알게 된 조정에서는 오랑캐 주제에 감히 황제 운운하는 것은 하늘의 뜻을 거스르는 일이라며 사절단을 내치라는 상소가 빗발쳤다. 아래는 그중에서 장령 홍익한의 상소 내용이다.

신이 들으니, 지금 용호(龍胡 : 용골대)가 온 것은 바로 금한(金汗 : 홍타이지)을 황제라 칭하는 일 때문이라고 합니다. 신은 다만 대명의 천자가 있다고 들었을 뿐인데, 이런 말이 어찌하여 들린단 말입니까. 정묘년(1627) 초에 적신(賊臣) 강홍립이 도적을 이끌고 갑자기 쳐들어와서 승여(乘輿 : 임금의 수레)가 피난하였습니다. 이에 화친을 애걸하는 일이 비록 부득이한 데서 나온 것이라고 할지라도, 한결같이 꺾이고 무너져서 이와 같은 지경에 이르렀으니, 통탄스러움을 금치 못하겠습니다.

신의 어리석은 소견으로는 그가 보낸 사신을 죽이고 그 국서를 취하여 사신의 머리를 함에 담아 명나라 조정에 주문한 다음 형제의 약속을 배신한 것과 참람하게 천자의 호를 일컫는 것을 책하면서 예의의 중대함을 분명히 말한다면, 우리의 형세가 더욱 확장될 것으로 여겨집니다. 간곡히 바라건대 전하께서는 큰 용기를 더욱 떨쳐서 빨리 관(館)에 있는 노사(虜使)를 잡아다 분명하게 천하의 주멸(誅滅)을 가하소서.

홍익한의 상소에 인조는 이런 비답을 내린다. "그대의 나라를 위한 정성을 가상하게 여긴다. 사신을 참하라고 진달한 것은 이른 것 같다. 형세를 보아가며 처리해도 늦지 않다."

홍익한의 상소에 이어 25일에는 태학생 김수홍(金壽弘) 등 138인과 유학(幼學) 이형기가 "오랑캐 사신을 참하고 그 글을 불살라 대의를 밝히소서"라는 극렬한 상소를 또다시 올렸다. 그러자 인조는 "너희들의 강개한 뜻을 매우 아름답게 여긴다. 오랑캐 사신이 말하는 것은 엄한 말로 준절하게 배척해야 옳다. 사신을 참하고 글을 불사르는 것은 지나친 것 같다"고 했다. 이처럼 온 조정의 격앙된 분위기 속에서 최명길은 저들의 사신을 내쳤을 때의 몰고 올 파장을 우려하여 이들 사신단을 접견해야 한다는 상소를 올렸다.

용호의 일행은 다만 춘신사와 조제(弔祭)로 명분을 삼고 있으며 한서(汗書)에도 별다른 말이 없습니다. 그들의 의례적인 글에는 답을 하고 이치에 어긋나는 말은 거절해야 군신의 의리와 이웃 나라의 도의가 둘 다 완전하게 될 것입니다. 그리고 화를 늦출 대책에 대해서도 어떻게 전혀 생각하지 않을 수 있겠습니까. 후금 사신을 불러들여 만나 보아도 무방할 것입니다. 일의 기틀이 한번 잘못되면 뒤에는 후회하더라도 소용없을 것이니, 묘당에서 의논하여 처리하소서.

그러나 최명길의 주장은 받아들여지지 않는다. 인조가 후금의 국서에 대한 답서를 거부하자 잉굴다이는 화를 내며 관소(館所)로 가버렸다. 끝내 자신의 뜻이 관철되지 않을 경우 심양으로 돌아가겠다는 태도였다. 이를 본 비변사에서는 사신단을 머물게 하자고 주장하고, 정원에서는 그럴 필요 없이 오로지 자강(自强)할 대책만을 강구하자고 주장했다. 양측의 주장이 갈리고 있을 때 인조는 "저들이 관소에 머물러 기다린다고 하니 부르지 않을 수 없다"며 역관 박난영을 모화관으로 보내 더 머물 것을 청했다. 이에 잉굴다이는 이렇게 말한다. "우리들은 별서(別書)를 받지 않기 때문에 가는 것이다. 만일 열어 보기를 허락한다면 마땅히 도로 들어가겠다."

그러나 그의 요구는 끝내 거부당했으니, 이는 그가 말하는 별서에 홍타이지에게 황제의 존호를 올리는 내용이 들어 있다는 것을 알고 있었기 때문이다. 결국 잉굴다이 일행은 아무런 소득도 올리지 못하고 발길을 돌려야 했다. 더구나 사신들의 목을 쳐야 한다는 상소가 빗발치는 것을 감지한 그들은 거듭된 만류에도 불구하고 2월 26일 서둘러 서울을 떠나는데, 『인조실록』에는 그날의 상황을 이렇게 기록했다.

그들이 성을 나갈 때 구경하는 관중이 길을 메웠는데, 여러 아이들이

기와 조각과 돌을 던지며 욕을 하였다. 헌부가 아뢰기를, "구관소(句管所)는 그들이 달아날 기미를 알아차리지 못했고, 병조낭관과 도감의 초관은 제대로 지키지 못한 책임을 면하기 어렵습니다. 아울러 잡아다가 국문하소서" 하니, 상이 추고하라고 명하였다.

이와 같은 초강경 분위기 속에서 인조는 3월 1일 팔도에 내린 '절화교서(絶和敎書)'를 통해 "오랑캐와의 관계가 파국에 이르러 조만간에 전쟁이 발생할지도 모르니, 충의로운 선비는 각기 있는 책략을 다하고 용감한 사람은 종군을 자원하여 다 함께 어려운 난국을 타개하고 나라의 은혜에 보답하라"고 하달했다.

인조는 교서를 발표하고 나서 엿새가 지난 3월 7일 평안감사에게 문제의 '절화교서'를 금위영 군사 편에 보냈으나, 어이없게도 그 교서는 도중에 후금 군사에게 탈취당하고 만다. 뜻밖의 기밀문서를 손에 넣게 된 그들은 역관 정명수를 통하여 평안감사에게 "귀국의 문서를 얻어 이미 불에 태우게 하였다"라고 기만작전을 편 후 압록강을 무사히 건넌다. 사실상 '선전포고'나 다름없는 절화교서를 본 홍타이지는 그 즉시 여러 패륵과 대신들에게 절화교서를 보이고 이에 대한 대책 논의에 들어갔다.

이날 그 자리에 참석했던 패륵과 대신들 모두가 격앙된 어조로 "대군을 출정시켜 조선국을 멸하자!"고 했으나, 홍타이지는 "사신을 보내 조선의 왕자와 대신을 인질로 데려오라 하여 그들이 응하면 그대로 덮어두겠으나, 만약 불응하면 그때 가서 조선 정벌을 논의하자"고 하며 한 호흡 늦춘다. 이로 볼 때 당시 인조 정권에서 행한 모든 정치적 행동은 조선 측에 전혀 득이 없을뿐더러 후금 측을 자극하는 무모한 행동이었다고 밖에는 볼 수가 없다.

정묘호란이 끝난 후 후금에서 조선 측에다 무리하게 많은 공물을 요구했다는 것을 부정할 사람은 없다. 처음에는 정묘약조에 들어 있는 공물만을 요구하던 그들은 날이 갈수록 품목을 증가시켰고, 급기야는 명을 치는 데 협조하라며 3만의 병력과 함께 군선(軍船)까지 요구하는가 하면 '형제지국'에서 '군신지국'으로 바꾸라고 억지를 부리기도 했다.

후금의 요구에 응할 의사는 물론, 여력도 없었던 조선의 거부로 그들의 요구가 물거품이 되기는 했으나, 이로 인하여 양국관계는 악화일로를 걸을 수밖에 없었다. 그러나 문제는 그들의 요구를 거부했을 때 닥쳐올 후폭풍에 대한 대비가 전무했다는 사실이다. 국가의 안위를 털끝만치라도 생각하는 군주였다면 인열왕후의 국상은 극히 검소하게 치르고, 당시 최신식 무기로 각광 받던 홍이포를 수입하는 등 국방력을 키우기 위해 혼신의 힘을 쏟아야 마땅한 일이다.

이 무렵 홍이포 때문에 명에게 엄청난 곤욕을 치렀던 후금은 1631년 자체 개발에 성공하기도 했을뿐더러 1633년 명의 수군 장수 공유덕과 경중명이 투항할 때 가지고 온 홍이포를 실전에 배치한 지 이미 수년이나 지난 상황이었다. 임진왜란 당시 조선이 왜군에게 형편없이 패했던 가장 큰 이유가 바로 조총 때문이었음을 누구보다도 잘 알고 있는 인조였다. 그러나 그는 엄중한 국가적 위기상황을 외면한 채 자신의 권력 유지에만 집착한 끝에 결국에는 전쟁을 자초하는 우를 범하게 된다.

제2부

병자호란 중
인조

1. 남한산성

병자호란, "죽여야 할 자는 죽이고, 노획할 자는 노획하라"

1636년(병자년) 11월 25일 홍타이지는 동지를 맞아 모든 패륵과 문무 대신들을 거느리고 심양의 성경성 덕성문 밖에 마련된 천단에 올라 동지제(冬至祭)를 거행했다. 이날의 행사를 위하여 3일간 목욕재계하고 검은 소를 잡아 제물을 준비한 홍타이지는 모든 문무 대신들에게 조선 정벌의 결심을 밝혔다. 홍타이지가 삼궤구고두를 마치자 예부의 계심랑(啓心郞) 키충거(祁充格)는 조선 정벌의 명분을 하늘에 고하는 축문을 읽어나간다.

지난 기미년(1619) 대명이 군사를 일으켜 네 길로 우리를 죽이려고 올 때 조선국 또한 대명국을 도와 우리를 죽이려고 왔습니다. 조선과 우리는 원래 변계(邊界)를 마주하고 살았던 고로 서로 사이가 좋았습니다. 그런데 조선은 우리가 점령한 요동 주민들을 대명에 넘기거나 곡식을 주고 대명과 함께 나를 죽이려고 힘쓰므로 정묘년(1627)에 조선에 군대를 보낸 것입니다. 그 후 조선은 나를 형으로 삼고 대명을 섬기듯이 우리를 예우하며 살겠다고 하늘에 맹세하였습니다. 그러나 조선은 10년간 화친한 도를 스스로 깨뜨리고 평안도 관찰사 홍명구에게 보내는 글에서 "정묘년에 맺은 화약은 본심으로 맺은 것이 아니라 거짓으로 맺은 것"이라는 내용을 본 후에 조선이 변심한 것을 알았습니다. 그러므로 조선이 준비하기 전에 내가 먼저 하겠다고 하늘에 고하는 것입니다. 이에 천지신명은 시비곡절을 아소서!

조선 정벌의 명분을 하늘에 고한 홍타이지는 그로부터 나흘이 지난 11월 29일에는 정벌에 대동할 여러 장수들을 모아놓고 원정 중 지켜야 할 사항을 하달했다.

첫째, 성이 항복하면 성을 범하지 마라.
둘째, 항복한 사람은 모두 체발시키고 아끼고 길러라.
셋째, 전투에서 싸워 얻은 관원과 병사는 모두 죽여라.
넷째, 공격한 성이나 마을의 백성은 죽여야 할 자는 죽이고, 노획할 자는 노획하라.
다섯째, 입은 옷은 노인, 맹인, 절름발이일지라도 빼앗지 마라.
이중 한 가지라도 어기면 군율로 다스린다.

12월 1일, 조선 정벌의 명을 받은 외번(外藩) 몽골의 각 패륵들은 도합 3만에 달하는 병력을 이끌고 속속 성경으로 모여들었다. 몽골병 외에 청군 7만과 한군(漢軍) 2만을 합해 원정군의 총 병력은 12만 대군이었다.

이날 홍타이지는 자신의 사촌 동생 정친왕(鄭親王) 지르갈랑(濟爾哈朗)에게 이곳에 남아 수도 성경을 사수하라는 명을 내렸다. 이어서 다라무영군왕(多羅武英郡王) 아지거(阿濟格 : 누르하치의 12남)에게는 우장성(牛莊城)을 지키게 하고, 다라요여패륵(多羅饒餘貝勒) 아바타이(阿巴泰 : 누르하치의 7남)에게는 갈해성에 머물러 성을 방어하라고 명했다.

본대를 거느린 홍타이지가 대동한 장수로는 예친왕(禮親王) 다이샨(大善), 예친왕(睿親王) 도르곤(多爾袞), 예친왕(豫親王) 도도(多鐸), 다라패륵(多羅貝勒) 요토(岳託), 다라패륵(多羅貝勒) 호오거(豪格 : 홍타이지의 장남), 다라안평패륵(多羅安平貝勒) 두두(杜度) 등이었다. 조선 정벌전에 참전하는 지휘관들은 모두가 홍타이지의 아들 또는 형제들로서, 하나같이 전장에서 잔뼈가 굵은 맹장들이었다. 이들 외에 홍타이지가 대동한 장수로는 선왕 누르하치 시절부터 각종 정벌전에 참가하여 용명을 드러낸 잉굴다이(龍骨大, 용골대)가 있었다.

이어서 원정군의 선봉장에는 마푸타(馬夫大, 마부대)와 로오사(勞薩)를 임명했다. 진용 편성을 마친 홍타이지는 두 선봉장으로 하여금 장사꾼으로 변장한 300명의 정예병을 이끌고 밤낮없이 달려 한양 도성을 포위하라 명했다. 이때 최선봉군으로 차출된 300명은 청이 자랑하는 팔기군 중에서도 기마술과 궁술은 물론, 전투 능력이 가장 뛰어난 병사들만을 선발한 최정예 부대였다. 마푸타가 거느린 300명의 병력으로는 한양 도성을 포위하는 게 현실적으로 불가능하다고 판단한 홍타이지는 예친왕 도도에게 2차 선봉군 1,000명을 추가로 내주고 마푸타의 뒤를 따르라 명했다. 그리고 나서도 마음이 놓이지 않은 홍타이지는 양구리(楊古利)와 요토에게 3,000의 병력을 더 내주고 앞서간 선봉대를 따르라고 명하여, 선봉군의 총 병력은 4,300에 달했다.

원정군의 선봉을 맡은 마푸타는 12월 2일 묘시(卯時 : 새벽 5시~7시)에 심양성의 남문을 나섰고, 본대를 거느린 홍타이지는 그보다 4시간이 늦은 사시(巳時 : 오전 9시~11시)에 나섰다. 마푸타와 로오사의 선봉군이 심양을 떠나 조선과의 국경 압록강에 다다른 것은 1636년(병자년) 12월 8일 밤이었는데, 이때가 양력으로는 이미 해를 넘긴 1637년(정축년) 1월 3일이었다. 따라서 오늘날의 태양력을 적용하면 이 전쟁은 '병자호란(丙子胡亂)'이 아니라 '정축호란(丁丑胡亂)'이라 해야 맞는다.

얼어붙은 압록강을 한밤중에 말을 탄 채 건넌 선봉군이 의주성에 당도하니, 성은 텅 비어 있었다. 정묘호란 당시 성안에 머물다가 후금군에게 참살당한 악몽을 떠올린 성의 백성들 모두가 백마산성으로 몸을 피했던 것이다. 이때 조선 측에서는 정확한 날짜만 몰랐을 뿐 조만간에 청군의 침입이 있을 것임을 예상하고 그에 대한 방비책도 마련하고 있었다.

따라서 의주성 백성들을 백마산성으로 입보(立保)시켰던 것도 청군 침입에 대비한 청야견벽(淸野堅壁) 작전의 일환이었다. 다시 말해서 의주성 안팎에 사는 백성들을 모두 산성으로 대피시키고, 청군이 침략했을 때 성 밖에는 사람과 가축은 물론, 쌀 한 톨, 짚 한 단 안 남기고 모두가 견고한 산성으로 들어가 성 밖은 빈 들판만 남겨놓는다는 전략이었다. 이에 따라 의주 외에도 평양 군민(軍民)들은 자모산성으로, 황주 군민들은 정방산성으로, 평산 군민들은 장수산성으로 입보시켰다.

하지만 홍타이지는 이 전략에 말려들지 않았다. 정묘호란 때와 마찬가지로 홍타이지가 조선 정벌을 계획하면서 가장 신경 썼던 것은 명군의 배후 침공이었다. 비록 명에는 자신의 천적이었던 원숭환이 사라지기는 했어도 명나라는 여전히 감당키 어려운 대국이었다. 이에 대비하여 지르

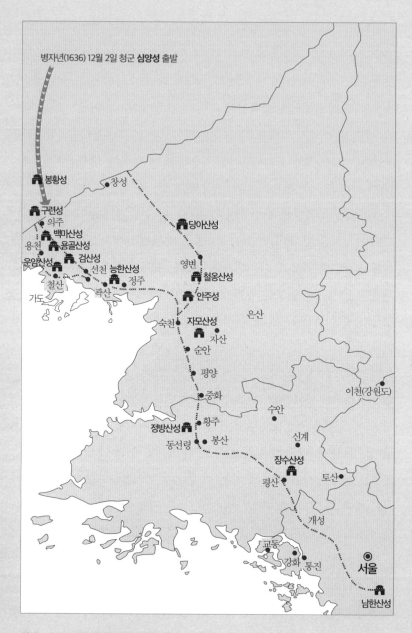

병자년(1636) 12월 2일 청군 **심양성** 출발

🏯 봉황성
　● 창성

🏯 구련성
　● 의주
　🏯 백마산성
용천 🏯 용골산성
운암산성 🏯 검산성
철산 ● ● 선천 🏯 능한산성 ● 정주
가도 ● 곽산

🏯 당아산성

영변 ●
🏯 철옹산성

🏯 안주성
숙천 ● 🏯 자모산성 　은산
　● 자산
순안 ●
　평양 ●
중화 ●
　이천(강원도) ●
　● 수안
정방산성 🏯 ● 황주
동선령 ● ● 봉산 　신계
　🏯 장수산성
　평산 ● 토산 ●
　개성
교동 ● 강화 ● 통진 ◉ 서울
　🏯 남한산성

지도 1. 병자호란 당시 청군 진격로

갈랑 등에게 명군 침략에 대비하도록 지시는 해놓았으나, 만에 하나 자신이 조선 정벌에 매진하는 동안 명이 본국을 공격한다면 그때는 모든 일이 수포로 돌아갈지도 모르는 일이다. 이런 계산을 한 홍타이지는 이번 원정길은 속전속결이 최선이라 판단하고 의주대로 주변에 산재한 수많은 산성은 거들떠보지도 않고 내달려 서울에 있는 조선 국왕을 생포한다는 전략을 세웠다.

청군의 동태를 가장 먼저 조정에 알린 것은 의주부윤 임경업이었다. 그는 청군이 압록강 북쪽 강안에서 30리 거리에 있는 구련성(九連城)에 나타나자, 즉시 치계를 작성해 12월 9일 인시(寅時 : 새벽 3시~5시)에 조정으로 띄웠다. 임경업의 치계가 파발을 통해 서울에 도착한 것은 그로부터 사흘이 지난 12월 12일이었다. 당시 파발은 하루에 300리 안팎을 달렸으므로 의주에서 1,080리 거리에 있는 서울에 12일에 도달했다는 것은 파발이 자신의 임무에 지극히 충실했다고 보아야 한다.

임경업의 치계 이후 하루 동안 또 다른 보고가 없자, 애를 태우던 비변사(備邊司)에서는 역참(驛站)에 파발마가 부족한 게 아닌가 하여 각 참마다 파발마 2필씩을 더 확보해달라는 상소를 올렸다. 왕 이하 모두가 애를 태우던 중 이튿날인 13일에는 적병이 이미 안주에 이르렀다는 도원수 김자점의 치계가 올라왔다. 촌각을 다투는 전시 상황에서 일국의 병권을 총지휘하는 도원수의 치계가 적군이 국경을 넘어선 지 나흘이나 지난 후에 중앙에 도달했다는 것은 심각한 문제가 아닐 수 없다. 그렇다면 당시에는 변경에서 벌어지는 상황을 중앙에 알리려면 파발을 이용한 치계 말고 다른 방법은 없었던 것일까? 그러면 여기에서 잠시 전란이 일어났을 때 통신수단을 알아보기로 한다.

조선시대 전란 시
통신수단 봉수와 파발

• **봉수제** : 조선시대에 의주에서 도성까지는 의주대로를 따라 각 산봉우리마다 봉수대(烽燧臺)가 설치되어 있었다. 봉수의 역할은 적군이 침입했을 때 낮에는 연기로, 밤에는 불빛으로 신호를 보내는 것이다. 이때 불빛으로 보내는 것을 봉(烽)이라 하고, 연기로 보내는 것을 수(燧)라고 했으며 이를 합해 '봉수'라 불렀다. 그 보내는 방식은 태종 때까지는 평시와 전시로 구분하여 2분화되어 있었으나, 1419년(세종 1)부터는 5분화로 세분했다. 5분화의 경우 국경에 별 이상이 없으면 한 개의 봉화를 하루 한 번만 올리고, 적군이 국경 근처에 나타나면 한 개의 봉수대에서 한꺼번에 두 개의 봉화를, 국경에 접근하면 한 개의 봉수대에서 한꺼번에 세 개를, 국경을 넘어서면 네 개를, 아군과 접전이 벌어지면 한 개의 봉수대에서 다섯 개의 봉화를 올려야 한다.

봉수는 전국 5개 변방(邊方 : 함경도 경흥, 경상도 동래, 평안도 강계, 평안도 의주, 전라도 여수의 돌산도)에 소재하는 봉수대에서 봉화를 올리면 연이어 다음 봉수대로 이어져 최종적으로 서울 남산에 있는 경봉수(京烽燧)로 전달된다. 경봉수에서는 날마다 이를 취합하여 병조(兵曹 : 국방부)로 보내고, 병조에서는 이를 다시 승정원으로, 승정원에서는 최종적으로 국왕에게 보고해야 한다. 또한 변란이 발생하였을 경우에는 밤중이라도 즉시 국왕에게 보고하게끔 되어 있었다. 적이 출현했는데도 봉화를 올리지 못했거나, 아니면 거짓 봉화를 올렸을 경우에는 즉시 목을 벨 정도로 봉수에 대한 기율은 대단히 엄격했다.

그러나 병자호란 당시 『인조실록』과 『승정원일기』두 곳 모두 봉수에 관해서는 한마디 언급이 없어 당시의 사정을 전혀 알 수가 없다. 이러한 사정은 임진왜란을 기록한 『선조실록』과 『선조수정실록』에도 마찬가지로 아무런 언급이 없다. 이로 볼때 봉수는 제도상으로만 존재하고, 실제 상황에서는 전혀 역할을 하지 못했음을 알 수 있다.

봉수는 원칙적으로 외적이 국경을 침범하면 거리 관계없이 적어도 12시간 내외에 서울 경봉수에 도달하게 되어 있었다. 그러나 중종 때 이를 몰래 시험한 결과 국경에서 경봉수까지 도달하는데 자그마치 5~6일이나 걸리는 바람에 조정에서 큰 물의를 빚기도 했다. 이러한 봉수제의 허실을 보완하고자 새롭게 도입한 것이 정유재란(丁酉再亂)이 발발하던 1597년(선조 30)부터 시행한 파발제(擺撥制)이다.

• **파발제** : 전국 각 요소에 역참을 설치하고 말과 역졸을 배치했다가, 긴급한 일이 발생하면 직접 달려가서 알리는 제도이다. 이때 말을 타고 달리는 것을 기발(騎撥)이라 불렀으며, 그 말을 일러 '파발마'라 했다. 파발마는 긴급을 요했던 까닭에 밤낮으로 달렸으므로 24시간에 약 300리 안팎을 달렸다. 파발마의 목에는 방울을 달고 뛰도록 했으며, 방울의 숫자는 완급에 따라 달랐다. 방울 3개를 달면 삼급(三急)이라 하여 초비상을 말하고, 2개를 달면 특급(特急), 1개를 달면 보급(普急)이라 하여 파발 중에는 가장 약한 편에 속했다. 파발제 도입 전부터 유명무실했던 봉수제는 고종 대까지 이어지다가 갑오개혁이 일어나던 1894년(고종 31)에 폐지되었고, 파발제는 전화의 도입으로 인하여 봉수 폐지 1년 후인 1895년에 폐지되었다.

이상에서 살펴본 대로 봉수제가 유명무실했던 까닭에 청군이 압록강을 건넌 지 나흘 만에야 파발을 통해서 조정에 알려질 수밖에 없었던 것이다.

최명길 홀로 적진으로 들어가다

12월 8일 한밤중에 압록강을 건넌 청군의 진격 속도는 가히 상상을 초월할 만치 빨라서 13일에는 안주에 이르렀다는 도원수 김자점의 치계에 이어, 14일에는 어느새 개성을 통과했다는 개성유수의 치계가 올라왔다. 말 그대로 무인지경이나 진배없었다.

다급해진 조정에서는 상중(喪中)인 심기원(沈器遠)을 유도대장(留都大將)으로 임명하고, 한성판윤 김경징(金慶徵)을 강화검찰사(江華檢察使)로, 홍문관 부제학 이민구(李敏求)를 부검찰사로 임명하고 강화도 사수를 명했다. 이어서 예방승지 한흥일(韓興一)에게 종묘의 신주(神主) 그리고 빈궁(嬪宮)과 원손을 호종하여 강화도로 가도록 했다. 뒤이어 봉림대군과 인평대군을 보내고 나서 상감과 세자 또한 이들을 뒤쫓아 강화로 가고자 했다. 그러나 적장 마푸타가 이끄는 선봉군이 이미 홍제원에 이르렀다는 보고가 들어왔던 까닭에 도리 없이 입보처(立保處)를 바꾸기로 했다. 격론 끝에 10년 전에 개축한 남한산성으로 왕과 대신들 모두가 파천하기로 결정했다. 인조는 14일 오후에 세자와 대소 신료들을 거느리고 도성을 빠져나오는데, 그날의 긴박했던 상황을 파천 행렬을 따라갔던 나만갑(羅萬甲)의 『병자록(丙子錄)』을 통해서 들여다보자.

적병이 이미 경기도에 이르렀다. 임금의 수레가 황급히 대궐을 떠났다. 오후에 남대문을 나가 장차 강화도로 향하려 하였다. 청나라 장수 마푸타가 수백 기의 철기(鐵騎)를 이끌고 이미 홍제원에 이르렀다. 임금은 다시 도성으로 들어가 남대문 문루로 올라갔다. 임금과 신하, 백성에 이르기까지 상하 모두가 황급하여 어찌할 바를 몰랐다. 도성의 사대부들은 노인을 부축하고 어린애 손을 잡아끌었으며 길에는 울음소리가 가득하였다. 이조판서 최명길은 임금에게 자청하여 앞서가서 청의 장수 마푸타를 만나 적의 발길을 늦추었다.

임금은 도감장관(都監將官) 이흥업(李興業)을 보내어 기마병 80여 기를 거느리고 나가 적을 막게 하였다. 신경진과 이흥업 등이 직책을 받아 절을 하고 떠나갈 때 임금이 하사한 술을 지나치게 마신 데다 친구들이 전별하면서 준 술까지 마셔서 장관 이하 깊이 취하지 않은 사람이 없었다. (이들은) 창릉(昌陵 : 예종의 능으로 고양시 소재) 건너편에 이르러 적에게 모두 죽임을 당하고 단 몇 기만이 살아남았다.

강화도는 한성에서 걸어서 이틀이 걸리는 거리인데, 적의 기병이 추격해 올 것이 두려워 임금의 수레는 수구문을 거쳐 남한산성으로 향했다. 임금은 수구문에서 달려나가 소파진(所波津 : 삼전나루)에 이르렀다. 강이 얼어 있었다. 말을 내려 몽촌(夢村) 마을 앞에 이르니 날은 이미 어두워 칠흑 같았다. 횃불을 들고도 나갈 수 없어서 초경(저녁 7시~9시) 무렵에야 남한산성에 도착하였다. 대신 이하 시종들은 이경(밤 9시~11시) 무렵에야 비로소 왔다.

그날 저녁 인조의 파천 행렬이 남한산성으로 무사히 들어갈 수 있었던 것은 최명길의 구국을 향한 강한 신념과 죽음을 불사한 용기 덕택이었다. 청군이 침공했을 때 홀로 적진으로 들어가겠다고 나선 최명길은 선천적으로 허약한 체질을 타고났다. 최명길을 누구보다도 신뢰했던 인조는 1636년 4월 29일 그를 병조판서에 제수했다. 그러나 최명길은 신병 때문에 이를 사양했다. 이어서 8월 7일 다시 예조판서를 제수했으나, 이때에도 신병으로 인해 또다시 사직 상소를 올렸고, 그해 11월 6일에는 판윤직을 사직하는 상소를 올릴 정도로 그는 병자년 내내 병마와 씨름했다.

그 후 최명길이 이조판서에 제수된 날짜는 실록에 나오지 않는다. 그러나 1636년 12월 10일자 『인조실록』에 따르면 이조판서 강석기(姜碩期 : 소현세자의 장인)가 사임하자 인조가 이를 받아들였다고 했다. 이로 볼 때 강석기의 후임으로 최명길을 이조판서에 제수했음이 분명해 보인다. 그렇다면 최명길은 이조판서에 제수된 지 불과 나흘 만에 목숨을 걸고 적진으로 들어가서 인조를 대피시키고 사직을 구한 것이다.

섣달 열 나흗날 밤, 인조 남한산성에 도착하다

12월 14일 밤, 산성에 도착한 인조는 추위와 불안으로 안절부절 갈피를 잡지 못했다. 이를 본 영의정 김류가 자신의 의견을 아뢴다.

"고립되어 있는 이 산성에 머무시게 되면 외부로부터의 지원이 끊겨 고성(孤城)이 되기 십상입니다. 또한 이곳에는 군량과 마초도 부족합니다. 이곳 산성에 비해 강화는 바다가 가로막혀 적군이 침범할 수 없는 천연의 요새입니다. 청은 북방 민족이라 육전에는 강하나 해전에는 약합니다. 마땅히 어가(御駕)를 강화로 모셔야 할 줄로 사료됩니다."

"적군에 의해 강화 가는 길이 막혔다는데, 어느 길로 가야 하는가?"

"과천과 금천(衿川)을 경유하는 것이 마땅합니다."

"강화는 이곳에서 상당히 먼데 어떻게 도착할 수 있겠는가?"

"빠른 말로 금천과 과천의 들을 가로질러 가면 충분히 도착할 수 있습니다."

김류의 대답에 인조는 강화로 옮기라고 명했다. 삼사(三司: 사헌부, 사간원, 홍문관)에서 모두 반대하였으나 인조는 뜻을 굽히지 않았다. 임금의 어가가 강화로 옮겨갈 것이라고 하자 성안의 인심은 온통 술렁대며 들끓었다. 뜬눈으로 밤을 새운 왕과 대신들은 이튿날 날이 밝기 전에 강화를 향해 길을 나섰다. 날이 밝으면 성민들이 길을 막을지도 모른다고 생각했기 때문이었다. 설상가상으로 전날 저녁에 많은 눈까지 내려 길과 산을 구분할 수 없었다. 나만갑은 그날의 상황을 『병자록』에 이렇게 기록했다.

15일 새벽 임금께서 남한산성을 나오셨다. 전하의 수레가 강화도를 향해 산성을 나가 2리(800미터)쯤 갔다. 큰 눈이 내린 뒤여서 말이 미끄러지고 엎어지므로 전하께서는 말에서 내려 걸으셨다. 5리쯤 걸었는데 날은 아직 밝지 않았다. 엎어지고 자빠지기를 여러 차례 하여 전하의 옥체가 편치 않으시므로 도로 남한산성으로 들어갔다.

이리하여 인조 일행은 더이상 달아나려야 달아날 수도 없게 되었고, 이제는 죽기 아니면 살기로 싸울 수밖에 없는 형편에 이르렀다. 산성으로 돌아온 인조는 이튿날 지휘부를 편성하고 1만여 명에 이르는 장졸을 고루 배치했다.

도체찰사(都體察使) : 영의정 김류(金瑬)

남격대 수비대장 겸 방어사 : 공조판서 구굉(具宏)

중군 : 이확(李廓), 이영달(李穎達), 이직(李稷)

동문 수비대장 : 훈련대장 신경진(申景禛)

서상대 및 서문 수비대장 : 병조참판 이시백(李時白)

남문 수비대장 : 수원부사 구인후(具仁垕)

북문 수비대장 : 어영장 원두표(元斗杓)

지휘부가 편성되던 날 마푸타와 로오사가 이끄는 300명의 선봉대가 도착했다. 이어서 도도가 거느린 1,000명과 양구리와 요토의 3,000명을 포함하여 총 4,300명에 이르는 선봉군은 도착하자 성을 에워싸기 시작했다. 적의 군세를 살펴보니 이제 겨우 선봉군만 당도하여 그 수도 많지 않을뿐더러 언 땅에 수천 리 먼 길을 달려오느라 군마가 모두 지쳐 있었다. 전략에 밝은 장수라면 이때 성문을 열고 나가 적의 예봉(銳鋒)을 꺾었어야 했으나, 불행히도 성안에는 적의 예봉을 꺾을 만한 장수가 없었다. 인조는 군사들의 사기 진작을 위해서 자신의 산양피 이불을 걷어치우고 대신들의 말안장도 모두 군사들에게 나누어주며 애써 민심을 달랬다.

인조와 세자를 비롯한 조정 중신들이 몸을 피한 남한산성에는 10년 전에 새로 건립한 227간에 이르는 상궐(上闕)과 하궐(下闕)로 나뉜 행궁이 있었고, 성곽 역시 그때 개축했으므로 성 자체는 나무랄 데가 없었다. 하지만 고립된 성안에서 농성(籠城)을 벌이자면 무기와 군량은 물론, 숙소와 땔감이 있어야 하는데, 당시 산성에는 4가지 모두가 부족했고, 그중 가장 큰 문제는 군량이었다고 전해진다. 요즘 병자호란에 대하여 나온 각종 출판물과 영화 그리고 심지어는 교과서까지도 일관되게 기술된 내용을 보면 45일에 걸쳐 항전하는 동안 추위와 굶주림에 혹독하게 시달린 것으로 되어 있다. 그렇다면 당시 산성에서 농성에 임했던 군민(軍民)은 몇 명이고, 식량은 얼마나 있었기에 그토록 심하게 굶주렸을까 하는 의문이 든다.

이에 대한 사실 확인을 위해 당시 남한산성에서 '관량사' 직책을 맡고 있던 나만갑의 『병자록』 12월 18일자를 한 번 들여다보자.

이날 내가 양식을 관리하는 관량사(管糧使)에 기용되었다. 창고에는 쌀과 피잡곡(皮雜穀)이 단지 1만 6,000석이 있었다. 이것은 1만여 명의 병사가 한 달 먹을 수 있는 양식이었다.

　이서(李曙)가 일찍이 남한산성 수어사(守禦使)가 되어 마음을 다하고 온갖 꾀를 다 내어 군량을 많이 비축해놓았다. 그가 병이 들어 교체되고 나서 광주목사(廣州牧使) 한명욱(韓明勗)이 양식을 산성 안으로 운반하는 것은 민폐라 하여 한강 변에 갑사창(甲士倉)을 짓고, 양식을 모두 그곳에 두었다. 그중 일부를 광주 고읍창(古邑倉)에 나누어두었는데, 이번에 광주 고읍이 적병의 근거지가 되어 그 양식을 적이 모두 차지하였다. 산성 안에 쌓아놓은 양식은 곧 이서가 전날 비축해놓은 것이며, 소금과 장(醬), 종이, 무명, 병기 및 기타 소용되는 잡다한 물건 역시 모두 이서가 비축해놓은 것이다.

　창졸간에 남한산성에 들어와서 사용한 물건은 작은 것이라도 모두 이서의 힘이었다. 이서는 꾀와 경략이 다른 장수들보다 뛰어나고 의지가 강한 사람이었다. 성안의 상하 모든 사람들이 이서를 나라와 사직을 지키고 감당할 만한 신하라 하여 '사직신(社稷臣)'이라고 칭하였다. 평소에는 그의 단점만을 살피던 자들도 지금은 모두 나라를 위해 충성을 다하였다고 칭찬해 마지않았다.

　당시 성내에 비축되었던 군량미가 1만여 명의 군사가 얼마쯤 버틸 수 있는가를 알기 위해서는 먼저 쌀 1석의 분량이 얼마인가부터 알아야 한다. 당시에는 15말을 1석으로 계산했다(현재는 10말을 1가마니로 친다). 쌀과 피잡곡을 포함해서 1만 6,000석이라고 했으니, 알곡을 1만 6,000석의 절반인 8,000석(1만 2,000가마니)으로 잡고, 피잡곡 또한 8,000석으로 가정하면 모두 합해 알곡으로 1만 2,000석(1만 8,000가마니)쯤 되었을 것이다. 왜냐하면 피잡곡 8,000석을 도정하면 알곡으로 그 절반인 약 4,000석

(6,000가마니)이 나오기 때문이다.

성인 1인의 하루 쌀 소비량을 1되로 계산했을 때 남한산성의 전체 군민 1만 명의 하루 소비량은 1만 되, 즉 100가마니가 된다. 하루에 100가마니씩 소비하게 되면 45일이면 4,500가마니에 이른다. 그러므로 1만 8,000-4,500=13,500, 즉 출성 항복을 하던 1월 30일에는 1만 3,500가마니가 남게 되는 것이다. 이로 미루어 성안에서 항전하던 45일 내내 굶주렸다면 창황 중에 성안에 있던 양곡 파악에 오류가 있었거나 아니면 성내에서 항전에 임했던 군민이 알려진 것보다 훨씬 많았던 게 아닌가 생각된다.

소 두 마리, 돼지 세 마리, 술 열 통

산성으로 들어오기 전, 최명길은 적의 진군을 늦추고자 홍제원에 당도한 선봉장 마푸타를 찾아갔다. 마푸타를 만난 최명길이 조선을 침공한 이유를 물었다. 이에 마푸타는, "우리가 화약을 깬 것이 아니라 먼저 화약을 깬 것은 조선이오. 조선에서 진정으로 화친을 원한다면 왕제(王弟)와 대신을 인질로 보내시오"라고 했다. 마푸타가 한 말은 곧 인조와 대신들에게 전해졌다. 논의 끝에 종실 중에서 능봉수 이칭(李偁)을 능봉군으로 봉한 후에 왕제로 꾸미고, 형조판서 심집(沈諿)을 대신(大臣)이라 가칭하고, 청의 군영으로 보내기로 했다.

16일 아침 산성을 나서면서 심집이 말했다. "나는 지금까지 거짓을 모르는 사대부로 살아왔으니, 비록 오랑캐 앞이라 하더라도 거짓을 말할 수는 없소. 나는 진실만을 말할 것이오." 심집의 말에 마음이 놓이지는 않았으나, 설마 판서직에 있는 사람이 그러랴 싶어 다시 한번 다짐을 두고서 청의 군영으로 보냈다.

두 사람이 군영 안으로 들어가자 마푸타가 심집에게 물었다. "지난 정묘년에도 조선은 가짜 왕자(원창군 이구를 보냈던 것을 말한다)를 보내 우리를 속였는데, 이번에는 진짜 왕제와 진짜 대신이 틀림없는가?" 그 말에 심집이 대답했다. "아니오. 나는 대신이 아니고, 대신은 가짜 직함이오. 능봉군 또한 종실 사람이지 진짜 왕제가 아니오." 곁에 있던 능봉수가 나서며, "심집의 말은 사실이 아니오. 나는 진짜 왕제이고, 이 사람은 진짜 대신이오"라며 심집의 말을 강하게 부인했다. 두 사람의 말이 상반되자, 마푸타는 곁에 있던 통역관 박난영(朴蘭英)에게 "누구의 말이 진실이냐?"고 다그쳤다.

박난영은 1619년에 강홍립을 따라 심하전역(深河戰役)에 참전했다가 부차전투에서 패한 후 청에 투항했다. 청에 남게 된 박난영은 정묘호란 당시 강홍립과 함께 후금군의 향도가 되어 조선에 들어왔다가 풀려났다. 그 후 강홍립은 정묘화약이 맺어지고 겨우 4개월이 지난 그해 7월에 죽고 말았다. 이렇게 되자 후금의 사정을 잘 알고 여진어에 능통한 사람은 박난영만 남게 되었다. 이러한 연유로 그는 사신의 임무를 띠고 후금을 수차 왕래했다. 그러던 중 지난 12월 4일, 다시 말해서 이때로부터 겨우 열이틀 전에 박로와 함께 사신의 임무를 띠고 심양으로 향했다.

그러나 압록강을 건너 심양으로 발길을 재촉하던 중, 조선 원정군의 선봉장이 되어 출정길에 오른 마푸타에게 잡히고 말았다. 그동안의 접촉으로 박난영의 여진어 실력을 익히 알고 있던 마푸타는 그를 위협하여 이번 원정길의 통역을 맡겼다. 비록 한때는 불가항력적인 상황으로 인해 적군의 길잡이가 되기도 했지만, 박난영은 심집과는 달리 절의(節義)

가 굳은 인물이었다. 마푸타의 물음에 박난영은 거침없이 대답했다. "능봉군의 말이 맞소. 능봉군은 틀림없는 왕제이고, 심집 또한 대신이 분명하오." 심집의 이실직고로 이미 모든 정황을 짐작하고 있던 마푸타는 박난영의 거짓 증언에 격분한 나머지 그 자리에서 칼을 뽑아 박난영을 참살해버렸다. 가까스로 마푸타의 칼날을 피한 심집과 능봉수가 산성으로 돌아와 자초지종을 고하자, 당황한 인조는 이튿날 좌의정 홍서봉(洪瑞鳳)과 호조판서 김신국(金藎國)을 보내 일을 수습하라 명했다.

마푸타를 만난 이들은 "봉림대군과 인평대군 중 한 명을 보낼 것인데 지금은 두 대군 모두 강화에 가 있으므로 당장 보내는 것은 어려울 것이오"라며 이해를 구했다. 그러자 마푸타는 하루 새에 딴소리를 했다. "우리가 원하는 것은 세자이오. 세자를 보내지 않는다면 강화란 결코 없을 것이오"라고 잘라 말하는 것이었다. 마푸타의 강경한 태도에 홍서봉은 "동궁은 지금 상중(喪中)이라 곤란하오"하며 난색을 표했다. 그 말이 끝나기가 무섭게 마푸타가 자리를 박차고 일어나며 소리쳤다. "그러면 일은 다 틀렸소!" 결국 가짜 왕제 사건으로 인해 일은 더욱 꼬이고 말았다.

가짜 왕제 사건 이후 청과 강화교섭의 물꼬를 트기 위해 노심초사 애쓰던 조정에서는 12월 27일 설 명절을 앞두고 청의 군영으로 고기와 술을 보내기로 했다. 인조가 누구를 보내는 게 좋을지를 묻자, 김류가 말하길 "만일 재신(宰臣)을 보냈다가 그들이 잡아놓기라도 한다면 나라의 체면이 손상될 수도 있으니, 이기남(李箕男 : 이항복의 서자)을 보내는 게 어떻겠습니까?"라고 아뢰었다. 그 말에 일리가 있다고 생각한 인조가 김류의 청을 받아들이려 하는데 대사간 김반과 승지 최연이 즉각 반대하고 나섰다. 이어서 교리 윤집(尹集)은 논의를 주도한 자를 목 베자는 강경한 상소를 올렸으나, 인조는 이들의 주장을 모두 묵살하고 이기남을 예조판서라 가칭하고서 소 두 마리, 돼지 세 마리, 술 열 통을 청의 군영으로 보냈다. 마푸타를 만난 이기남이 가져간 새해 선물을 내놓자, 그가 말하길 "우리 군 중에는 소고기와 술이 산처럼 쌓였으니, 이것을 무엇에 쓰겠는가. 아무짝에도 소용없으니, 도로 가져다가 석혈(石穴) 속에서 굶주리는 너희 군신들에게나 나누어주거라." 이 말에 이기남은 말 한마디 못 하고 발길을 돌려야 했다.

2. 갇혀 있는 왕

"나를 구하라"

12월 14일 저녁, 산성에 들어온 인조는 그날 이후 애타게 구원병을 기다렸다. 그러나 바라는 구원병의 소식은 없고, 적군의 포위망은 나날이 조여들고 있었다. 12월 19일, 총융사 구굉이 군사를 이끌고 나가 적군 20명을 죽이고, 이어서 어영별장 이기축이 병사를 거느리고 서문을 나가 10여 명의 적을 죽여 성내의 사기를 올렸으나, 적의 포위망은 오히려 더 조여들었다.

답답해진 인조는 19일 강화유수 장신(張紳)과 강화검찰사 김경징에게 납서(蠟書 : 글씨를 잘게 써서 납밀로 봉하여 비밀히 보내는 문서)를 통해 유시(諭示)를 내렸다.

적병이 남한산성을 포위한 지 벌써 엿새째가 되었다. 군신 상하가 고립된 성에 의지하여 위태롭기가 한 가닥 머리카락과 같은데, 외부의 원병은 소식이 없다. 경들은 각도의 감사와 병사에게 이러한 뜻을 전하여 빨리 달려와 군부(君父)의 위급함을 구하라.

이어서 20일에는 도원수 김자점에게 "각 도의 감사와 병사 및 경기 열읍(列邑)의 군대를 선발해서 적을 치게 하라"는 명을 내리고, 강화검찰사 김경징에게는 "하삼도(下三道 : 충청, 전라, 경상도)의 주사(舟師 : 수군)를 전부 징집하라"고 명했다. 왕의 유시문이 하달되자 각도의 관찰사와 병사(兵使 : 병마절도사)들은 왕을 구원하기 위해 근왕군(勤王軍 : 왕을 구원하기 위한 군대)을 이끌고 출동했다. 이중에서 가장 빠르게 출동한 장수는 강원도 관찰사 조정호 휘하에 있는 춘천방어사 권정길(權井吉)이었다.

12월 24일, 권정길은 관찰사 조정호를 따라 경기도 양근(楊根 : 지금의 양평)에 이르렀다. 7,000명의 근왕군을 거느린 조정호는 이곳에 머물러 좀 더 정세를 관망하자고 했으나, 권정길은 이를 반대하고 26일 1,000명의 병력을 이끌고 남한산성 지척에 있는 검단산으로 향했다. 검단산에 이른 권정길은 그날 밤 산봉우리에 횃불을 올려 구원병이 도착했음을 남한산성에 알렸다. 날이 밝자 권정길 부대는 산에서 내려와 남한산성을 향해 진격을 개시했다. 청군의 포위망을 뚫고 성안으로의 진입을 시도할 요량이었다.

그러나 진격을 시작한 지 얼마 되지 않아 한 무리의 청군이 그들의 앞을 막아섰다. 권정길은 공격 명령을 내리고 선두에서 적진으로 돌진했다. 으레 흩어질 것으로 예상했던 조선군이 강공으로 나오자 청군은 뒤로 밀려났다. 이에 사기가 오른 권정길 부대는 함성을 지르며 마구 짓쳐들어갔다. 예기치 못한 조선군의 공격에 청군은 정신없이 달아났다. 초전에서 승리를 거둔 권정길 부대는 사기가 충천하여 이후의 싸움에서도 청군을 몇 번 더 무찔렀다. 싸울 때마다 조선군에게 밀린 청군은 사기가 떨어져 후퇴를 거듭했다. 그런데 이때 갑자기 조선군에 비상이 걸렸다. 화약이 떨어져 조총을 사용할 수 없게 된 것이다.

후퇴를 거듭하던 청군은 조선군의 화약이 떨어졌음을 직감했다. 달아나던 청군은 창검을 들고 즉시 반격에 돌입했다. 조선군에겐 조총 외에 활이 있었으나 칼과 창을 쓰는 근접전에서 활은 막대기만도 못했다. 결국 청군의 무자비한 공격에 1,000명에 달했던 군사가 전멸하고 겨우 10여 명만 살아남았다. 절망한 권정길은 칼을 뽑아 자결을 시도했다. 이를 본 그의 군관이 "이곳에서 허무하게 목숨을 끊을 게 아니라 일단 후퇴하여 후일을 도모하는 것이 현명한 일입니다"라며 한사코 말리는 통에 칼을 거두고 패잔병을 수습했다.

패군장이 된 권정길은 살아남은 10여 명의 패잔병을 이끌고 감사 조정호가 머무는 양근으로 돌아갔다. 권정길이 자신의 말을 거부하고 혼자서 출전할 때 조정호는 이를 상당히 못마땅하게 생각했다. 권정길이 패하고 돌아오자 조정호는 군법을 시행하겠다며 불같이 화를 냈다. 자신의 비겁함을 감추려는 의도였다. 그의 속내를 간파한 다른 장수들이 적극 변호하여 권정길은 겨우 목숨을 건지게는 되었으나, 이로 인해 장졸들의 사기가 급격히 떨어지는 결과를 낳고 말았다.

권정길과 거의 동시에 남한산성으로 출동한 근왕군은 충청도 관찰사 정세규(鄭世規, 1583~1661)의 부대였다. 인조의 유시문을 전달받은 정세규는 다급하게 끌어모은 근왕군을 이끌고 공주감영을 떠났다. 그의 부대가 남한산성 남쪽 40리 지점에 있는 광주(廣州) 험천(險川)에 도착한 것은 12월 27일이었다. 이때 정세규와 함께 출전한 최진립(崔震立, 1568~1636)은 임진왜란 당시 의병을 일으켜 수많은 전투에 참전했던 백전노장이었다. 전투 경험이 풍부했던 최진립은 난이 한창이던 1594년 무과에 급제하여 부장을 제수받았으나 신병으로 인하여 사퇴했다. 그 후 몸이 회복되자 삼도수군통제사를 지내는 등 수많은 무관 벼슬을 거치던 끝에 이 무렵에는 공주영장으로 있던 중 충청도 관찰사가 의병을 모집한다는 소식을 듣고 달려온 것이다.

그러나 이들의 출동 소식은 청장 양구리의 척후병에게 포착되었다. 남한산성을 향해 근왕군이 출동했다는 척후병의 보고를 받은 양구리는 험천에 군사를 매복시키고 정세규의 근왕군을 기다리고 있었다. 이때 정세규 부대는 남한산성에 갇혀 있는 인조를 구하고자 추위 속에 강행군을 하여 몹시 지쳐 있었다. 정세규는 추위와 허기에 지친 병사들을 이곳 험천에서 하룻밤을 재운 뒤에 이튿날 아침 남한산성으로 출동하기로 계획을 세웠다.

그러나 열네 살 때부터 싸움터를 누볐던 양구리가 녹초가 되다시피 한 조선군의 사정을 모를 리가 없었다. 어둠이 다가올 무렵 양구리는 숙영 준비에 들어가는 조선군을 덮쳤다. 전혀 예상치 못한 청군의 기습에 조선군은 순식간에 혼란에 빠져들었다. 정세규는 우왕좌왕 헤매는 군사들을 독려하며 앞에서 포위망을 헤쳐나갔다. 이때 말 위에서 군사들을 지휘하는 장수가 주장(主將)임을 알아차린 적병이 그가 탄 말을 공격하자 정세규는 그만 말에서 떨어지고 말았다.

때가 밤인지라 적군은 이를 알아차리지 못했고, 정세규는 부하의 등에 업혀 천신만고 끝에 사지를 벗어났다. 정세규는 천행으로 살아났으나, 함께 출전했던 최진립은 난전 중에 전사했다. 최진립의 전사에 이어 의병장 김홍익(金弘翼)도 전사했고, 검단산전투를 이끌었던 권정길의 아우 권임길(權臨吉)도 전사했다. 6척 장신에 힘이 장사였던 권임길은 1618년 무과에 급제하여 옥포만호를 지낸 호걸풍의 무장이었다. 그 후 권임길은 충청도 관찰사 정세규의 막하로 가 있던 중 이번에 출전을 자원했다가 불귀의 객이 되고 말았다.

쌍령전투 : 왕을 구하려다 죽어간 군사들

'쌍령전투(雙嶺戰鬪)'는 병자호란 당시 치러진 수많은 전투 중 가장 크게 패한 전투로서 우리 역사상 3대 패전으로 불린다.

역사에 기록된 대로 칠천량해전과 현리전투는 지휘관의 무능과 무책임으로 인하여 패전한 전투였으나, 쌍령전투는 이와는 크게 다르다. 병자호란에 관하여는 대개가 남한산성 항전과 김경징의 무능과 무책임으로

**우리 역사의
3대 패전**

- **칠천량해전(漆川梁海戰)** : 정유재란이 일어나던 1597년 7월, 거제도 최북단에 위치한 칠천도와 거제도 사이의 좁은 해협에서 통제사 원균(元均, 1540~1597)이 지휘하는 조선 수군이 일본 수군에게 전멸당했다.
- **쌍령전투(雙嶺戰鬪)** : 병자호란 당시 경기도 광주에 소재하는 쌍령고개에서 경상도 근왕군이 청군에게 무참하게 패배한 전투이다.
- **현리전투(縣里戰鬪)** : 6.25전쟁이 한창이던 1951년 5월, 유재흥(劉載興, 1921~2011) 소장(小將)이 지휘하는 국군 제3군단이 강원도 인제군 현리에서 인민군과 중공군 연합군에게 참패한 전투.

무너진 강화도 함락에 초점이 맞추어졌고, 당시 최대의 패전이었던 쌍령전투는 일반에게 거의 알려지지 않아 그 자료가 상당히 부실하다. 현재 국내에서 쌍령전투에 관해 발행한 책자로는 2011년 광주문화원(廣州文化院)에서 발행한 『쌍령의 한』이 가장 신뢰할 만하다. 『쌍령의 한』을 집 필한 박광운 '광주향토문화연구소장'은 쌍령전투 당시 동원된 조선군의 병력은 약 4만 명이라는 설이 지배적이나, 자신이 조사한 바로는 약 8,000명에 불과했다고 한다.

경상좌도 병마절도사 '허완(許完, 1569~1637)'에게 "남한산성에서 청군 오랑캐에게 갇혀 있는 국왕을 구하라"는 납서(蠟書)가 날아든 것은 1636년 12월 22일 새벽이었다. 그날 새벽 인조로부터 납서를 받은 허완은 당시 예순여덟 살의 노장이었다. 그는 임진왜란이 일어나고 한 해가 지난 1593년 뜻한 바 있어 무과에 응시하여 급제하였다. 허완은 초급 군관 시절인 임진왜란 기간 내내 수많은 전투를 치르며 무인의 길을 걸었다. 그 후 충청도 수군절도사와 진주목사를 거쳐 이때에는 경상좌도 병마절도사가 되어 좌도 병영이 소재하는 울산에서 왕의 유시문을 받았다. 허완은 즉시 휘하의 군관들과 함께 영남 각지에 흩어져 있는 출신(出身 : 무과에 급제하고 발령 대기 중인 사람)과 속오군(束伍軍 : 지금의 예비군 형태의 지방군인)을 모으는 한편 지역 유지들을 찾아다니며 군량미와 화약을 확보하는 데 협조하겠다는 약조를 받아냈다.

이때 경상감사 심연은 우선 선봉 부대로 최소한 8,000명의 병력을 확보하여 속히 출발할 것을 좌우 양 병사(兵使)에게 지시하고, 자신은 좀 더 많은 병력을 확보하여 뒤를 따르겠다고 했다. 이렇게 이틀 동안 모은 군사는 목표에 훨씬 못 미쳤으나 급한 대로 확보된 병력만을 이끌고 출병을 서둘렀다. 이 무렵 평양서윤(平壤庶尹)으로 있던 도경유(都慶兪)가 모친의 병환으로 인하여 사직하고 집에서 쉬고 있던 중 소식을 듣고 달려왔다. 이에 심연은 도경유에게 종사관을 맡기고 좌우 양 진영의 총지휘권을 위임했다. 심연은 비상 상황에서 도경유에게 총지휘권을 위임했으나, 이것은 직급체계상 심각한 문제를 안고 있었다.

병마절도사는 관찰사와 동급인 종2품인데 반해 종사관은 종6품에 불과했다. 또한 평양서윤을 기준으로 하더라도 기껏해야 종4품에 머물렀다. 더구나 좌병사 허완은 예순여덟의 노장이었고, 우병사 민영은 쉰넷이었다. 이에 비해 도경유는 이제 마흔한 살밖에 안 된 데다 더구나 문관 출신이었다. 따라서 어느 모로 보더라도 도경유에게 지휘권을 맡긴다는 것은 있을 수 없는 일로서, 이는 나중에 쌍령에서 조선군이 참패하는 원인을 제공하게 된다. 지휘부 편성을 마친 감사 심연은 달성에 살고 있던 김충선(金忠善, 1571~1642)에게도 의병을 일으켜 함께 출전해줄 것을 요청했다.

심연이 협조를 요청한 김충선은 원래 일본인으로 1571년 일본 와카야마현(和歌山縣)에서 태어났다. 본명이 '사야가'라 불리는 그는 임진왜란 당시 불과 스물두 살의 나이로 왜군 2군 사령관인 가토 기요마사(加藤淸正)의 선봉장으로 조선에 첫발을 디뎠다. 오래전부터 예의의 나라로 불리는 조선을 흠모해왔던 사야가는 조선 땅을 밟은 직후 3,000명의 왜군을 이끌고 경상좌병사 박진(朴晉)을 통해 조선군에 귀순했다. 그 후 자신의 조국 일본을 향해 칼을 빼 들었던 그는 조선군에게 조총 사용법을 전수하는 등 많은 공을 세워 선조로부터 정2품 정헌대부와 함께 김충선이라는 이름을 하사받았다.

그는 1624년 이괄의 난과 그 3년 후 벌어진 정묘호란 때에도 항왜를 이끌고 싸우는 등 내내 조선을 위한 삶을 살았다. 심연이 출전을 요청했을 당시 김충선은 이미 예순여섯의 노령이었으나, 젊어서부터 싸움터를 전전했던 그는 아직도 젊은이 못지않은 노익장을 과시하고 있었다. 불과 이틀 만에 150여 명의 근왕군을 확보한 김충선은 그 즉시 남한산성을 향해 진군을 서둘렀다.

진주병영에서 우병사 민영(閔栐, ?~1637)이 인조의 유시문을 전달받은 것은 12월 22일 해질 무렵이었다. 유시문에는 "병영의 군사를 모두 이끌고 고립되어 있는 국왕을 구원하라"고 적혀 있었다. 그러나 당시 진주에는 동원할 군사가 마땅치 않았다. 이는 1593년 6월에 벌어진 진주성 혈전 당시 왜군이 남녀노유를 불문하고 진주 백성들의 씨를 말리다시피 학살했기 때문이다. 대책에 부심하던 민영은 창원부사 백선남에게 병중에 있는 김해영장 황이중을 대신하여 출전해줄 것을 요청한 후, 속오군을 소집하고 의병 모집의 방을 붙이는 등 병력 확보에 총력을 다했으나, 목표에는 훨씬 미치치 못했다.

감사 심연은 민영에게 우선 확보된 병력만 이끌고 좌병사 허완과 함께 출전하라고 지시했다. 이렇게 모집된 좌우 병영의 병력은 속오군과 의병을 포함하여 도합 8,000여 명이 될까 말까 했다. 이 병력으로 남한산성에 갇힌 국왕을 구원한다는 것은 난망한 일이었으나, 감사 심연이 좀 더 많은 병력을 모집하여 뒤따라온다는 말을 믿고 북진을 서둘렀다.

그해 12월은 추위도 유난했고 눈도 많이 내렸다. 가뜩이나 추운 날씨에 길에 쌓인 폭설로 인해 눈이 무릎을 덮었으나, 병사들은 대부분 짚신 차림이었다. 눈길을 걷다 보니 짚신 속의 발이 성할 리가 없었다. 게다가 종사관 도경유의 독촉으로 강행군을 하느라 도중에 밥 지어 먹을 시간도 없었다. 병사들의 불평이 이어지고 낙오병이 속출했지만, 도경유의 독촉은 멈추지 않았다. 이렇게 닷새간을 주야로 행군한 까닭에, 너무도 지쳐 말할 힘도 없었다. 마침내 한계 상황에 이르자, 군관 박충겸(朴忠謙)이 민영을 향해 호소했다.

"장군님! 이렇게 무리하게 진군하다가는 모두가 지쳐서 오랑캐군과 맞닥뜨린다 해도 어찌 싸우겠습니까? 이쯤에서 장졸들을 잠시 쉬게 하여 음식도 먹이고 잠을 재워 기력을 회복시킨 다음, 진군하는 게 좋을 것 같습니다."

박충겸의 하소연에 민영이 대답했다. "나 역시 자네와 같은 생각일세. 허나 종사관의 성화가 저러니 어쩌겠나."

헌데 이 말이 도경유의 귀에 들어가고 말았다. 도경유는 일개 군관이 군령에 불복한다며 행군을 멈추고 박충겸을 끌어냈다. 이어서 잔뜩 긴장한 채 서 있는 박충겸의 목을 그 자리에서 쳐버렸다. 누가 말릴 새도 없이 순식간에 벌어진 일이었다. 이때 황당하게 죽음을 당한 박충겸은 합천 출신으로 아들 유길(有吉) 형제를 데리고 출전하는 바람에 이 장면을 곁에 있던 두 아들이 보게 되었다. 아들들은 억울하고 참담했으나 대처할 방법은 없었다.

하지만 그들의 가슴속에는 이때부터 도경유를 증오하는 마음이 굳게 자리 잡기 시작했다. 박충겸의 목이 달아나는 것을 곁에서 목격한 민영과 허완을 비롯한 여러 장졸들은 놀라고 기가 막혔으나 이미 엎질러진 물이었다. 도경유의 어이없는 행동에 장졸들은 앞으로의 일이 걱정된다며 탄식을 거듭했다. 장졸들은 추위와 허기에 지친 몸을 이끌고 진군을 계속했으나, 진군 속도는 갈수록 느려졌다. 마침내 장졸들은 지녔던 솜옷이며 군장을 긴요한 것을 제외하고는 버리기 시작했다. 무게를 줄이기 위한 고육지책이었다.

경상도 근왕군이 광주 쌍령에 도착한 것은 섣달 그믐날이었다. 쌍령은 남한산성 동남쪽 30리 지점에 두 고개가 연달아 있다 해서 붙여진 이름으로 고개가 그다지 높지는 않았다. 쌍령에 도착한 좌병사 허완은 군관회의를 소집하여 진 치는 협의에 들어갔는데, 이때 두 가지 의견이 팽팽하게 맞섰다. 안동영장 선세강(宣世綱)을 비롯한 대부분의 군관들은 날씨는 춥더라도 적의 기습에 대비하여 능선에 진을 쳐야 한다고 주장했다. 반면에 병사(兵使) 허완은 훈련도 안 되고 허기와 추위에 지친 군사들이 능선에 진을 치게 되면 못 견딜 것이라며 진은 평지에 치고 그 대신 진 주위로 목책을 둘러치자고 했다. 결국 허완의 주장에 따라 평지에 진을 치고, 산에서 나무를 베어다 진 둘레에 목책을 세우기로 했다.

진을 완성한 허완은 병사 1인당 화약을 두 냥씩 지급한 다음 철저히 경계를 서다가 적이 50보 이내로 다가오면 발포하라고 지시했다. 이어서 허완은 안동영장 선세강의 정예군을 진 앞쪽에 배치하고, 1등 포수 300명을 중앙의 본진에 배치했다. 이에 수하 군관들이 이의를 제기했다. 1등 포수를 전방에 배치해야 적이 침범할 때 초전에 제압할 수 있다는 게 그들의 주장이었다. 그러나 허완은 지휘부가 있는 본진이 튼튼해야 전위부대가 무너지더라도 전투를 계속할 수가 있다고 주장했고, 결국 그의 의견을 따르게 되었다. 허완은 임진왜란 때부터 전장을 누볐던 백전노장이었으나, 이미 노령으로 접어든 그는 정확한 판단을 하지 못하고 이렇게 결정했는데, 이것은 조선군의 비극으로 이어지는 직접적 원인이 된다.

당시 조선군의 주무기는 활이 아닌 조총이었다. 활의 유효사거리는 100미터 안팎인 데 반해 조총의 유효사거리는 그보다 짧은 80여 미터에 머물렀다. 조총은 활보다 유효사거리가 짧은 대신 화살로는 뚫지 못하는 청군의 흑표(黑豹) 갑옷도 뚫을 수 있고, 활보다 명중률도 높았다. 그러나 쏠 때는 화약을 먼저 집어넣어야 하는 등 쏘는 방법이 까다로워 숙달된 병사가 아니면 활보다 능률이 떨어지는 단점이 있었다. 또 숙달된 병사라 하더라도 필수적으로 화약을 사용해야 하기 때문에 눈이나 비가 오는 날에는 사용하기가 어려웠다. 임진왜란 당시 왜군이 이러한 조총으로 조선군을 제압했던 요인은 첫째, 오랜 실전 경험을 통하여 조총 사용법에 숙달되었고, 다음으로는 조총병을 3열로 배치하여 1열의 사격이 끝나면 미리 준비를 마친 2열이, 2열의 사격이 끝나면 3열을 앞으로 나서게 하여 조총의 약점을 최대한 보완한 데 있었으나, 불행히도 조선군에겐 두 가지 모두 훈련이 안 되어 있었다.

좌병사 허완과는 달리 우병사 민영은 참모진의 의견에 따라 능선에 진을 구축했다. 또한 민영의 군진에는 조총은 물론, 여기에 사용할 화약도 좌진보다는 여유가 있었다. 민영은 화약을 진의 중앙에 보관한 다음, 이를 감시하고 분배해줄 감분관 2명과 병사 20명을 배치했다. 이어서 각 조총수에게 화약을 두 냥씩 분배했다. 군진이 완료되자 민영은 전(前) 군관 허복량(許復良)으로 하여금 주변 일대의 순찰을 명했다. 1월 2일 아침 허복량은 순찰을 나갔다가 적의 기병을 만나 그중 일부를 죽이고 말 몇 마리를 끌고 돌아왔다. 이를 본 민영은 그를 칭찬했고, 부대의 사기는 올라갔다. 민영의 칭찬을 들은 허복량은 오후에 또다시 순찰을 나갔다. 그러나 이번에는 복병의 기습으로 말에서 굴러떨어졌다. 부하들의 등에 업혀 들어온 그는 이내 숨을 멈추고 말았다. 이리하여 오전에는 잔칫집을 방불케 하던 민영의 군진은 한나절 만에 초상집으로 변했다.

충청병사 이의배(李義培)가 해미병영에서 인조의 유시문을 받은 것은 12월 19일이었다. 그는 서둘러 근왕군을 편성하여 남한산성으로 향했다. 이때 그의 군진에는 해미영장 이근영(李根永), 부장 이차형(李次衡), 그리고 비장 이억(李檍)과 이의배의 종제(從弟) 이천배(李天培)가 있었다. 이들 중 이천배는 2년 전 열일곱의 어린 나이로 무과에 급제하여 아직도 얼굴에 솜털이 보송보송 솟아 있는 애송이 장수였다.

이천배는 집을 나설 때 흰 명주로 행전을 만들어 다리에 차고, 푸른 비단으로 양다리를 동여맸다. 이를 이상하게 여긴 아내가 그 까닭을 묻자 "생사를 장담할 수 없는 게 싸움터인데, 내가 만약 싸움터에서 죽게 되면 이것을 징표로 내 시신을 찾게 하렴"이라며 결연한 의지를 밝히고 출전했다. 12월 24일, 안성 죽주산성에 도착한 이의배는 남한산성으로 향하는 용인 일대에 수천 명의 적군이 있다는 첩보를 입수했다. 이의배는 자신의 휘하에 있는 2,000의 병력으로는 이들을 격파하는 게 불가능하다고 판단하고 일단 이곳에서 적군의 동태를 지켜보기로 했다.

그런데 이때 남한산성에서 파견된 선전관이 전하는 바에 따르면 조정 대신들은 "죽주산성에 머물러 진군을 하지 않는 이의배를 참수하라"고 주장한다는 것이었다. 고심하던 이의배는 우선 1,000명의 선봉대를 내보내 적군의 형세를 살펴보기로 했다. 그러나 선봉대가 출정한 지 불과 한나절 만에 용인에서 적의 기습을 받아 천여 명의 선봉대가 전멸했다는 보고가 올라왔다. 휘하 병력의 절반이나 잃은 이의배는 망연자실했다. 이대로 머물러 있다가는 참수를 당할지도 모르고 그렇다고 남한산성으로 진군하자니, 현재 남은 병력으로는 도저히 불가능하다고 판단한 이의배는 잔여 병력을 이끌고 쌍령에 주둔하고 있는 민영의 진을 찾아 합류했다.

이때 남한산성 동문 밖에는 홍타이지의 조카로 패륵에 오른 요토가 6,000에 이르는 군병으로 진을 치고 있었다. 그는 경상도 근왕군이 남한산성으로 진격하고 있다는 첩보를 입수하고 즉시 이를 격파할 전략을 짰다. 요토는 먼저 척후를 보내 근왕군의 진지 위치와 병력 규모 등을 면밀히 파악했다. 공격 준비를 마친 요토는 3,000의 기병을 이끌고 1월 3일 새벽을 기해 쌍령에 주둔하고 있는 조선군을 향해 출동했다. 쌍령에 도착한 청군은 먼저 허완의 좌진을 공격했다.

잠결에 공격을 당한 병사들은 옷도 제대로 갖추지 못한 채 총을 잡고 정신없이 쏘아댔다. 그러나 병사들이 지닌 두 냥의 화약으로는 겨우 10여 발밖에 쏠 수가 없었다. 순식간에 화약은 동이 났고, 병사들은 화약을 더 달라고 외쳤다. 조선군의 화약이 떨어졌음을 직감한 적군은 목책을 뛰어넘어 창검을 휘두르며 무자비하게 공격해왔다. 조선군은 이때를 대비하여 활이 있었으나, 창검을 소지한 적군을 활로 대항한다는 것은 아예 불가능했다. 더구나 평지에 진을 치는 바람에 적의 기병으로 하여금 공격을 용이하게 해주어 부대는 순식간에 무너졌다.

이런 상황에서도 선세강(宣世綱), 권극상(權克常), 손종로(孫宗老), 김몽웅(金夢熊), 이서우(李瑞雨) 등 장수들은 군사들을 독려하며 사력을 다해 싸웠다. 이들은 우선 이 자리를 탈출하여 후일을 도모해야 한다는 수하의 권유에 "장수가 죽을 곳을 피한다는 것은 있을 수 없는 일이다"라고 외치며 숨이 멈추는 그 순간까지 적에 대항했다. 그들은 하나같이 기개와 용맹을 자랑하는 무인들이었으나, 결국엔 청군의 칼날 아래 한 사람도 살아남지 못하고 모두 전사했다. 이때 중앙의 본진에 있던 좌병사 허완은 정예 포수 300명을 산 위로 올려보내 적을 공격하게 하였으나 불가항력으로 이들도 패하고 말았다. 사태가 이미 절망적인 상황에 이르자 군관 성응천이 말을 대령시키고 허완을 향해 말했다. "장군님! 대세가 이미 기울었습니다. 우선 사지를 벗어나 후일을 기약해야 합니다. 어서 말에 오르십시오." 이에 허완은 "그래 네 말이 옳다. 너는 말이 없으니 먼저 가거라. 나는 말을 타고 그 뒤를 따르마"라고 선선히 응낙했다. 그 말을 믿고 성응천이 뛰쳐나가다 뒤를 돌아보니 허완은 칼을 뽑아 자신의 목을 찌르고 있었다.

허완의 좌진을 무너뜨린 적군은 곧바로 능선 위에 진을 친 민영의 우진으로 달려들었다. 우진은 진을 칠 때 방어하기에 유리하도록 치기도 했지만, 좌진에 비해 병력도 많았을뿐더러 병사들의 자질도 우수했다. 적군이 공격해오자 이들은 결사적으로 맞섰다. 예기치 못한 조선군의 강공에 적은 물러갔다. 그러나 물러났던 적들이 병력을 보충하여 재차 밀고 들어오자, 1차 공격에서 화약을 다 써버린 병사들은 당황했다.

병사들은 화약을 더 달라고 소리치며 화약 더미를 향해 뛰었다. 화약 더미 앞에는 수많은 병사들이 화약을 배분받기 위해 줄을 서 있었다. 이때 갑자기 천지가 무너지는 폭음과 함께 화약 더미가 폭발했다. 화약 더미에 조총의 화승 불꽃이 튀면서 폭발했던 것이다. 이 폭발로 화약 감분관(監分官) 두 명이 폭사하고, 화약을 배분받으려고 화약 더미 앞에 서 있던 수십 명의 병사가 그 자리에 나뒹굴었다. 삽시간에 아수라장으로 변한 우진에는 병사들의 팔다리가 나뒹구는 가운데 불길과 화약 냄새가 일대를 뒤덮었다. 놀란 병사들이 현장을 탈주하기 시작했고, 장수들은 이를 막으려 고함을 치고 칼을 휘두르며 안간힘을 썼다. 그러나 이미 혼란에 빠진 군졸들의 탈주를 막기에는 역부족이었다.

상황을 파악한 적군은 때를 놓치지 않고 마구 짓쳐들어왔다. 민영을 위시한 허득량(許得良), 백선남(白善男), 이억(李檍) 등의 장수들은 화약 폭발로 쓰러진 병사들을 옮기다가 적병이 몰려옴을 알아차리고 칼을 빼들었다. 팔다리가 너덜거리고 창자가 튀어나온 병사들이 살려달라고 외쳤지만 더이상 돌볼 여유는 없었다. 피아를 분간키 어려운 가운데 백병전이 전개되었다. 허나 백병전에서는 칼과 창의 달인들인 청군에게 조선군은 상대가 될 수 없었다. 이때 민영의 비장(裨將)이 나서서 "이곳을 탈출하여 후일을 기약해야 합니다"라며 거듭 현장을 벗어날 것을 청했다. 민영은 이미 대세가 기울었다고 판단했으나 그의 청을 거부했다. 그리고 마침내 적의 칼날에 장렬하게 최후를 장식하니, 이때 민영의 나이 쉰다섯 살이었다.

예기치 않은 화약 폭발로 인해 아수라장이 된 민영의 진 옆에는 충청병사 이의배가 진을 치고 있었다. 민영의 진을 초토화시킨 적군은 방향을 틀어 이의배의 진영으로 달려들었다. 이미 살아나갈 수 없다고 판단한 이의배와 그의 사촌 아우 이천배는 함께 활을 잡고 적에게 대항했으나, 화살은 이내 떨어지고 말았다. 그들은 다시 칼을 뽑아 들고 적을 향해 돌진했다. 그리고 마침내 적의 칼날 아래 종형제가 함께 전사하니, 이때 이의배는 환갑 나이였고, 이천배는 그의 손자뻘밖에 안 되는 겨우 열아홉이었다.

비록 쌍령전투는 우리 역사에서 3대 패전으로 기록된 전투였으나, 이싸움에 임했던 장졸들의 충절은 하나같이 뛰어났다. 이들 중 의병장 김엽(金燁)은 아우 욱(煜)과 찬(燦) 이렇게 3형제가 한꺼번에 전사했다. 또한 금한룡(琴漢龍)은 아우 해룡(海龍)과 막룡(漠龍) 3형제가 출전했다가 막내 막룡만 살아남고, 두 형들은 전사했다. 전 군관 김득민(金得民)은 아들 호영(鎬榮)과 함께 참전했다가 부자 모두 전사했다. 남편과 아들의 전사 소식을 들은 부인 경주 김씨는 식음을 전폐한 지 9일 만에 남편의 뒤를 따랐다.

그리고 순절의 길을 걷지는 않았으나, 일본인의 핏줄을 타고난 김충선은 끝까지 최선을 다해 싸웠다. 의병 150여 명을 이끌고 쌍령에 누구보다도 먼저 도착했던 김충선은 좌병사 허완과 우병사 민영의 근왕군이 이곳에 진을 쳤다는 소식을 듣고 두 지휘관을 찾아갔다. 김충선의 내력을 익히 알고 있던 허완과 민영은 서로 자신의 진영으로 오라고 잡아끌었다. 입장이 난처해진 김충선은 두 진영에서 벗어나 경안천에 독자적으로 진을 쳤다. 좌진이 무너지고 우진에서 폭발사고가 일어났을 때 김충선은 젊은 장수 못지않게 싸웠다. 그러나 그의 부장으로 출전했던 장수 4명이 모두 전사하자, 예순여섯의 노령이던 그는 더이상 버틸 수가 없었다. 자결을 생각했으나 그보다는 남한산성으로 달려가 항전대열에 합류하는 게 옳다고 생각했다. 하지만 겹겹으로 둘러싸인 적군의 포위망을 뚫을 수가 없었다. 천신만고 끝에 그가 성내 진입에 성공했을 때는 이미 출성 항복이 결정된 뒤였다.

당시 쌍령에서 전사한 장졸들은 가족에게 아무런 유언도 남기지 못하고 전장으로 뛰어들었는데, 그중 전 군관으로 의병을 이끌고 참전했던 윤충우(尹忠祐, 1587~1637)가 결전을 앞두고서 부인 염(廉)씨에게 다음과 같은 편지를 남겨 많은 사람의 가슴을 울렸다.

적의 세력이 시각을 다툴 만큼 급박하니, 내가 살아서 돌아간다는 것은 기약할 수가 없구려! 비록 살아서는 돌아가지 못하더라도 시신이 나뒹구는 산야에서 어떻게 나의 시신을 찾을 수 있겠소. 이 편지 띄운 날을 내가 죽은 날로 삼으시오만, 다만 어린 아들이 마음에 걸리는구려. 어미와 아들이 뿔뿔이 흩어지고 살 곳을 잃는 슬픔만 겪지 않는다면 다행이겠소. 편지를 써놓고 보니 슬프고도 망연하구려! (1637년 1월 1일 쌍령에서)

경상감사 심연은 도경유를 종사관으로 삼아 근왕군을 이끌고 진군할 것을 지시하고, 자신은 후방에 남아 좀 더 많은 군사를 모집하여 뒤따르겠다고 했다. 그 후 심연은 영남 각 지역의 수령들을 독촉하여 군사를 모으고 군량을 확보했다. 심연이 그 병력을 이끌고 남한산성에서 멀지 않은 여주에 도착한 것은 1637년 1월 6일 무렵이었다. 이때 심연보다 앞서 출발했던 경상도 근왕군이 쌍령에서 패했다는 소식이 들려왔다. 패전 소식을 들은 그는 군사들을 대동하고 남한산성으로 향하려던 발길을 돌려 조령(鳥嶺)으로 후퇴했다. 앞서 보낸 부대가 패전했으면 당연히 그 뒤를 따라 남한산성에 갇혀 있는 국왕을 구출하는 것이 감사의 임무였으나, 그는 이를 저버렸다. 심연은 도망을 치는 와중에도 적군의 추격을 우려하여 잘 때에도 신발을 벗지 않았다. 그러던 어느 날 누군가 "적이 온다!"고 소리치자 수하와 함께 말을 타고 달아나다가 그 말이 장난이었음을 알아차리고 되돌아오는 등 내내 비굴한 행동으로 일관했다.

이때 종사관 도경유의 행동은 이보다 한 술 더 떴다. 도경유는 종사관의 직임을 맡아 근왕군을 인솔하여 남한산성으로 향할 당시 군관 박충겸의 목까지 쳐가며 독촉했으나, 막상 싸움터에서는 시종일관 비겁한 행태를 보였다. 우병사 민영의 진에서 폭발사고가 일어나 병사(兵使) 이하 모든 장수들이 적과 목숨을 내놓고 싸우고 있을 때 그는 말을 타고 병사들보다도 먼저 달아났다. 당시 경상좌우병사와 충청병사 그리고 각 군의 영장과 군관을 비롯하여 의병장까지 모든 지휘관들은 하나같이 적과 싸우다가 장렬한 최후를 마쳤으나, 정작 최고 책임자인 심연과 도경유는 다른 길을 걸었던 것이다.

뒷날 인조는 심연을 전라도 임피(臨陂 : 군산의 옛 지명)현으로, 도경유는 강원도 평해(平海 : 울진)로 각각 유배형에 처했다. 이때 도경유는 유배지로 가던 도중 용인 땅 양지에서 누군가의 총에 맞아 살해되는데, 사람들은 그에게 억울하게 죽음을 당한 박충겸의 아들 유길(有吉) 형제의 소행으로 추정했다. 이에 의금부에서는 유길 형제를 옥에 가두고 2년여에 걸친 수사를 단행했으나, 아무런 단서도 잡지 못했다고 전해진다.

김준룡 부대, 적장 양구리를 전사시키다

인조의 근왕군 출동령이 전라병사(全羅兵使) 김준룡(金俊龍, 1586~1642)에게 전해진 것은 1636년 12월 20일이었다. 이날 인조의 유시문을 받은 김준룡은 광해군이 즉위하던 1608년 무과에 급제하여 1617년 안동부사를 지내고, 이어서 1628년에는 황해병사가 되었다. 그 후 함경병사를 거쳐 난이 일어나던 1636년 이곳 전라병사에 제수되어 병영이 소재하는 강진에 머물던 중 왕의 유시문을 받았다. 사세가 급박함을 깨달은 김준룡은 전라감사 이시방(李時昉)과 함께 즉시 전라도 각 고을에서 2,000여 명에 달하는 근왕병을 끌어모았다. 이때 화엄사의 벽암대사가 승병 1,000여 명을 이끌고 합류하여 총 병력은 약 3,000여 명에 이르렀다. 이시방과 김준룡이 이끄는 호남의 근왕군이 용인 양지(陽智)에 도착한 것은 1637년 1월 2일이었다. 이곳에서 감사 이시방은 김준룡을 선봉장으로 삼아 병력 2,000을 내주고 먼저 남한산성으로 진군시켰다.

한편 험천전투에서 충청도 근왕군을 격파한 양구리는 동료 장수 도도와 더불어 전국 각처에서 올라오는 근왕병을 저지하기 위해 남한산성 부근에 진을 치고 있었다. 전라도 근왕군이 남한산성으로 향했다는 첩보를 입수한 양구리는 도도와 함께 각각 1,500명씩의 기병을 거느리고 김준룡 부대를 공략하기 위해 용인과 수원 어간에 있는 광교산(光敎山)을 향해 진격을 개시했다. 1월 4일, 청군보다 한발 앞서 광교산에 도착한 김준룡은 청군의 공격에 대비하여 진영 주위에 목책을 세우는 등 만반의 태세를 갖추고 있었다.

이튿날 아침 양구리가 이끄는 청군이 광교산의 김준룡 부대를 포위하면서 누가 먼저랄 것도 없는 전투가 시작되었다. 김준룡은 군사를 이끌고 선두에서 돌진했다. 고지에 위치한 조선군의 맹렬한 공격에 청군은 후퇴를 거듭하던 끝에 마침내 산 아래까지 밀려 내려갔다. 첫날 싸움에서 적의 기세를 꺾은 김준룡은 그들이 또다시 공격해올 것에 대비하여 수하 장수들에게 더욱 경계를 철저히 하라고 지시했다.

하루가 지난 1월 6일, 적은 이번에는 광교산 후면으로 치고 올라왔다. 이에 김준룡은 "말을 타고 싸우는 적은 이 같은 험한 지형에서는 힘을 못 쓴다. 내가 앞장을 설 것이니 겁내지 말고 나를 따르라!"고 외치면서 앞에서 돌진했다. 이에 사기가 오른 병사들은 적에게 맹공을 퍼부었다. 예상치 못한 조선군의 강공에 청군이 밀리기 시작하자, 조선군은 더욱 거세게 몰아붙였다. 이때 갑자기 백마를 탄 장수가 나타나 산 위에 큰 기를 세우고 소리치자, 삽시간에 수많은 적병들이 기 밑으로 몰려들었다. 이를 본 김준룡은, "저자가 바로 적장이다. 저자를 집중 공격하라!"고 외쳤다. 김준룡의 명령에 군사들의 공격이 그자에게 집중되자, 마침내 말에서 떨어져 즉사했다. 이 자가 바로 누르하치의 사위로 홍타이지에게는 매부가 되는 '양구리'였다. 또한 양구리 외에도 죽은 자는 한보대(韓保

大)를 비롯하여 장수만 해도 세 명에 달했고, 이외에도 수많은 군사들이 죽었다.

그러나 격렬한 전투로 인해 김준룡 부대는 탄약과 화살은 물론, 군량까지 바닥을 드러냈다. 부대 상황을 파악한 김준룡은 병력의 이동을 서둘렀다. 이러한 사정을 적군이 알게 되면 적의 기습을 피할 수 없다고 판단한 김준룡은 군데군데 황덕불(노숙할 때 맹수를 물리치기 위해 피우는 모닥불)을 피우게 한 후 의병(疑兵)을 만들어 세우고, 일부 말을 매어놓은 채 은밀하게 병력을 이동시키라고 지시했다. 이에 대하여 『청실록』 숭덕 2년(1637) 1월 8일자에 보면, 이때 청군은 김준룡이 철수할 때 미처 끌어가지 못한 1,140마리의 말을 획득했다고 기록했다. 그러나 이는 상식과 전혀 맞지 않는다. 철수할 때 끌어가고 남은 말이 그 정도였다면 출전 당시에는 그 몇 배에 달하는 말을 동원했다는 얘기인바, 당시 김준룡 부대의 형편을 감안할 때 그 정도의 말을 동원한다는 것은 현실적으로 불가능하다. 뿐만 아니라 그 많은 말을 적진에 남겨둔 채 병력을 옮긴다는 것은 병가(兵家)에서는 있을 수 없는 일이다.

예상했던 대로 적군은 다음 날 아침 대병력을 이끌고 재차 공격해왔으나, 이미 조선군은 모두 철수한 뒤였다. 부대를 이끌고 수원부 남쪽으로 이동한 김준룡은 군관회의를 열어 부대의 진퇴에 대한 각자의 의견을 물었다. 이에 군관들은 하나같이 이 병력으로 남한산성으로 진군한다는 것은 도저히 불가능하다는 의견을 개진했다. 고심하던 김준룡은 군관들의 의견에 따라 강진 본영으로 내려가 군사들을 충원하여 다시 출전하기로 했다.

그런데 여기에서 뜻밖의 사건이 터진다. 김준룡 부대가 수원으로 물러났다는 소식을 들은 감사 이시방은 김준룡이 패전한 것으로 단정하고 남한산성 근처까지 진출했던 수하 병력을 이끌고 충청도 공주로 달아났다. 그 후 소식을 들어 보니, 김준룡은 패전한 게 아니고 병기와 군량이 고갈되어 일시적으로 병력을 이동시킨 것이라고 했다. 더구나 김준룡은 이 싸움에서 크게 승리했음은 물론, 적장 양구리까지 전사시킨 것을 확인한 이시방은 자신이 이 전투에 참가하지 못한 것을 수치라 여긴 나머지 종사관 박서(朴遾)와 밀모하고 허위 장계를 올리기로 했다.

수하들의 입을 단속한 이시방은 "광교산으로 출전할 때 김준룡은 명을 거부하고 본진에 남아 있고, 자신이 부대를 이끌고 출전했다"는 장계를 올렸다. 이때 김준룡을 모함한 이시방은 인조 정권의 실세였던 이귀의 차남으로, 이귀는 이미 병자호란 발발 3년 전에 죽었으나, 아직도 그의 그늘은 온 조정을 뒤덮고 있었다. 이시방의 장계가 올라가자 대간(臺諫)에서는 이를 사실로 단정하고 김준룡을 단죄할 것을 주장했다. 이렇게 되어 김준룡은 수많은 청군을 죽이는 막대한 전과를 올렸음에도 불구하고 군율에 처해질 위기를 맞았다. 이때 이조판서 최명길과 병조판서 이성구(李聖求)가 사건의 내막을 전해 듣고, 김준룡을 적극 변호하고 나섰다. 사실이 밝혀지자 이시방은 충청도 정산(定山 : 청양군 소재)으로 유배되고, 김준룡은 가까스로 누명을 벗었다.

병자호란 최대의 승첩, 김화전투

병자호란 발발 직전 평안감사 홍명구는 조정의 명에 따라 평양성을 떠나 자모산성으로 입보하여 적의 침입에 대비하고 있었다. 허나 한겨울 압록강을 건넌 청군은 의주대로에서 3~40리나 떨어진 산성은 거들떠보지도

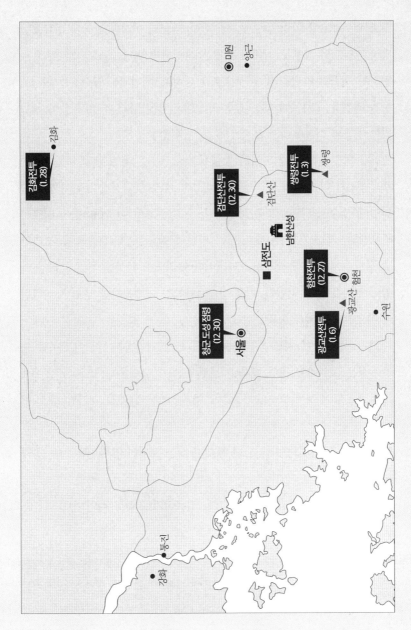

지도 2. 병자호란 중 근왕군 전투 지역

않고 의주대로를 따라 남으로 진격했다. 청군의 이러한 전략은 정묘호란 당시 평안도와 황해도 일대의 수많은 산성에서 벌인 공성전(攻城戰)으로 인하여 전략의 차질을 빚은 것으로 판단하고, 이번에는 공성전을 피하고 통과 작전을 구사했기 때문이다. 이러한 전략에 따라 마푸타 등이 거느리는 청군의 선봉부대는 모든 산성을 통과했다.

그러나 의주 동북쪽에 위치하는 창성으로 들어온 호오거(청 태종 홍타이지의 장남)가 이끄는 청군은 당아산성(當峨山城)을 함락시켰다. 이어서 12월 17일 부원수 신경원(申景瑗)과 영변부사 이준(李峻)이 5,000명에 이르는 마보병(馬步兵)으로 사수하고 있는 영변의 철옹산성(鐵甕山城)을 포위하고 투항을 요구했다. 청군은 7일간이나 포위해도 항복할 기미가 없자 마침내 포위를 풀고 떠났다. 이때 성을 나와 적을 추격하던 부원수 신경원이 사로잡히는 사태를 맞는다.

한편 청 태종이 거느린 본대는 12월 14일 평안병사 류림이 사수하는 안주성을 포위하고 공격 태세를 취했다. 이때 류림은 성첩(城堞 : 성 위에 낮게 쌓은 담. 여기에 몸을 숨기고 적을 감시하거나 공격한다. 성가퀴라고도 한다)을 증설하고 성 둘레에 해자를 깊게 파고 적군의 침입에 대비하고 있었다. 얼마 후 청 태종이 거느린 본대가 성을 포위하자, 류림은 더욱 경계에 만전을 기했다.

이를 본 태종은 공격 대신 투항을 권유하기로 하고 성안으로 회유문을 보냈다.

대청국 관온인성황제(大淸國寬溫仁聖皇帝)가 조선국 안주성을 지키는 장수에게 타이르노라.

네가 외로운 성에 앉아 지키면 짐의 군사가 마침내 물러갈 것이라고 바라지 말라. 짐이 이미 여기까지 온 이상 어찌 너의 성을 함락하지 않고 군사를 돌리겠느냐. 너는 대군이 가지고 온 홍이포, 장군포, 화기(火器), 전차(戰車)를 보지 못했느냐. 짐이 만약 속히 돌아갈 것이면 어째서 이처럼 무거운 화기들을 가지고 왔겠느냐. 짐은 곧 왕경(王京)에 주둔하여 대군을 팔도에 나누어 주둔시킬 것이다. 그렇게 되면 너희 왕이 하늘로 오르겠느냐, 아니면 바다로 들겠느냐. 만약 배를 타고 바다로 간다면 짐 또한 반드시 배를 타고 쫓아가서 잡을 것이다. 너의 관병(官兵)들 중 무기를 지니고 명령을 거스르는 자가 있으면 가차없이 죽일 것이고 귀순하는 자는 보살펴 줄 것이다. 너는 이 기회를 놓치지 말고 성에서 나와 내게로 오라. 네가 내 말을 따르지 않다가 화가 미치면 후회막급하리라.

청 태종의 회유문을 읽어 본 류림은 더욱더 방어 태세를 굳건히 할 뿐 일절 반응을 보이지 않았다. 성안으로 회유문을 들여보낸 태종은 류림이 성을 나와 투항하거나, 아니면 성내에서 자중지란이 일어날 것으로 기대했다. 그러나 류림은 전혀 흔들리지 않았고, 자중지란도 일어나지 않았다. 이틀 동안이나 성을 포위하고 있던 태종은 결국 공성(攻城)을 포기하고 남쪽으로 말머리를 돌렸다.

청군이 물러가자 류림은 영변부사 이준에게 안주성의 방어를 맡긴 뒤에 3,000의 휘하 군사들을 이끌고 평양성 동쪽에 소재하는 강동으로 이동하기로 했다. 이 무렵 자모산성에 머물던 평안감사 홍명구는 적군이 모든 산성을 외면하고 남쪽으로 내닫자, 휘하 병력을 남한산성으로 진군시키기 위해 2,000의 병력을 이끌고 류림보다 한발 앞서 강동으로 이동해 있었다. 이곳에서 만난 두 사람은 남한산성에 고립되어 있는 왕을 구원하기로 합의하고 강동을 출발했다.

강동을 떠난 이들은 청군과의 조우를 피해 황해도 수안과 신계를 지나 강원도 이천과 평강을 거쳐 1637년 1월 26일 김화(金化)에 도착했다. 김화는 서울에서 함경도를 가려면 필히 거쳐야 하는 교통의 요지로서 이곳에서 함경도와 평안도 그리고 강원도가 갈라지므로 당시엔 상당히 번창한 고을에 속했다. 평안도 근왕군이 김화에 이르렀을 때 이곳에는 조선군보다 간발의 차이로 먼저 도착한 청군 소속의 몽골병들이 약탈을 자행하고 있었다. 이로 인하여 김화현령 이휘조(李徽祚)는 현청의 관원들과 함께 근남면 잠곡리 계곡으로 피신을 떠나고, 고을 사람들도 모두 피난을 떠나서 김화 고을 전체가 텅 비어 있었다. 이때 김화에 나타난 청군은 와이객(瓦爾喀)을 소탕하기 위해 함경도를 향해 북상하던 중이었다. 흔히 와르카족으로 불리는 와이객은 여진족의 한 부족으로 여진의 모든 부족이 청 태종에게 머리를 숙였으나, 이때까지도 복종하지 않고 두만강을 넘나들며 조선과 청 모두에게 해를 끼치고 있었다.

당시 이곳으로 몰려온 청군은 평안도 근왕군이 가기로 한 남한산성에서 달려온 병력이었다. 남한산성을 포위하고 있던 청군은 1월 22일 강화도가 함락되자 더이상 많은 병력이 필요 없게 되었다. 이에 홍타이지는 진작부터 벼르고 있던 와이객을 이 기회에 소탕하기로 하고, 몽골아문 승정(蒙古衙門承政) 니감(尼堪)을 지휘관으로 임명하고, 자신의 매부이며 효장(驍將: 사납고 날랜 장수)으로 이름 높은 야빈대(耶彬大)를 대동하게 했다. 홍타이지는 이들에게 남한산성을 포위하고 있던 병력 중 약 6,000명을 빼내어 두만강 유역에서 준동하는 와이객을 소탕하라고 명했는데, 공교롭게도 이곳 김화에서 남한산성으로 향하던 조선군과 마주치게 된 것이다. 청군과의 일전이 불가피하게 되자, 홍명구와 류림은 일단 진군을 멈추고 진을 구축하기로 했다. 그런데 이때 두 지휘관의 주장이 엇갈리는 상황을 맞는다.

류림은 아군의 병력이 적보다 열세하므로 두 부대를 합류시켜 잣나무가 빽빽하게 들어찬 백전(栢田) 능선에 자리한 현북산성에 의지하여 진을 치자고 주장했다. 현북산성은 그 둘레가 겨우 1,489척에 불과한 이름만의 성이었으나, 능선에 위치하고 있어서 이곳에 진을 치면 절대적으로 유리했다. 이에 반해 홍명구는 탑골 평지에 치자고 주장했다. 그러나 당대 최고의 무관으로 전략에 밝은 류림은 소수의 병력으로 다수의 병력을 대적하려면 산 위에 진을 쳐야 유리하다고 판단하고, 애초의 주장을 굽히지 않았다. 끝내 자신의 의견을 굽히지 않던 두 사람은 결국 자신이 주장하는 위치에 각각 진을 침으로써 전력을 약화시키게 된다.

조선군의 진이 능선과 평지에 각각 나누어졌음을 파악한 청군은 1월 28일 동이 트기가 무섭게 평지에 진을 친 홍명구의 진지를 공격했다. 조선군은 주 무기인 조총으로 대항했으나, 근거리에서 싸우는 백병전에서는 창검을 휘두르는 청군에게는 상대조차 되지 못했다. 조선군이 밀리기 시작하자 홍명구는 병사들을 향해, "죽기로 작정하고 싸우면 살 것이고, 설사 죽더라도 이름은 죽지 않는다"라고 외치며 적진으로 돌진했다. 그러나 창검술이 뛰어난 청군은 조선군을 무자비하게 밀어붙였다. 결국 선두에서 돌진하던 홍명구는 가장 먼저 죽음을 맞았고, 홍명구 못지않게 분전하던 순안현령 허노(許輅)도 죽었다. 군사들 역시 목숨을 돌보지 않고 사력을 다해 싸웠으나, 불가항력으로 1,000여 명의 사상자를 내고, 마침내 패퇴하고 말았다.

홍명구의 진지를 초토화시킨 청군은 그 여세를 몰아 능선에 진을 친 류림의 진지로 달려들었다. 적군이 몰려오는 것을 바라본 류림은 병사들을 향해 "조금도 겁내지 말고 내 말을 잘 들어라. 현재 우리는 화살과 탄환이 넉넉지 않다. 적을 무찌르려면 탄환을 아껴야 한다. 적이 가까이 접근하면 내가 깃발을 휘두를 것이니, 그때 일제히 발사하라. 이를 어기는 자는 참수(斬首)하겠다"라고 외쳤다. 류림의 지시에 따라 병사들은 적이 수십 보 이내로 접근하자 사격을 개시했다. 그 서슬에 앞에서 돌진하던 선두가 무너졌으나, 창검으로 무장한 적은 전혀 겁내는 기색 없이 동료의 시체를 짓밟고 마구 짓쳐들어왔다.

청군의 공격으로 가장 먼저 희생된 장수는 앞에서 돌진하던 군관 구현준(具賢俊)이었다. 구현준이 전사하자 병사들은 동요를 일으키며 뒤로 물러서려 했다. 이를 본 류림은 "내가 여기에 있으니 겁내지 말고 나를 따르라!"고 외치며 선두로 나섰다. 그러자 뒤로 물러서던 병사들은 이내 안정을 찾아 제 위치로 돌아갔다. 이에 류림은 군사들을 이끌고 적진으로 돌진했다. 조선군의 거센 공격에 일단 뒤로 물러났던 적은 재차 밀고 들어왔다. 이렇게 끊임없이 반복되던 청군의 공격은 해질 무렵까지 계속되었다. 이때 백마를 탄 적군의 장수가 나타났다. 이를 본 류림은 병사들을 향해 "백마를 탄 저자가 적장이다. 저자를 집중 공격하라!"고 외쳤다. 조선군의 집중 공격을 받은 적장은 마침내 말에서 떨어져 죽음을 맞으니, 이때 죽은 장수가 바로 청 태종의 매부 '야빈대(耶彬大)'였다. 야빈대가 죽자 그토록 기세를 올리던 청군은 즉시 퇴각을 단행했다.

결국 김화전투의 최종 승리는 조선군이 차지했다. 그러나 평지에 진을 쳤던 홍명구의 전사와 함께 조선군의 희생도 엄청났다. 숙종 대의 명신 박태보(朴泰輔)의 「기김화백전지전(記金化栢田之戰)」에 의하면 전투가 끝난 후 "양군의 시체가 목책과 같은 높이로 쌓였다"고 했을 정도로 쌍방 모두가 많은 사상자를 냈다. 이 싸움에서 조선군이 승리를 거둔 요인 중에는 진지 주변으로 울창하게 들어찬 잣나무의 힘이 컸다. 능선에 진을 친 조선군은 위에서 아래로 공격하게 되어 위치 자체가 유리했을뿐더러 적이 쏘는 화살이 잣나무로 인하여 별 위력을 발휘하지 못했다. 또한 청군이 자랑하는 기병들도 울창하게 들어찬 잣나무와 가파른 오르막으로 인해 맥을 못 추었다.

병자호란을 통틀어 최대의 승첩으로 기록되는 '김화전투'는 청의 일반 병사들의 죽음도 수천 명에 이르렀지만 청 태종의 매부 '야빈대'의 죽음으로 인해 이 싸움이 더욱 빛나게 되었다. 전투가 끝난 직후 적진으로 보냈던 척후병은 이런 보고를 해왔다. "적 진영에서 곡(哭)소리가 진동합니다. 그런데 끝을 알 수 없는 지원군이 모여들고 있습니다." 척후병의 보고에 류림은 이때 죽은 장수가 상당히 고위층 인사일 것이라고 추정했다. 그러나 적의 지원군이 계속 모여들고 있다는 보고에 '결전이냐, 아니면 철군이냐'를 선택해야 해야 하는 기로에 서게 되었다. 부대 상황을 점검해 보니 종일토록 계속된 전투로 인해 탄환과 화약은 물론, 화살도 떨어졌다. 또한 아군의 사상자도 상당히 많았을뿐더러 살아남은 병사들도 너무 지쳐 싸울 힘이 없었다. 상황을 파악한 류림은 결단을 내렸다.

오늘의 전투에서는 우리가 천행으로 승리했으나, 화살과 탄환이 이미 떨어져 더이상 싸움을 지속할 여력이 없게 되었다. 일단 안전한 곳으로 이동하여 전열을 정비한 후 남한산성으로 달려가야 한다. 지금 우리는 승리감에 도취되어 시간을 낭비할 여유가 없다.

류림의 설명을 들은 병사들은 그 즉시 철군을 서둘렀다. 류림은 철군 도중에 적이 기습하게 되면 전멸을 당할 수도 있다고 판단하고, 부하 군관에게 이렇게 지시했다.

총에다 탄약을 장전하고 화승줄에 매달되 그 길이를 들쭉날쭉하게 만들어서 나무에 매달아라. 그리고 최후로 진지를 떠나는 군사로 하여금 불을 붙이게 하라. 그러면 밤새도록 총소리가 멈추지 않을 것이다.

병사들은 류림의 지시에 따라 잣나무 이곳저곳에 탄약을 장전한 화승줄을 매달아 놓고 밤중에 철군을 단행했다. 다음 날 새벽 적군이 도착했을 때는 조선군은 이미 그곳을 떠나고 텅 빈 진지에는 피비린내만 진동하고 있었다.

"조선 국왕 이종(李倧)은 삼가 대청국 황제께 글월을 올립니다"

전국 각지에서 출동했던 근왕병(勤王兵)이 모조리 격파되자, 남한산성은 말 그대로 절해고도(絶海孤島)의 형세가 되었다. 그해 겨울은 유난히도 추웠다. 혹독한 추위 속에 군량은 줄어들고, 땔감마저 떨어져 원종(元宗 : 인조의 생부)의 영정을 봉안해놓은 개원사(開元寺)의 행랑채와 마룻바닥을 뜯어서 밥을 짓는 지경에 이르렀다. 잘 곳조차 없어서 장수들도 노천에서 숙영해야 했으니, 병사들의 형편은 말할 필요도 없었다. 혹독한 추위로 인해 얼어 죽는 군사가 속출했다. 남급(南礏)의 『남한일기』 1637년(정축년) 1월 20일자에 의하면 "밤에 바람이 크게 불고 몹시 추웠다. 성첩을 지키던 군사들이 얼어 죽은 자가 9명이었다"라는 대목이 보인다. 밤마다 아홉 명씩 얼어 죽지는 않았겠지만, 혹독한 추위 속에 얼어 죽은 군사들의 수도 엄청나게 많았을 것으로 추정되는데, 인조 13년(1635) 11월 6일자 『인조실록』에는 이런 기사가 등장한다.

상이 하교하기를 "날씨가 매우 추우니, 해조(該曹 : 해당 관청 즉, 병조)로 하여금 동옷을 만들어 얇은 옷을 입은 군사들에게 주고, 각처에서 숙직하는 군사들에게는 빈 섬을 나누어주도록 하라."

이로 보아 당시 병사들의 방한 대책으로는 볏짚으로 만든 빈 섬이 고작이었을 것이다.

답답한 성안에서는 술사(術士)에게 의지하는 경향이 늘어갔다. 12월 28일, 술사가 이런 점괘를 내놓았다. "오늘은 화친과 싸움이 모두 길하리라." 체찰사 김류가 이 말을 듣고, 한편으로는 화친을 꾀하고, 다른 한편으로는 적과의 일전을 겨루고자 했다. 주변에서 이 말을 들은 사람들이 말했다. "싸움을 하려거든 싸움을 하고, 화친을 하려거든 화친을 할 것이지 하루 안에 화친과 싸움을 어찌 같이 할 수 있겠는가. 이는 노래와 곡(哭)을 같이 할 수 없는 것처럼 말도 안 되는 계책이다"라며 말리는 통에 김류는 자신의 뜻을 접어야 했다. 이튿날 북문 밖의 적진을 내려다보니, 노약병만 보이는 게 매우 허술해 보였다. 어제 적을 치려다 주위의 만류로 뜻을 이루지 못한 김류는 이것을 절호의 기회라 여겨 동·서·남·북문 네 장수에게 출전 명령을 내렸다. "성 아래 적의 진영이 매우 엉성하니, 각각 정예 군사를 이끌고 적을 쳐서 무찌르도록 하라."

명을 받은 장수들은 적의 유인책이 분명하다며 출전을 반대했다. 이런 좋은 기회를 놓칠 수 없다고 생각한 김류는 대장기를 세우고 북을 두드리며 출전을 독촉했다. 체찰사의 거듭된 명령에도 적의 매복을 우려한 장졸들은 계속 멈칫거렸다. 이를 본 김류는 비장(裨將) 류호(柳瑚)를 시켜 물러서는 장졸들의 목을 치라 명했다. 명을 받은 류호가 몇 사람을 찍어 죽이자, 장졸들은 적진으로 내달을 수밖에 도리가 없었다. 이때 죽음을 예상한 별장 신성립(申誠立)은 사람들에게 마지막 영결(永訣)을 고하고, 적진으로 향했다.

성 아래서 청군은 소와 말을 곳곳에 풀어놓고 조선군이 그것을 탈취하기만을 기다리고 있었다. 성을 나간 조선군이 눈에 띄는 대로 소와 말을 탈취하기 시작하자, 이때까지 쥐 죽은 듯하던 숲속에서 돌연 함성이 일어나며 매복했던 청군이 무자비하게 공격해왔다. 청군의 유인책에 걸려든 조선군은 화살 한 개 날려보지 못하고 함몰당하고 말았다. 결국 출전했던 300명 중 200여 명이나 죽었고, 그 속에는 영결을 고하고 출전했던 신성립을 포함하여 군관만 해도 8명이나 되었다. 이에 비해 청군의 전사자는 겨우 두 명에 불과했다.

200여 명의 군사를 잃어 면목이 없게 된 김류는 상하의 입을 단속하고 왕에게 40명의 군사를 잃었다고 보고했으나, 그래도 여론은 좋지 않았다. 할 말이 없게 된 김류는 북문 대장 원두표를 물고 들어갔다. "대장이 위험에 빠지면 부장은 마땅히 이를 구원해야 함에도 불구하고, 북문 대장 원두표는 구원병을 보내지 않았다. 이 패전의 책임은 원두표에게 있다."

그러자 좌의정 홍서봉이 나섰다. "대장이 패하고, 부장에게 책임을 전가하는 것은 실로 비겁한 일이오."

할 말이 없게 된 김류는 결국 상감에게 석고대죄를 해야 했고, 애꿎게도 원두표(元斗杓)의 군관은 곤장을 80대나 맞아야 했다.

정축년 정월 초하루(1637년 1월 1일) 설을 맞아 광주목사 허휘(許徽)가 상감에게 떡국을 올리고 백관들에게는 흰떡 두어 가래씩을 보냈다. 떡국을 대한 상감이 먼저 눈물을 흘리자, 자리에 참석한 중신들 모두가 눈물을 흘려 주위를 숙연케 했다. 인조는 이어서 비변사(備邊司) 낭청(郎廳)

위산보(魏山寶)로 하여금 소고기와 술을 가지고 청군 진영에 가서 새해 인사를 겸해 적진의 형세를 엿보고 오라 명했다. 위산보가 청군 진영에 도착하자 그들은 위산보의 상투를 잡아끌고 군영 안으로 들어가더니, 그가 내놓은 술과 고기를 그 자리에서 내쳐버렸다.

청의 군영에서 돌아온 위산보가 사실을 고하자, 김신국과 이경직을 다시 보내 세찬을 전하고, 소문으로만 나돌던 청 황제의 도착 유무를 물어 12월 29일에 도착했음을 확인했다. 이날 홍타이지는 탄천에 군사들을 모아 점검하고 청군의 군세가 30만이라고 허풍을 떨며 조선군의 사기를 꺾었다. 오후가 되자 홍타이지는 장졸들을 거느리고 성의 동쪽 망월봉에 올라 성안을 한참 동안 굽어보다가 내려가니, 성중에는 온갖 유언비어가 난무했다.

1월 2일 인조의 국서를 받아 든 홍서봉(洪瑞鳳), 김신국(金藎國), 이경직(李景稷) 세 사람이 청군 진영으로 가서 화친을 청했다. 얼마 후 그들은 황제의 '조유(詔諭)'가 든 봉서를 내밀며, 홍서봉 등에게 네 번이나 절한 후에 받아 가게 했다. 아래는 그 내용을 요약한 것이다.

대청국의 관온인성황제는 조선 국왕에게 고유(誥諭)한다. 짐은 너희 조선과 그동안 털끝만큼도 원한 관계를 맺은 적이 없다. 조선이 지난 기미년(1619)에 명과 협력해서 군사를 일으켜 우리를 해쳤다. 짐은 그래도 이웃나라와 지내는 도리를 지키려 경솔하게 전쟁을 일으키지 않았다. 그러나 조선이 다시 명을 도와 우리의 도망병을 잡아 명에 바치고 저들에게 양식을 주며 우리를 치려고 도모하였다. 정묘년(1627)에 의로운 군사를 일으킨 것은 바로 그 때문이었다. 그러나 짐은 생민이 도탄에 빠진 것을 보고 끝내 교린(交隣)의 도를 생각하여 우호를 돈독히 하고 돌아갔다.

그 뒤 10년 동안 조선은 우리를 배반하고 명을 도왔다. 짐이 이 때문에 특별히 의병을 일으켰으니, 너희 백성들이 도탄에 빠지는 것은 실로 내가 원하는 바가 아니다. 단지 조선의 군신이 스스로 재앙을 초래한 것이다. 너희들은 망령되게 도망치다가 우리 군사에게 해를 당하는 일이 일절 없도록 하라. 항거하는 자는 죽이고 순종하는 자는 받아들일 것이다.

청의 국서를 받아 본 조정 대신들은 결사 항전을 주장하는 척화파(斥和派)와 청군과 화친하여 위급한 상황부터 모면해야 한다는 주화파(主和派)로 갈라졌다. 김상헌을 주축으로 하는 척화파는 최명길을 주축으로 하는 주화파 쪽에서 화친이란 말만 꺼내면 무조건 역적으로 몰아붙였다.

국론은 갈렸으나 청의 국서에 답은 주어야 했다. 이튿날(1월 3일) 인조는 이조판서 최명길로 하여금 청의 진영으로 보낼 국서를 작성하라 명했다.

조선 국왕 이종(李倧 : 인조의 이름)은 삼가 대청국 관온인성황제께 글월을 올립니다. 소방(小邦 : 자신의 나라를 낮추어 부르는 말)이 대국에 죄를 얻어 스스로 병화를 불러 외로운 성에 몸을 의탁한 채 위태로움이 조석(朝夕)간에 닥쳤습니다. 지난 일에 대한 죄는 소방이 이미 잘 알고 있습니다. 만일 정묘년에 하늘을 두고 맹서한 언약을 생각하고 생령의 목숨을 가엾이 여겨 소방으로 하여금 스스로 깨닫도록 한다면, 소방이 마음을 씻고 종사(從事)할 것입니다. 그러나 만약 대국이 용서해주지 않고 그 병력을 끝까지 쓰려고 한다면, 소방은 사리가 막히고 형세가 극에 달하여 스스로 죽기를 기약할 따름입니다. 감히 심정을 진달하며 공손히 가르침을 기다립니다.

완성된 국서를 가지고 좌의정 홍서봉과 이조판서 최명길이 청 진영에 전하자, 마푸타가 말하기를 "여러 왕이 몽골병을 거느리고 평안도 창성(昌城)에서 나오고 있소. 그들이 모두 모이기를 기다렸다가 서로 의논하여 답을 주겠소"라며 답을 미뤘다.

국서를 보낸 지 열흘이 되도록 청 진영에서 아무런 반응이 없자 1월 13일 새로 국서를 작성해서 보냈다. 그로부터 나흘이 지난 1월 17일, 청 태종에게서 답서가 왔다.

짐이 까닭 없이 군사를 일으킨 것이 아니고, 바로 이치의 곡직을 따지려는 것뿐이다. 천지의 도는 선한 자에게 복을 주고 악한 자에게 화(禍)를 내리는 법이다. 짐은 귀순하는 자에게는 관대하게 대하고, 항복하는 자는 안전하게 해주되, 명을 거역하는 자는 천명을 받들어 토벌할 것이다. 지금 그대가 살고 싶다면 빨리 성에서 나와 귀순하고, 싸우고 싶다면 속히 일전을 벌이도록 하라. 양국의 군사가 서로 싸우다 보면 하늘이 자연히 처분을 내릴 것이다.

이에 대하여 인조는 이조판서 최명길로 하여금 답서를 작성하라 명했다.

조선 국왕은 삼가 대청국 관온인성황제께 글월을 올립니다. 삼가 생각건대 대국이 위덕(威德)을 멀리 가해주시니 여러 번국(藩國)이 사례해야 마땅하고, 천명과 인심이 돌아갔으니 크나큰 명을 새롭게 가다듬을 때입니다. 성에서 나오라고 하신 명이 인자하게 감싸주는 뜻에서 나온 것이긴 합니다만, 겹겹의 포위가 풀리지 않았고, 황제께서 한창 노여워하고 계시는 때이니 이곳에 있으나 성을 나가거나 죽는 것은 마찬가지일 것입니다. 삼가 생각건대 황제의 덕이 하늘과 같아 용서하실 것을 믿기에 은혜로운 분부를 기다립니다.

답서가 거의 완성될 무렵 소식을 들은 척화 주장 예조판서 김상헌이 들이닥쳤다. 홍타이지를 가리켜 황제라 칭한 문맥을 읽은 김상헌의 표정은 일그러졌다. "아니 황제라니! 누가 감히 황제랍니까? 하늘 아래 황제가 하나이지 황제가 둘이나 된답니까?"라고 외치더니, 그 자리에서 국서를 북북 찢어버렸다.

그러자 최명길은 "나라를 위한 대감의 충정은 알고도 남습니다. 그러나 지금 오랑캐의 말발굽 아래 어육(魚肉)이 되어가고 있는 죄 없는 백성들은 어찌해야 한단 말입니까? 대감께서는 국서를 찢으시오. 나는 다시 줍겠습니다. 나라에는 국서를 찢는 사람도 필요하고 찢어진 국서를 다시 줍는 사람도 필요한 것입니다"라며 찢어진 국서의 초안을 주워 이를 다시 정서해서 청 진영으로 보냈다.

이에 청 태종은 1월 20일, "지금 그대가 정말로 성에서 나와 귀순하려거든 먼저 앞장서서 모의한 신하 2~3명을 묶어 보내도록 하라. 짐이 효시(梟示)하여 뒷사람을 경계시키겠다"는 내용이 담긴 국서를 보내왔다.

이튿날 인조는 청의 국서에 다음과 같은 답서를 보냈다.

온 성의 백관들이 위태롭고 급박한 사세를 목도하고 귀순하자는 의논에 대해서는 똑같은 말로 동의하고 있습니다만, 오직 성에서 나가는 한 조목에 대해서만은 모두들 고려조 이래로 없던 일이라고 하면서 죽는 것으로 단정하고 나가지 않으려 합니다. 따라서 만약 대국이 독촉하기를 그만두지 않는다면 뒷날 얻는 것은 쌓인 시체와 텅 빈 성에 불과하게 될 것입니다. 또한 폐하께서 하늘과 같은 도량으로 화친을 배척한 척화신을 소방의 정형(政刑)으로 다스리도록 회부해주신다면, 관대한 덕이 크게 나타날 것입니다(숭덕〈崇德〉 2년 1월 21일).

그들이 요구한 것은 화친을 반대한 2~3명의 척화신을 묶어 보내고, 왕이 출성하여 항복을 하라는 것이었으나, 인조는 척화신은 조선 국법에 따라 처리하게 해줄 것을 요청하고, 이대로 죽음을 맞을지언정 성을 나갈 수 없다고 했다. 그러나 홍타이지를 폐하라 표현하고, 인조 자신을 '신'이라 칭했으며, 연호 또한 청의 연호를 썼다는 것은 이제는 신복하겠다는 의미였다.

회답을 기다리던 중에 잉굴다이가 보자고 하기에 나가니, 그가 국서를 되돌려주면서 "조선에서 답한 것은 황제의 글 내용과 어긋나기 때문에 받지 않겠소"라고 하는 것이었다. 그의 이 말은 한시바삐 황제가 보낸 국서 내용을 이행하라는 것이었으나, 여전히 중신들의 여론은 화전 양론으로 갈리고 있었다. 일이 풀릴 기미가 없자, 1월 22일, 세자가 비국(비변사)에 자신의 결연한 의지를 담은 봉서(封書)를 내렸다.

태산(泰山)이 이미 새알(鳥卵) 위에 드리워졌는데, 국가의 운명을 누가 경돌(磬石 : 검고 단단한 돌)처럼 굳건하게 하겠는가. 일이 너무도 급박해졌다. 나에게는 동생이 있고 또 아들도 있으니, 역시 종사(宗社)를 받들 수 있다. 내가 적에게 죽는다 하더라도 무슨 유감이 있겠는가. 내가 성에서 나가겠다는 뜻을 말하라.

목숨을 잃는 한이 있더라도 성을 나가겠다는 자신의 뜻을 밝힌 세자는 이튿날 인마(人馬)를 선발하여 청 진영에 나가도록 준비하라고 하령했다. 그러자 묘당(廟堂 : 조선시대 '의정부'를 달리 부르던 이름)에서는 이런 대답을 올렸다. "저하의 분부는 신자로서 차마 듣지 못할 일이기에 감히 영을 받들지 못하겠습니다." 세자의 출성을 허용하지 않기로 방침을 정한 조정에서는 1월 23일, 화친을 배척한 대간 홍익한을 위시한 척화신들을 조사하여 보내겠다고 청 진영에 통보했다.

청 진영으로 국서를 보낸 조정은 이제나저제나 그들의 답을 기다리던 중, 그들은 답 대신 엉뚱한 반응을 나타냈다. 이날 밤 자정에 적이 성을 넘으려다가 순찰 군관에게 발각된 것이다. 다급해진 군관은 잠자던 군사들을 발로 차며 "적이 성을 넘으려 한다"고 소리쳤다. 자다가 깬 군졸들은 미처 병기를 챙길 겨를이 없었다. 군졸들은 우선 돌로 내리쳐서 적을 물리쳤다. 한숨 돌리고 있는데, 오경(새벽 3시~5시) 무렵이 되자 적은 동쪽 망월성(望月城)을 또다시 공격해왔다. 이에 신경진이 군사를 이끌고 나가 수많은 적을 죽이고 물리쳤다. 또한 이튿날 저녁 무렵에는 남성을 공격하다가 남격대 수비대장 구굉에게 격퇴되었다. 그들이 연이어 성을 공격한 것은 조선 측의 회답에 불만이 있다는 표시였으나, 그렇다고 답이 오기도 전에 또다시 국서를 보낼 수도 없는 일이었다.

1월 25일 잉굴다이가 보자고 하기에 최명길 등이 청 진영으로 가자, 그동안 보냈던 국서를 모두 돌려주면서 이렇게 말하는 것이었다. "황제가 내일 돌아갈 예정인데, 국왕이 성에서 나오지 않으려거든 다시는 사신을 보내지 마시오."

산성의 형세는 나날이 기울어가고, 청의 압박은 더욱 거세지는데, 조정에서는 주화파와 척화파로 나뉘어 지루한 줄다리기만 계속하고 있었다. 그러던 중 1월 26일에는 훈련도감과 어영청 장졸들이 행궁 앞에 모여 화친을 배척한 신하를 오랑캐 진영에 보내라고 요구하며 난동을 부리는 사태가 발생했다. 장졸들은 "적군의 대포에 맞아 성첩이 모두 부서져 사태가 위태로운데도 문사(文士)의 무리들은 고담준론만 일삼고 있으니, 청컨대 그들로 하여금 성을 지키게 하소서"라고 외쳤다. 하지만 이런 사태가 벌어져도 모두가 두려워 떨뿐 아무도 나서지를 못했다.

사태가 가라앉지 않자 체찰사 김류가 나섰다. "그대들의 노고를 어찌 모르겠는가. 조정은 곧 상을 후하게 내릴 것이며, 이조판서 최명길이 청 진영에 가서 화친을 배척한 사람을 보내기로 약속하였으니, 그대들은 속히 물러가거라."

김류의 말에 장졸들은, "우리들은 상을 후하게 내리기를 바라는 것이 아닙니다. 다만 일을 그르친 사람들에게 분통이 났고, 또한 위급한 상황을 주상께 아뢰려는 것뿐입니다" 하면서 상감을 만나겠다는 뜻을 굽히지 않았다.

이를 본 승지 이행원(李行遠)이 "비록 그렇더라도 이곳은 대내(大內)가 멀지 않은 곳인데, 어찌 감히 이 같은 난동을 부릴 수 있느냐?"고 호통을 쳤다. 이어서 곁에 있던 병조낭관들을 향하여, "너희들은 궐문을 지켜야 하는데, 어찌 난병이 이곳에 이르는 것을 막지 못했느냐?" 말을 끝낸 이행원은 병랑들을 죽이겠다며 칼을 빼 들었고, 놀란 낭관들은 난병들 틈으로 달아나버렸다.

이를 본 장졸들은 "승지가 칼을 빼어 드니 참으로 용감하다. 하지만 오랑캐를 베는 데는 용감하지 못하니 그 용기 알만하다"라고 비아냥거렸다. 이어서 "승지가 저토록 용감하니 오랑캐 진영으로 데리고 가면 성공할 수 있겠다, 승지는 속히 나오라!"고 계속 외쳐댔다. 결국 이행원은 꽁무니를 빼고 인조의 명을 받은 다른 승지가 나와서 부드럽게 타일러 가까스로 진정시켰다.

1월 26일 오후, 좌의정 홍서봉과 이조판서 최명길이 청 진영에 가서 "세자가 화친을 배척한 사람들을 이끌고 성을 나가려 한다"고 전했다. 이에 잉굴다이가 말하기를, "반드시 국왕이 성을 나온 연후라야 될 것이오"라며, 출성 항복을 거듭 촉구했다. 잉굴다이는 또 "지난 22일 강도(江都)가 함락되었으니, 산성에 돌아가면 이 사실을 국왕에게 전하고 한시 바삐 태도를 정하도록 하시오"라면서 강화도에서 사로잡은 내관 '나업'과 종실 진원군 이세완을 끌고 나와 보여주었다. 이어서 봉림대군이 직접 작성한 글과 원임대신 윤방과 승지 한흥일이 작성한 "배 26척이 파선되고 강화도가 함락되었다"는 장계도 보여주었다.

강화도가 함락되었다는 잉굴다이의 말은 사실이었으니, 이제 그 과정을 살펴보기로 하자.

3. 강화도에서 일어난 일

강화검찰사 김경징

12월 14일 적병이 개성을 통과했다는 개성유수의 치계가 당도하자, 조정에서는 마침내 파천을 결정했다. 인조는 예방승지 한흥일(韓興一)에게 종묘의 신주(神主)를 받들고 먼저 강화도(江都)로 보내라고 지시했다. 이어서 강화검찰사(江華檢察使)에는 한성판윤(漢城判尹) 김경징(金慶徵)을, 부검찰사에는 홍문관 부제학 이민구(李敏求)를 임명하여 빈궁의 행차를 배행(陪行)하며 호위하라 명했다. 강화검찰사로 임명된 김경징은 당시 영의정으로 도체찰사를 맡고 있던 김류의 아들로서 중임을 감당할 만한 인물이 못되었다. 그러나 강화도 파천을 결정한 인조가 김류에게 강화검찰사에 누가 적임자인지를 묻자, 김류는 자신의 아들 김경징을 추천했다. 김경징은 반정 당시 별다른 공적이 없었으나, 부친의 후광으로 정사공신 2등에 올라 도승지를 거쳐 한성판윤으로 있던 중이었다.

　김경징을 미덥지 못하게 여긴 인조는 "경의 아들이 능히 검찰사의 중임을 감당할 수 있겠는가?"라고 물었다. 이에 김류는, "경징이 비록 다른 재능은 없사오나 적을 막고 성을 지키는 일에 어찌 그 마음과 힘을 다하지 않으오리까."

김류의 대답에 마음을 정한 인조는 그 즉시 김경징을 강화검찰사로 임명했다. 김류 역시 아들의 그릇을 모를 리 없었으나, 그는 자신의 처자권속을 모두 강화로 보내고 나서 아들로 하여금 이들을 보호하게 하려는 속셈이었다. 이어서 자신 또한 왕을 모시고 강화로 가고자 했으나, 청군에 의해 강화행이 차단되자 도리 없이 강화에는 처자식만 가게 되었다. 강화검찰사의 임무를 띤 김경징은 자신의 어머니와 처를 옥교(屋轎 : 덮개가 있는 가마)에 태우고 도성을 출발했다. 이때 그는 집에서 싣고 나온 짐바리가 50여 개에 이를 정도로 많아 수많은 말과 인부를 동원했다. 또한 도중에 말이 발을 헛디뎌 집에서 부리던 계집종이 말에서 굴러떨어지자 경기도 배행(陪行) 고을 아전을 길가에서 매질하여 함께 피난하던 사람들의 눈살을 찌푸리게 했다. 김경징이 강화로 건너가는 길목에 자리한 통진나루에 도착한 것은 12월 15일 황혼 무렵이었다. 나루에는 하루 전인 14일 저녁 이곳에 온 경기좌도 수운판관 어한명(魚漢明)과 호조판서 김신국(金藎國)이 김경징보다 한발 앞서 도착한 봉림대군을 모시고 있는 가운데 피난민들로 발 디딜 틈도 없었다.

어한명과 김신국은 이때 어민들을 동원하여 배를 수리하고 격군을 모으는 등 도성에서 몽진 일행이 올 것에 대비하여 만전을 기하고 있었다. 아래는 당시 어한명의 『강도일기(江都日記)』 12월 15일자 내용이다.

… 날이 이미 저물어가고 있을 때 궁궐의 행차가 선착장에 와서 모인 사람은 그 수를 알기가 어려웠다. 게다가 모두 흰 옷차림에 얼굴을 가리고

앉아 있어서 상하가 혼동되었고, 귀천을 분별할 수가 없었다. 모래사장 위를 가득 채운 흰색은 흰 비단결 같았으니, 그때가 중전마마(인열왕후 한씨)의 소상(小祥)이 겨우 지나서 그랬던 것이다.

그때 어떤 사람이 내게 와서 말했다.

"검찰사께서 공을 맞이해오라고 하셨소이다."

나는 곧바로 그 사람을 따라가서 김경징을 만났는데, 그는 나와 한참 이야기를 나누는 동안 나랏일에 대해서는 조금도 언급하지 않고 간혹 하늘을 쳐다보며 휘파람을 불기도 하고 부채를 들어 휘젓기도 하더니, "어떻게 해야 하겠는가! 어떻게 해야 하겠는가!" 이 말만 되뇌었다.

조금 있다가 덕포(통진에 있는 포구) 첨사 '조집'이 배를 타고 달려오자, 김경징이 매우 기뻐하며 말했다. "이 사람이 타고 온 배는 틀림없이 견고하고 좋을 것이니, 우리 집의 식솔들이 이 배를 타고 건너야겠다."

조집이 가지고 온 배는 이보다 작은 게 또 한 척 있었는데, 내 생각에는 대군께서 타실 참선(站船 : 세곡 또는 소금 운반선)은 판자가 얇고 몸체도 작아서 해선(海船)만 못하다고 판단되어 대군께 옮겨 타시게 하고자 대군께로 10여 보 달려갔다.

그때 김경징이 크게 성을 내며 급하게 나를 불러 말했다. "그대는 어찌하여 우리 식솔들이 탈 배를 빼앗아서 대군께 드리려는가!" 나는 말했다. "내가 대군께 아뢰고자 했던 배는 조집의 작은 배이지 영공(令公)의 식솔들이 타고 가려던 배가 아닌데, 공은 어찌하여 화를 내시는 겁니까?" 내가 항변하자, 옆에 있던 경기우도 수운판관 윤개가 말했다.

"형은 그만하는 것이 좋겠소. 이러다가는 큰일이 생길지도 모르겠소!" 나는 더욱 분한 마음을 견디지 못하여 곧장 윤개와 함께 물러나와 한탄했다.

"김경징은 나라의 두터운 은혜를 받아서 중임을 한 몸에 졌으면서도 국가의 위급함을 생각지 않고 단지 처자식만 보호하려고 하니 장차 나랏일이 걱정이오."

이러는 사이 다행히도 봉림대군이 탈 배가 준비되어 대군 일행은 강화를 향해 출발했다.

봉림대군 일행이 떠나고 나자 남아 있는 빈 배는 한 척도 없었고, 나루에는 배를 타려는 피난민들로 꽉 찼다.

이때 빈궁과 원손(元孫 : 소현세자의 장남 석철) 일행이 탄 마교(馬轎 : 말 위에 실려 있는 가마)가 승지 한흥일의 인도를 받아 도착하고, 이어서 빈궁이 탈 배도 도착했다.

빈궁과 원손이 배에 오르고 나서 배종하던 나인들이 서로 먼저 타겠다고 아우성치자 배는 삽시간에 꽉 차버렸다. 이렇게 시간을 끌다 보니 어느새 조수가 빠지는 바람에 배가 모래톱에 걸려 꼼짝도 하지 못하는 상황에 이르렀다. 게다가 날은 이미 저물어 캄캄한 밤이 되었다. 한흥일과 나는 도리 없이 빈궁 일행을 배에서 내리게 하여 이웃 민가로 모셨다.

이 상황을 지켜보던 김경징은 빈궁이 배에 오르는 순간 미리 준비했던 배에 자신의 식솔과 친구들을 태우고 어느새 강화로 가버렸다.

저녁 일경(一更 : 밤 7시~9시) 무렵, 궁중에서 나온 내관이 "오늘 밤에 배를 띄워야겠다. 그러니 속히 배를 정비하거라"라고 명했다. 그러나 남은 배는 모두 모래톱에 걸려 있는 데다 격군마저 없었다. 이때 마침 통진현감 채충원이 나타났다.

나는 "공은 어디를 갔다가 이제야 나타나는 거요. 대군의 행차는 내가 주선해서 이미 끝냈소이다. 그런데 공은 어찌하여 자신의 소임을 다하지 않는단 말이오?"라고 나무라고 현재의 상황을 설명했다. 내가 다그치자 채

충원은 수하들에게 서둘러 쓸 만한 배와 격군을 찾아오라고 명했다. 배는 언제 올지도 모르고 겨울 바다의 추위가 살 속으로 파고들었다. 주위에 널려 있는 짚단으로 불을 피워놓고 한참을 기다리니 배가 도착했다. 때는 이미 밤중도 지나 새벽닭이 울고 있었고, 때마침 조수가 밀려왔다.

이를 본 승지 한흥일과 부찰사 이민구가 빈궁 일행을 모셔왔다. 그러나 배를 몰아야 할 격군이 보이지 않았다. 이에 내가 수하들과 함께 주변에 숨어 있던 마을 사람 8명을 발견하고 끌어왔다. 바닷가 사람들은 모두가 배를 부릴 줄 알기에 급한 대로 이들로 하여금 격군을 대신하게 하니, 빈궁 일행은 비로소 강화를 향해 출발했다. …

강화도에 도착한 김경징은 이곳을 금성탕지(金城湯池)라 여기고, 이튿날부터 술판을 벌이기 시작했다. 그는 술에 취하면 이렇게 뇌까렸다.

"제깟 놈들이 새라서 날아서 건널 것인가."

그의 이 말은 말을 타고 온 오랑캐 놈들이 무슨 재주로 강화 앞바다를 건너겠냐는 것이었는데, 이것은 바로 옛날 고려가 강화 섬에서 몽골 침략군에 맞서 장장 40여 년을 버틴 것을 빗댄 것이었다. 이를 본 별좌(別坐) 권순장과 생원 김익겸이 글을 올려, "오랑캐의 침입으로 나라의 존망이 조석간에 달린 이때 강도(江都)의 수장으로서 어찌 술판을 벌일 수 있습니까?"라고 책망했다. 그들의 책망에 김경징은 이렇게 반박했다. "나의 아버지가 체찰사이고, 그 아들인 내가 검찰사이다. 그러니 국가의 큰일을 처리할 자가 우리 집안이 아니고 누구이겠는가. 내 일은 내가 알아서 할 것이니 그대들은 나서지 말라."

그의 술판이 계속되자 보다 못한 봉림대군이 나무랐다. 이에 김경징은 "나라가 위급을 당한 이때 피난 온 대군이 어찌 간여하려 하시오?"라며 불쾌한 빛을 드러냈다. 이 무렵 남한산성에 있는 인조는 험천전투에서 전사한 충청도 관찰사 정세규를 대신하여 부찰사 이민구에게 "삼남(三南)의 군졸을 모으고 흩어진 민심을 수습하라"고 명했다. 그러나 이민구는 강화도를 떠나게 되면 그 즉시 죽는 것으로 여겨 차일피일 부임을 미루고 있었다. 하지만 김경징은 이민구를 감싸고돌면서 보낼 생각을 하지 않았다.

이를 본 영부사(領府事) 김상용이 김경징을 불러 책망했다.

너의 아버지는 주상을 받들고 외로운 산성에 머물러 국가의 위기가 코앞에 닥쳤거늘, 네가 설령 주상은 걱정하지 않을지라도 네 아비만은 생각해야 할 것이 아니냐. 삼남의 군졸을 수습하는 일을 어찌 네가 나서서 막는단 말이냐?

그러자 김경징은 "나는 모르는 일이오"라고 소리를 치고는 밖으로 나가버렸다. 상황을 파악한 이민구는 마지못해서 부임을 하겠다며, "추위를 막으려면 술이 없을 수 없다"면서 술을 빚는다는 구실로 또다시 미적거렸다. 술이 다 익자 이민구는 큰 배를 준비하고 식구들까지 데려가겠다며 부산을 떨었다.

이를 본 김상용이 다시 나서서 "천하에 어찌 처자권속을 거느리고 다니는 사신(使臣)이 있는가. 그대 같은 사람이 간다 한들 무슨 도움이 되겠는가. 오히려 해만 끼칠 뿐이다"라며 한숨을 쉬었다. 결국 이민구는 강화가 함락될 때까지 그곳을 떠나지 않았다.

강화도 함락

김경징은 몽골이나 여진족은 수전(水戰)에는 전혀 문외한으로 생각하고 있었으나, 실상은 이와 전혀 달랐다. 청은 이미 1633년에 명의 수군 장수 공유덕과 경중명의 투항으로 수전 능력을 갖추고 있었다. 뿐만 아니라 이들이 귀순할 때 가지고 온 185척의 전함, 그리고 강화도 공략을 위해 자체 제작한 전함과 함께 홍이포도 보유하고 있었다. 모든 준비를 마친 청군은 남한산성에서 인조가 항쟁이냐 아니면 항복이냐를 두고 고뇌에 차 있던 1월 21일 저녁 강화도 함락의 임무를 띤 예친왕 도르곤(多爾袞 : 청 태종의 이복동생)의 지휘하에 강화도 공격에 나섰다. 이날 저녁 통진 가수(假守 : 임시 수령) 김정(金頲)이 강화검찰사 김경징에게 "오랑캐가 수레에 작은 배를 싣고 강화도로 향하고 있다"는 급보를 전해왔다.

보고를 받은 김경징은 군심(軍心)을 어지럽힌다며 첩보를 가지고 온 군사의 목을 베라는 명을 내렸다. 그러나 뒤이어 갑곶 파수장 역시 같은 보고를 해오자, 비로소 사태의 심각성을 깨달은 그는 각 군 장수들에게 강화도의 각 요해처를 사수하라고 명하고, 군사들에게 군기(軍器)를 내주기 시작했다. 이처럼 다급한 중에도 김경징은 군기와 화약을 나누어 준 것을 꼼꼼하게 기록했고, 그나마 충분하게 주지도 않았다.

이에 군사들은 "본부에 군기가 산더미처럼 쌓였는데, 이때에 쓰지 않으면 어느 때에 쓰려고 그러십니까?"라며 항의했다.

그러자 김경징은 "이곳의 군기는 모두 나의 부친께서 마련한 것인데, 내가 어찌 마음대로 쓰겠느냐?"며 군사들을 나무랐다.

그의 어리석고 무책임한 행동에 군사들은 혀를 찼으나 별도리가 없었다. 군사들은 온갖 불평과 불만을 쏟아내면서 적진으로 향했다. 군사들에게 군기를 지급한 김경징은 휘하 군졸과 함께 진해루로 나갔다.

이때 청군이 강화해협 건너에서 강화도를 향해 홍이포를 쏘아대자, 성곽 곳곳이 무너졌다. 이를 본 김경징은 겁에 질려 창고 밑으로 들어가서 수하를 향해 "나는 성안으로 되돌아가서 방어책을 세우겠다"고 했다.

그의 속내를 간파한 호조낭관 임선백이 "어찌하여 천연 요새지인 이곳을 버리고 부서지고 허물어진 성안으로 들어간단 말입니까? 국가의 존망이 달린 이때 대장이 먼저 몸을 피한다면 군사들은 누굴 믿고 싸운단 말입니까?"라고 항의했다. 곁에 있던 봉림대군도 김경징의 행동을 나무라자, 김경징은 넋을 잃고 멍하니 앉아 있었고, 이를 본 군사들은 적진으로 향하던 발길을 돌려 산으로 달아났다.

이런 상황에서도 충청수사(忠淸水使) 강진흔(姜晉昕) 휘하의 수군은 몰려오는 청의 수군과 일전을 벌여 적선 여러 척을 격침시켰다. 이 싸움에서 적의 포탄에 맞아 배가 부서지고, 우리 수군 수십 명이 전사했다. 이때 선봉을 맡았던 정포만호(井浦萬戶) 정연(鄭埏)이 적의 배 한 척을 격침시키고 적선 속으로 돌진하려는 찰라, 강화유수 장신이 징을 쳐 퇴선을 명했다. 이를 본 강진흔이 북을 치고 깃발을 흔들어 적진으로 돌진하라고 독촉했으나, 장신은 막무가내로 뱃머리를 돌렸다.

장신의 행동에 불같이 노한 강진흔이 "네가 나라의 두터운 은혜를 입고서 어찌 이럴 수가 있느냐. 내 오늘 네놈의 목을 베어 군율을 진작시켜야겠다"라고 소리쳤다. 그러나 장신은 들은 체도 않고 배를 돌려 달아났다.

이 틈에 적선 한 척이 재빠르게 해안에 상륙했다. 당황한 군사들이 화포를 쏘려 했으나, 화약에 습기가 차서 포탄이 나가지 않았다. 상황을 직감한 적장이 깃발을 흔들자, 건너편에 있던 적선들이 일제히 몰려왔다. 적이 바다를 건너올 무렵 진해루를 사수하고 있던 중군 황선신(黃善身)

은 세 명의 적을 사살하고, 장렬하게 전사했다. 이어서 천총(千摠) 강홍업과 초관(哨官) 정재신도 6명의 적을 죽이고 전사했으나, 정작 김경징은 이미 달아난 후였다. 강화행궁에 머물고 있던 빈궁은 적이 몰려온다는 소식을 듣고 김인(金仁)을 비롯한 내관들의 도움을 받아 천신만고 끝에 원손(元孫)을 안고 교동도로 대피했다.

빈궁과 원손이 떠난 후 적은 강화 섬을 수색하기 시작했다. 결국 해변과 마니산 동굴 속에 숨어 있던 피난민들은 그들의 칼날 아래 모조리 참살되고 말았다. 혼란 속에서 나무에 목을 매거나 벼랑에서 떨어져 죽은 사람도 많았고, 생포된 사람들 또한 그 수를 알 수 없을 만큼 많았다. 이처럼 절망적인 상황 속에서도 봉림대군은 몇몇 군사를 이끌고 방어에 임하고자 했다. 하지만 그것은 달걀로 바위치기였다. 결국 봉림대군은 패하여 사로잡혔고 이어서 인평대군까지 사로잡힘으로써 강화도 전체가 청군의 수중으로 떨어지니, 때는 1637년(정축년) 1월 22일 오전 11시가 지날 무렵이었다.

당시 강화검찰사 김경징의 무능과 무책임으로 인하여 고려의 최우 정권이 38년간이나 몽골의 침략을 막아냈던 강화도가 불과 37일(청군의 공격 시점으로는 반나절) 만에 무너졌다는 것은 그야말로 통탄할 일이다. 이에 대하여 일각에서는 당시 김경징이 맡은 '검찰사(檢察使)'라는 직책은 강화도의 방어와는 무관하며, 전후(戰後)에 그가 사약을 받은 것 또한 군사상의 책임을 물은 것이 아니라, 빈궁과 원손을 방기(放棄)했기 때문에 그에 대한 책임을 물은 것이라고 강변했다. 뿐만 아니라 김경징의 잘못으로 인해 강화가 함락되었다는 내용은 나만갑의 『병자록』 중 「기강도사(記江都事)」를 근간으로 한 것으로서 나만갑과 김류의 악연으로 볼 때 여기에 실린 내용 자체를 신뢰하기 어렵다고 했다. 또한 강화도가 함락된 것은 김경징의 잘못이 아니라 양국 간의 전력 차이로 인한 불가항력이었다는 주장도 제기되고 있다. 이것은 과연 근거가 있는 얘기일까. 여기에서 그 사실을 확인해보자.

인조반정 이후 김류는 자신의 권력을 남용하여 세간의 평이 나빴다는 것이 전반적인 평이다. 이에 대하여 『인조실록』 7년(1629) 7월 12일자 기사에 이런 내용이 보인다.

> 영상 오윤겸(吳允謙 : 오달제의 부친)과 우상 이정구(李廷龜)가 아뢰기를,
> "나만갑의 사람됨에 대해서는 신들이 친구의 자제로 자주 대해왔기 때문에 그의 본래 품성이 착하고 사려가 깊다는 점을 잘 알고 있습니다. 나만갑은 조금 우직한 점은 있는 듯해도 뛰어난 점이 상당히 많았으므로 신들은 조만간 그가 공을 이룰 수 있는 인물로 여겨왔습니다. … 지금 만약 언어상의 실수가 있었다고 하여 갑자기 벌을 내리신다면 인심이 안정되지 못할 것입니다."
> 그러자 인조는 "붕당으로 인한 폐해를 그냥 놔두면 나라를 망치게 되지 않겠는가. 나만갑의 관직을 삭탈하고 멀리 유배 보내도록 하라"는 명을 내리고 이들의 청을 물리쳤다.
> 인조의 처사가 부당하다고 여긴 간원은 다음 날 이렇게 주청했다.
> "임금이 벌을 내리실 때에는 중도를 얻는 것이 귀중하니, 혹시라도 경중에 차질이 있으면 인정이 불안하게 여길 것입니다. 나만갑의 사람됨에 대해서는 신들도 일찍이 알고 있습니다. 출신(出身)하고 난 뒤로부터 항상 격탁양청(激濁揚淸 : 사특함을 물리치고 정도를 일으켜 세움)할 뜻을 가지고 있었으며 임금을 사랑하고 나라에 충성하는 것은 그가 평소에 자임하던 바였습니다. 아직 형적이 드러나지도 않은 죄를 가지고 문득 변방 유배형에 처

하셨으니, 그가 억울하게 여기는 것은 말할 필요도 없습니다. 한 번 더 생각하시어 나만갑을 멀리 귀양 보내라는 명을 거두소서."

이에 대하여 인조는 이런 비답을 내린다. "나만갑의 일로 이렇게 번거롭게 논하다니, 부당하기 짝이 없다. 다시는 번거롭게 소요를 일으키지 말라."

그러나 이후에도 조정의 여론은 가라앉지 않았다. 여론의 추이를 살피던 인조는 병조판서 이귀에게 물었다. "경은 원훈인 동시에 중신이니, 조정에서 일어나는 일을 필시 잘 알 것이 아닌가. 지금 모두들 나만갑이 무죄라고 하는데 이 점에 대해서 어떻게 생각하는가?"

"나만갑에게 병통이 없지는 않지만 기절(氣節)만은 가상했기에 소신이 원수(元帥)에게 추천하려고도 하였습니다. 전일 좌상(김류)이 아뢴 것은 그 내용이 너무 지나쳤습니다. 좌상은 성격이 온순하지 못하기 때문에 이 말을 듣고 너무 심하게 의심한 나머지 항상 외직에 보임시키려 하였습니다."

자신과 함께 반정을 주도하고 왕이 절대적으로 신임하는 이귀조차 등을 돌리자, 김류는 인조에게 자신의 처지를 이렇게 하소한다.

"신이 듣건대 나만갑이 신에 대해 헤아릴 수 없는 온갖 악담을 늘어놓았다 합니다. 신은 본래 고립무원의 처지로서 성명(聖明) 밖에는 믿을 곳이 없는데, 나만갑을 칭찬하는 소리는 날마다 천청(天聽 : 임금의 귀)에 들어가는 반면 소신의 위급하고 절박한 정상은 아뢸 길이 없습니다" 하니, 상이 답하기를,

"그런 말에 대해서 굳이 따질 필요가 없다. 경은 마음을 안정시키고 속히 나와 행공(行公)하라" 하고, 이어 사관(史官)을 보내 타일렀다.

이로 볼 때 '나만갑과 김류의 악연'이란 말은 어폐가 있는 말이다. 다시 말해서 나만갑은 권력의 눈치를 안 보고 언행이 일치하여 모든 사람

들로부터 신임을 받았던 반면에 김류는 인조를 제외한 대부분의 중신들에게 불신을 당했음이 분명하다. 따라서 세간의 평이 좋고 우직한 품성을 지닌 나만갑의 기록은 신뢰할 수 있다고 보아야 한다.

이번에는 당시 김경징이 맡았던 검찰사의 책임 한계를 따져보기로 하자.

검찰사(檢察使)의 사전적 의미는 '국가의 사변이 발생하거나 군사상의 중대한 일을 검찰하기 위하여 지방에 파견하던 임시 벼슬'이라고 되어 있다. 따라서 김경징과 이민구가 맡았던 책무는 군사 업무를 검찰하는 것이 주 임무였을 뿐, 강화도를 방어할 직접적인 책임은 없었다. 원래 강화도의 수장으로는 목사(牧使)를 두었으나, 정묘호란을 겪으면서 강화도가 국가 유사시에 최상의 입보처(立保處)로 떠오르자, 정묘약조를 맺은 직후인 1627년(인조 5)년 3월에 유수부(留守府)로 승격시키고 유수를 파견하여 다스리게 했다. 병자호란이 발발하자 인조는 유수 장신에게 강화수군을 지휘할 수 있는 주사대장(舟師大將 : 해군사령관)을 겸임케 했다. 강화유수는 그 품계가 경기관찰사나 김경징이 맡았던 한성판윤과 동급인 종2품이다. 강화검찰사로 부임한 김경징이 강화유수 장신을 공공연히 통제하려 들자, 이를 월권행위로 간주한 장신은 "나는 누구의 지휘를 받을 사람이 아니다"라며 강하게 반발했다. 그의 이 말은 검찰사와 유수의 품계는 동급으로서 업무 한계가 다르다는 말이다.

김경징의 이러한 월권행위는 마침내 예조판서 김상헌에 의해 왕의 귀에 들어가게 된다. "강도유수 장신이 그의 형(장유)에게 글을 보내기를 '본부의 방비를 배가해서 엄히 단속하고 있는데, 제지를 받는 일이 많다'고 했답니다." 김상헌으로부터 김경징이 월권행위를 한다는 보고를 받은 인조는, "그게 무슨 말인가. 방수(防守)하는 일은 장신에게 전담시켰으니, 다른 사람은 절제하지 못하게 하라"고 하명했다.

이로 보아 당시 김경징이 강화도에서 월권을 행사하며 군사 업무까지 주관했다는 사실은 의심의 여지가 없다 하겠다. 이처럼 공사를 구분하지 못하고 막강한 권력을 행사하던 김경징은 강화 섬에 도착한 이후 강화유수 위에 군림했을뿐더러 영부사 김상용의 말도 안 들었고, 심지어는 봉림대군조차도 무시하며 시종일관 강화의 모든 업무를 주관했다.

당시 강화도 함락의 실상은 나만갑의 「기강도사(記江都事)」 외에도 조선의 정사인 『인조실록』과 『승정원일기』는 물론, 그밖에 이긍익의 『연려실기술(燃藜室記述)』 남급(南礏)의 『남한일기(南漢日記)』 윤선거(尹宣擧)의 『기강도사(記江都事)』 어한명(魚漢明)의 『강도일기(江都日記)』 등에 기록되어 있는데, 여기에는 하나같이 김경징의 무능과 무책임을 들고 있다. 이 중 현장에서 직접 보고 들은 것은 윤선거의 『기강도사』와 어한명의 『강도일기』이다. 윤선거의 『기강도사』는 강화도 함락 장면을 현장에서 보고 들은 대로 기록한 것으로서 거기에는 김경징과 이민구를 함께 비판한 내용이 보이나, 일기는 아니다. 이에 비해 어한명의 『강도일기』는 일기체라서 신빙성을 더해주기는 하나, 피난 행렬이 통진나루에서 강화도로 건너갈 당시의 상황을 그려내는 것을 끝으로 일기가 끝난다.

하지만 여기에는 김경징의 실체가 너무나 생생하게 담겨 있다. 척화파의 영수 김상헌의 증손자로 숙종 때 대사헌을 지낸 김창협(金昌協, 1651~1708)은 어한명의 『강도일기』를 대하고 나서 이런 글을 남겼다.

김경징의 일은 야사에 기록된 것을 많이 보았다. 그러나 간혹 전해 들은 것은 지나치게 깎아내린 것이라는 의심이 없지 않았는데, 유독 (어한명)공만이 그 목격한 바를 기록하였으니, 가장 명백하여 믿을 수가 있다. 다른 것은 논할 것 없이 다만 배를 다툰 일 하나만으로도 그 불충과 불손을 엿볼 수 있으니, 그 죄가 하늘에까지 사무치리라.

강화도는 지휘부의 무능으로 무너졌다

『인조실록』 15년(1637) 1월 22일자 기사에는 강화도가 함락될 당시의 상황을 "오랑캐 장수 구왕(九王:도르곤)이 제영(諸營)의 군사 3만을 뽑아 거느리고 삼판선 수십 척에 실은 뒤 갑곶진에 진격하여 잇따라 홍이포를 발사했다"고 기록했다.

그러나 이외 다른 기록에는 "이때 도르곤이 심양에서부터 끌고 온 1만 6,000여 명의 병력 중 일부를 분산하여 경기도 해안가 일대에서 약탈을 감행하여 군량을 충당하고, 나머지 병력으로 강화도를 공략했다"고 했다. 또 일각에서는 강화도 함락 작전에 동원된 병력은 약 3,000명 남짓이라는 주장을 펴고 있다. 『인조실록』에 기록된 숫자의 10분의 1에 불과하다. 그러나 이 모두가 추정일 뿐 어느 것도 확실한 근거는 없다. 다음은 동원한 배의 숫자인데, 『인조실록』에는 막연히 '삼판선(三板船)' 수십 척이라 했고, 남급의 『남한일기』 1637년(정축년) 1월 30일자에는 82척이라고 구체적인 숫자를 제시했다. 『인조실록』에 기재된 삼판선은 갑판이 없는 작은 배를 의미한다. 각종 기록에 나와 있는 내용을 보면 "그들이 배를 수레에 싣고 왔다"고 했다. 이로 보아 청 수군이 동원한 배는 큰 배는 없고 모두가 삼판선 같은 작은 배였던 것으로 추정된다.

그렇다면 당시 조선 수군의 사정은 어땠을까? 조선 수군의 함선 숫자는 충청수사 강진흔이 끌고 온 함대를 포함하여 대략 40여 척이었다는 게 통설이다. 그러나 청군의 배가 작은 삼판선인데 반해 조선 수군의 주력선은 판옥선(板屋船)이었다. 판옥선은 외판 두께가 약 12~13센티미터 가량의 두꺼운 송판으로 되어 있으므로 만약 삼판선과 판옥선이 서로 부딪치게 되면 삼판선은 그 충파(衝破)로 인해 그 자리에서 박살이 난다. 이는 임진왜란 당시 일본 수군의 주력선 아타케부네(安宅船)와 조선의 판옥선과의 대결에서 충분히 입증되었다. 아타케부네는 얇은 널판으로 되어 있기 때문에 몸체가 가볍고 속도는 빨랐으나, 견고하기 이를 데 없는 조선 수군의 판옥선과의 당파전(撞破戰 : 함선끼리의 육박전)에서는 감히 상대가 될 수 없었다.

따라서 청군의 배가 아무리 많더라도 조선 수군이 제대로만 준비를 했더라면 당연히 우리 수군이 우세한 상황이었다. 이에 대하여 일각에서는 물살이 세고 지형이 좁은 강화해협에서는 판옥선을 운용하기가 어려웠을 것이라고 주장하기도 한다. 그러나 1597년 9월에 벌어진 명량해전에서 이순신은 강화해협만큼이나 좁고 물살이 세기로는 강화해협을 훨씬 웃도는 울돌목에서도 판옥선으로 대승을 거둔 것을 볼 때 이것은 전혀 설득력이 없다.

그러면 상호 병력 규모는 어땠을까? 당시 강화 수비군의 규모를 파악하기 위해서는 조선 수군의 체제부터 알아보아야 한다. 조선 수군은 원래 군선과 조운선(漕運船)을 겸하는 맹선(猛船) 체제였다. 대, 중, 소로 이루어진 맹선은 대맹선의 경우 승조원 정원이 80명이며, 중맹선의 경우가 60명이고 소맹선은 약 30명이다. 그 후 삼포왜란(三浦倭亂)과 을묘왜변(乙卯倭變)을 겪으면서 맹선이 전투를 하기에 적합지 않다는 지적에 따라 맹선의 취약점을 보완하여 을묘왜변이 일어나던 1555년(명종 10)에 판옥선을 만들어 수군의 주력함으로 사용하기 시작했다. 판옥선 중 가장 큰 대선의 승조원은 초기에는 50명이었으나, 계속 늘어나던 끝에 후기에는 200명에 달했다. 이들의 역할은 대선의 경우 노를 젓는 격군이 90~120명이고, 포수와 사수의 정원은 30~40명이다. 이밖에 화약병과 탄 장전병, 취사병 등이 포함되었다. 판옥선에는 천자(天字), 지자(地字), 현자(玄字) 총통 등을 비치했는데, 대선의 경우 최대 24문 이상의 화포를 장착했다고 알려져 있다. 전투 인원보다 격군이 월등하게 많았던 이유는 전투를 할 때 육중한 배의 속도를 올리고자 함이었다. 따라서 일본의 주력선 아타케부네는 노(櫓) 하나를 한 명이 저은 데 반해 판옥선은 노 하나에 4~5명의 격군이 필요했다. 당시 수군의 주력선이 판옥선이라고는 해도 병자호란 당시에는 대형선이 많지 않았을 것이라는 추정하에 1척 당 승조원을 대략 80명으로 가정하면 40척의 수군 병력은 적어도 3,000명 이상이었다는 계산이 나온다.

　육군의 경우도 한 번 살펴보자. 염하수로(鹽河水路)라고도 불리는 김포와 강화 섬 사이를 가르는 강화해협의 길이는 약 20킬로미터에 달한다. 강화 해안선에는 갑곶진과 광성진 등 곳곳에 진(陣)이 설치되어 있어서 여기에는 별도의 병력이 필요하고, 이외 강화부와 검찰부 본영에도 병력이 주둔해야 했다. 이 모든 정황을 고려할 때 육군의 병력이 수군보다 적어서는 곤란하다. 따라서 육군과 수군을 합해 적어도 6~7,000명은 되었을 것이라는 추정이 가능하다. 이에 대하여 일각에서는 『승정원일기』 1637년 1월 29일자에 나와 있는 인조와 구굉이 나눈 대화에서 "처음의 1,600명에 달했던 병력에서 600명을 덜어내어 함락 당시에는 1,000명의 병력이 있었다"는 내용을 근거로 강화 수비 병력이 1,000명에 불과했다는 주장을 펴고 있다.

그러나 이것은 당시의 정황으로 보아 전혀 납득이 되지 않는다. 당시 강화도에는 왕과 세자를 제외한 왕실 가족 전체와 조정 대신들의 가족들 대부분이 있었다. 정묘호란 당시 강화로 몽진을 결정한 인조는 김류에게 강화를 방어할 병력으로 얼마가 필요한지를 물은 적이 있다. 이때 김류는 "1만 명에서 한 명이라도 모자라면 절대 지킬 수 없습니다"라고 잘라 말했다.

『인조실록』역시 정묘약조가 이루어지던 1627년(인조 5) 3월 28일까지 강화에 머물던 병력을 수군 5,500여 명, 육군 5,600여 명, 도합 1만 1,100여 명이라고 기록하여 이를 뒷받침하고 있다. 그런데 왕실과 조정 대신들의 가족이 대피하고 있음은 물론, 정묘호란보다 훨씬 더 위급한 상황에서 병력이 그 10분의 1에 머물렀다는 것은 앞뒤가 맞지 않는다. 어쨌든 앞에서도 언급했듯이 전투란 객관적인 전력만 가지고 승패가 결정되는 것은 아니다. 전력의 열세와 우세를 따지기 전에 최선을 다해 싸움에 임해야 하는 게 장수로서의 기본 책무다. 남급은 그의 『남한일기』중 「강화도사적(江華島事蹟)」에서 "관군이 화포를 발사하려 했으나, 화약에 습기가 차서 쏠 수가 없었다"고 했을 정도로, 김경징을 포함한 강화도의 군 지휘부는 아무런 대책을 세우지 않았다.

당시 청군이 보유했던 홍이포는 조선 수군에게 크게 공포심은 주었을 망정 결정적 역할은 하지 못했던 것으로 전해진다. 청군은 강화해협 건너에서 홍이포로 위협사격을 한 후 신속하게 바다를 건너와서 그들의 특기인 창검으로 전투를 했고, 여기에서 강화 수비군은 맥없이 무너졌다. 이 모든 정황을 종합해볼 때 강화도 함락의 원인을 김경징의 무능이 아닌 양측의 전력 차이로 보는 견해는 실상을 무시한 억측에 불과한 것이다.

스스로 목숨을 끊는 부녀자들

1637년 1월 22일 새벽, 강화도로 청군이 들이닥치자, 검찰사 김경징과 강화유수 장신 등 지휘관들은 산속으로 달아나버리고, 봉림대군과 인평대군은 사로잡혔다. 지휘관들이 달아나자 방어에 나섰던 군사들 또한 모두가 달아나버렸다. 무인지경인 상황에서 청군은 남자와 여자, 나이 든 사람과 어린이를 가리지 않고 마구 살육전을 벌였고, 창황 중에 빈궁과 원손은 구사일생으로 탈출하여 강화의 작은 섬 교동도로 피신했다.

이때 영부사 김상용은 강화성 남문 근처에 있었다. 이미 사태가 돌이킬 수 없는 지경에 이르렀다고 판단한 그는 수하에게 화약 궤짝을 가져오게 하여 그 위에 걸터앉았다. 적이 사방을 포위하자 김상용은 주위에 있는 사람들을 쫓으려 했다. 그의 의도를 간파한 별좌 권순장과 생원 김익겸이 "대감과 같은 길을 가겠다"며 함께 순절하겠다는 의지를 밝혔다. 이를 본 김상용의 손자 수전(壽全)이 할아버지에게 울면서 매달렸다. 이미 결심을 끝낸 김상용은 손자를 향해 "내 뜻은 이미 결정 되었으니, 너는 물러가거라!"라고 호령했다.

그러나 할아버지의 거듭 된 호령에도 열세 살짜리 어린 손자 수전은 끝내 물러서지 않았고, 그 자리에 있던 김상용의 노복(奴僕) 역시 주인의 길을 따르겠다며 물러서지 않았다. 잠시 후 천지를 진동하는 폭음과 함께 다섯 사람은 결국 순절하고 말았다. 이들 외에도 순절을 택한 사람은 사대부만 해도 30여 명에 이르는데, 이때 순절한 봉상시정(奉常寺正 : 제사를 관장하던 정3품의 관직) 이시직(李時稷)은 다급한 중에도 아들에게 유서를 남겼다.

장강의 험함을 잃어 북쪽 군사가 나는 듯이 건너오는데, 술 취한 장수는 겁을 먹고 나라를 배반하고 제 살길만 찾는구나. 수비가 무너져 만백성이 어육(魚肉)이 되었으니, 저 남한산성도 곧 함락되겠구나. 의에 죽고 구차하게 살지 않을 터. 달게 여기고 자결한다. 살신성인하여 하늘을 우러러 부끄러움이 없으련다. 가엾은 내 아들아! 삼가 생명을 상하게 하지 마라. 돌아가 나의 유해를 장사 지내고, 늙은 어머니를 잘 봉양하거라. 구구한 나의 유원을 네가 잘 따르기 바란다.

또한 적군에게 욕을 당하지 않으려고 스스로 목숨을 끊은 부녀자도 줄을 이었다. 당시 자결한 부녀자들 중에는 영의정 김류의 처와 며느리(김경징의 처) 그리고 손자며느리가 있었고, 이밖에 병조판서 이성구의 처, 승지 한흥일의 처 등이 있었다. 이들 중 3대의 부녀가 한꺼번에 죽은 김류의 경우는 순수한 자결은 아니었다. 김류의 손자이며 김경징의 아들인 김진표(金震標)는 청군이 상륙할 무렵 가족과 함께 있었다. 청군이 밀려오고 사지를 벗어나기 어렵게 되자, 그는 처에게 자결을 강요했다. 위급한 상황에서 남편이 자결을 독촉하자 처는 목을 맬 수밖에 없었고, 곁에서 며느리가 죽는 것을 본 김경징의 처(김진표의 어머니)도 따라서 죽었다. 손자며느리에 이어 며느리까지 죽자, 김류의 처는 자의반 타의반으로 목을 맸다.

청군에게 사로잡힌 사람도 엄청났다. 이때 서평부원군 한준겸(韓浚謙)의 가족은 열한 명이 잡혔고, 진원부원군 류근(柳根)의 가족은 무려 열두 명이 붙잡혔다. 이런 상황에서도 기지를 발휘하여 위급을 면한 경우도 있었다. 당시 강화도로 난을 피해 들어갔던 송강 정철의 손자 정양(鄭瀁 : 사헌부 장령 역임)의 처는 얼굴과 옷에 개의 피를 칠하여 해괴망측한 꼴을 만드는 바람에 욕도 당하지 않고 목숨도 보전했다. 또 어느 여인은 똥통 속에 몸을 숨겨 목숨을 구했다고 했을 정도로 당시의 상황은 다급했다.

김경징 사사당하다

난이 끝난 후 양사(兩司 : 사간원과 사헌부)에서는 인조에게 검찰사 김경징과 주사대장 장신에게 군율을 적용하여 참형에 처할 것을 주청했다. 이에 대하여 인조는 "김경징이 거느린 병력이 턱없이 적었을 뿐만 아니라, 원로 대신의 외아들을 죽이는 것은 너무 가혹한 처사"라는 명분을 들어 양사의 주장을 물리치고, 평안도 강계로 유배시키라고 명했다.

그러나 양사를 비롯한 중신들 모두가 이들을 참형에 처할 것을 계속해서 청하자, 1637년 3월 21일 장신을 처형하라고 하교하면서 인조는 이런 분부를 내린다. "장신의 전공을 생각하여 차마 참살할 수 없으니, 그에게 자진케 하라." 장신을 자진시킨 인조는 김경징과 이민구는 여전히 유배지에 두는데, 이는 여론이 가라앉으면 언제라도 살려주고자 함이었다. 그러나 대간의 상소가 빗발치자 1637년 9월 21일 김경징의 사사를 명하고, 이민구는 김경징보다 죄가 가볍다는 이유로 여전히 유배지에 둔다. 인조의 비호로 목숨을 건지게 된 이민구는 인조가 사망하던 1649년에 풀려나서 인조의 손자인 1670년(현종 11) 여든둘의 나이로 생을 마감했다. 이들 외에 당시 충청수사였던 강진흔은 1637년(인조 15) 9월 21일 참형에 처해진다. 아래는 나만갑의 『기강도사』에 실려 있는 그의 처형 장면이다.

강진흔은 자신의 직분을 다하지 못하여 적으로 하여금 바다를 건너게 했다고 해서 처음에는 원지(遠地)로 유배를 보냈는데, 대간이 다시 청하니, 잡아와서 효시하였다. 그를 참형에 처한다는 소식이 전해지자 충청도 수영(水營)의 군관 및 사졸들이 대궐 앞에 와서 큰 소리로 슬피 울고, 비국(備局: 비변사)에 여러 차례 글을 올려 강진흔의 억울함을 호소하였다. 그러나 강진흔은 마침내 죽음을 면치 못하였다. … 수영의 군졸들은 나이 든 사람과 젊은 사람 모두 다 눈물을 흘리며 슬퍼하였다.

강진흔이 처형되는 그 시각에 의금부에 갇혀 있던 김경징은 자신을 사사하라는 영이 내렸다는 소식을 듣고 목 놓아 울었다. 이를 본 사람들 모두가 그를 향해 침을 뱉었다고 하는데, 당시 사관은 김경징을 이렇게 평했다.

사신은 논한다. 아아, 강도(江都)는 천연으로 이루어진 요새이다. 정묘년 (1627) 이후로 성곽과 병기를 수리하고 곡식을 저축하여 사변이 있을 때에 임금이 머무를 곳으로 삼았으니, 묘당이 마땅한 사람을 가려서 방어할 방도를 다해야 할 것인데, 김경징은 한낱 광동(狂童)일 뿐이었다. 글을 배우지 않아 아는 것이 없고 탐욕과 교만을 일삼으므로 거리에 나가면 사람들이 비웃고 손가락질 하는데, 김류는 사랑에 가리워 그 나쁜 점을 몰랐으나 사람들은 집안 망칠 자식이라 하였다. 이때에 청나라 군사가 대거 침략한 지 며칠 만에 경기 고을에 이르렀으므로, 김류가 검찰사를 먼저 강도에 보내어 주사(舟師: 수군)를 정리하게 할 것을 의논하고 그 아들 김경징을 우의정 이홍주에게 힘써 천거하여 입계하게 하였는데, 이홍주는 그가 반드시 패하리라는 것을 알았으나 권세에 겁이 나 애써 따랐다.
이민구를 부사(副使)로 삼았는데, 이민구는 병조판서 이성구의 아우이다. 평생에 시와 술로 자부하고 본디 실용(實用)의 재주가 없었다. 이들이 명을 받고 나갈 때에 짐이 10리에 잇닿고 그 집 사람의 행색이 매우 화사하므로 피난하는 자가 모두 분하여 욕하였다. 강도에 이르러서는 적병이 날아서 건널 형세가 아니라 하여 날마다 술에 취하는 것을 일삼으므로 피난한 자들이 분통 터져 글을 지어 검찰사의 막하에 보냈다.

그 글에 "옥지(玉趾 : 임금의 발걸음)가 성을 순찰하고 유신(儒臣)이 성을 지키니 와신상담해야지 술 마실 때가 아니다" 하였으나, 김경징 등은 오히려 부끄러운 줄 몰랐다. 어느 날 적병이 갑곶진을 건너자 김경징은 늙은 어미를 버리고 배를 타고 달아나고, 이민구도 뒤따랐고, 김경징의 아들 김진표는 제 할미와 어미를 협박하여 스스로 죽게 하였다. 아, 나라의 일이 이 지경에 이르게 한 것이 누구의 죄인가! 사람들이 말하기를 "김류는 부귀 때문에 나라를 망치고 또 제 아들을 죽였다"고 하였다.

4. 삼전도의 굴욕

"신이 안심하고 귀순할 수 있는 길을 열어주소서"

출성 항복의 결심을 끝낸 인조는 1월 27일 청 진영에 이에 대한 국서를
보내는데, 인조는 이때 청 태종이 자신을 '심양으로 끌고 가지 않을까'
하는 의혹을 품고 있었다. 두려움에 떨던 인조는 국서에다 자신의 속내
를 털어놓았다.

조선 국왕 이종은 삼가 대청국 관온인성황제 폐하께 글월을 올립니다.
신은 성지를 받은 후에 하늘 같은 큰 덕에 감격하여 귀순하려는 마음이
간절합니다. 이제 성을 나가서 용안을 우러러뵙지 않는다면, 조그마한 정
성도 펼 수 없게 될 것이니 그때 가서 후회한들 무슨 소용이 있겠습니까?
삼가 원하건대 신의 처지를 굽어살피시어 신이 안심하고 귀순할 수 있는
길을 열어주소서.

인조의 국서를 받아 본 청 태종은 1월 28일 "짐은 절대 식언을 하지 않을 것이니, 안심하고 귀순하라"는 내용이 포함된 조유문(詔諭文)을 보내왔다. 이 조유문은 향후 조선이 준수해야 할 조건들로 흔히 말하는 '정축조약'이다. 다시 말해서 병자호란 직후에 청과 조선 사이에 맺었다는 '정축조약'은 양국이 머리를 맞댄 끝에 맺은 조약이 아니고, 청에서 일방적으로 항복조건을 작성해서 보낸 조유문인 것이다.

첫머리가 "관온인성황제는 조선 국왕에게 조유한다"로 시작되는 조유문에는 향후 조선에서 지켜야 할 세부적인 내용이 들어 있다. 따라서 아래의 총 12개 조항은 청 태종의 조유문을 정리한 것이다.

1. 조선은 명(明)나라가 준 고명(誥命)과 책인(冊印)을 헌납할 것.
2. 조선은 명의 연호를 폐지하고, 청의 연호를 사용할 것.
3. 조선의 세자와 제2자(봉림대군) 및 대신의 자녀를 청에 인질로 보낼 것.
4. 청에서 명을 정벌할 때는 기일을 어기지 말고 원군(援軍)을 파견할 것.
5. 성절(聖節 : 황제의 생일), 정조(正朝 : 정월 초하루), 동지, 그리고 황후와 황태자의 탄신일에 사절을 파견할 것.
6. 포로나 피로인이 청에서 탈출하면 즉시 잡아서 청으로 되돌려 보낼 것.
7. 내외의 제신(諸臣)과 혼인을 맺어 화호(和好)를 굳게 할 것.
8. 신구의 성곽을 수리하거나 신축할 때는 청의 허락을 받을 것.
9. 가도를 공격할 때는 병선 50척과 수병(水兵), 창포(槍砲), 궁전(弓箭)을 보낼 것.
10. 포도(逋逃 : 죄를 저지르고 도망한 자)를 숨기지 말 것.
11. 조선에 있는 올량합(兀良哈 : 간도와 두만강 유역에 살던 여진 부족) 사

람들은 모두 쇄환(刷還)할 것.

12. 세폐(歲幣)는 황금 100냥, 백은 1,000냥, 수우각궁면(水牛角弓面)
200부(副), 단목(丹木) 200근, 환도 20파(把 : 자루), 표피(豹皮)·호피
각 100장, 녹비(鹿皮) 100장, 다(茶) 1,000포, 수달피(水獺皮) 400장,
청서피(靑黍皮) 300장, 호초(胡椒) 10두, 호요도(好腰刀) 26파, 소목
(蘇木) 200근, 호대지(好大紙) 1,000권, 순도(順刀) 10파, 호소지(好
小紙) 1,500권, 오조룡석(五爪龍席) 4령(領), 각종 화석(花席) 40령,
백저포 200필, 각색 면주 2,000필, 각색 세마포(細麻布) 400필, 각
색 세포 1만 필, 포(布) 1,400필, 쌀 1만 포를 정식(定式)으로 삼는다.

이어서 청 태종은 조유문 말미에 이렇게 적었다.

그대는 이미 죽은 목숨이었는데 짐이 다시 살아나게 하였으며, 망해가
는 그대의 종사(宗社)를 온전하게 하고, 이미 잃었던 그대의 처자를 완전하
게 해주었다. 그대는 마땅히 국가를 다시 일으켜준 은혜를 생각하라. 뒷날
자자손손토록 신의를 어기지 않는다면 그대 나라가 영원히 안정될 것이다
(숭덕〈崇德〉 2년 1월 28일).

세 번 절하고 아홉 번 머리를 조아리다

정월 그믐날 항복 의식을 거행하겠다는 통보를 받은 조정에서는 무엇보
다도 청 진영으로 보내겠다고 약속한 척화신을 가려내는 게 급선무였고,
또한 난제였다. 인조 이하 대신들이 머리를 맞대고 그 대상자를 조율한

결과 예조판서 김상헌(金尙憲), 이조참판 정온(鄭蘊), 전 대사간 윤황(尹
煌) 부자(父子)를 비롯하여 정뇌경(鄭雷卿), 홍익한(洪翼漢), 윤집(尹集), 오
달제(吳達濟), 김익희(金益熙), 이행우(李行遇) 등 11명이 거명되었다. 그러
나 그렇게까지 많이 보낼 필요가 있느냐는 지적에 따라 최종적으로 홍익
한, 윤집, 오달제 3명만을 보내되, 윤집과 오달제는 이곳 산성에서 바로
보내기로 하고, 평양서윤으로 있는 홍익한은 평양에서 곧장 심양으로 압
송하기로 했다.

척화신을 확정한 인조는 1월 28일 저녁, 하직 인사를 하러 온 윤집과
오달제를 만났다.

"경들의 본뜻은 나라를 구하고자 한 것이었으나, 일이 이 지경에까지
이르고 말았구나."

그러나 두 사람은 오히려 인조를 위로한다. "사직이 위급지경에 다다
른 이때 터럭만큼이라도 나라에 도움이 될 수 있다면 만 번을 죽은들 어
찌 아깝다 하겠습니까? 소신들은 이제 죽을 곳을 얻었으니 아무런 여한
도 없습니다."

그 말에 인조가 목이 메어 말한다.

"고금 천하에 어찌 이런 일이 있단 말인가!"

인조의 우는 모습을 본 오달제가 아뢴다.

"신들이 비록 나가더라도 대가(大駕)가 나가지 않게 된다면 신들의 생
사쯤이야 실로 중요할 것이 없습니다. 다만, 대가가 성에서 나가게 된 것
을 망극하게 여깁니다."

"그대들의 뜻은 군상(君上)으로 하여금 정도(正道)를 지키게 하려는
것이었지만, 사태가 이런 지경까지 되었으니 내가 뜻대로 할 수가 없다.
그대들은 부모와 처자가 있는가?"

인조의 하문에 윤집이 아뢴다.

"신은 세 명의 아들이 있는데, 난리 중에 생사를 알 수가 없습니다."

이어서 오달제가 아뢰었다.

"신은 일흔 살 된 노모가 있고, 처의 복중(腹中)에 아이가 있습니다."

그 말을 들은 인조는,

"참혹하다"고 말하고는 또다시 오열했다.

이에 윤집이 아뢰기를, "신들은 나갑니다만, 전하께서 만약 세자와 함께 나가신다면 성안이 궤산(潰散)하게 될까 지극히 염려스럽습니다. 삼가 바라건대, 세자는 남겨두어 이곳에 있게 하고 함께 나가지 않는 것이 어떻겠습니까?"

그러자 인조는,

"사지(死地)로 가면서도 어찌 나라를 걱정하는 말을 하는가. 그대들이 죄 없이 사지로 가는 것을 보게 되었으니, 나의 심정을 어찌 다 말할 수 있겠는가. 성을 나간 뒤에는 나의 생사도 기필할 수 없으나, 만에 하나 살 수 있는 길이 열린다면 그대들의 늙은 어버이와 처자는 정성껏 돌보아주겠노라."

말을 끝낸 인조는 두 사람에게 술을 내렸다. 술잔을 들어 막 마시려는 찰나, 승지가 아뢰었다.

"청의 사신들이 두 사람을 빨리 내보내라고 독촉하고 있습니다."

하직을 고하는 두 신하를 인조는 울면서 떠나보냈다.

청은 항복 의식으로 함벽여츤(銜璧輿櫬)과 삼배구고두(三拜九叩頭) 두 가지 방법 중에서 하나를 택하라고 통보해왔다. 함벽여츤이란 손을 등 뒤로 묶은 다음 구슬을 입에 물고, 관(棺)을 등에 멘 상태로 항복의 예를 행하는 의식을 가리키는데, 이는 항복하는 사람이 자신을 죽이더라도 아무런 이의가 없음을 뜻한다. 조선 측에서는 첫 번째 방법인 함벽여츤이 너무 가혹하므로 삼배구고두로써 항복례를 치르겠다고 통보했다. 삼배구고두란 세 번 절하고 아홉 번 머리를 조아리는 것으로서, 함벽여츤보다는 치욕의 강도가 한 단계 낮은 의식이었다. 이어서 그들은 인조에게 패전(敗戰)의 군왕이라 하여 임금의 상징인 곤룡포를 입어서도 안되고, 정문인 남문으로 출성해도 안 된다고 못 박았다. 마침내 정월 그믐날(1월 30일) 아침이 밝으니, 이날은 인조가 삼전도에서 청 태종 홍타이지에게 삼배구고두를 행하는 날이다. 『인조실록』은 그날의 상황을 이렇게 전하고 있다.

잉굴다이와 마푸타가 성 밖에 와서 상(上 : 인조)의 출성을 재촉하였다. 상이 남염의(藍染衣) 차림으로 백마를 타고 의장(儀仗)은 모두 제거한 채 시종 50여 명을 거느리고 서문을 통해 성을 나갔는데, 왕세자가 따랐다. 백관으로 뒤처진 자는 서문 안에 서서 가슴을 치고 통곡하였다. 상이 산에서 내려가 자리를 펴고 앉자, 얼마 뒤에 갑옷을 입은 청나라 군사 수백 기(騎)가 달려왔다. 상이 묻기를,

"이들은 뭐하는 자들인가?" 하니, 도승지 이경직이 대답하기를,

"이는 우리나라에서 말하는 영접하는 자들인 듯합니다."

하였다. 한참 뒤에 잉굴다이 등이 오자, 상이 자리에서 일어나 그를 맞아 두 번 읍하는 예를 행하고 동서로 나누어 앉았다. 잉굴다이가 위로하자, 상이 답하기를,

"오늘의 일은 오로지 황제의 말과 두 대인이 힘써준 것만을 믿을 뿐입니다."

하자, 잉굴다이가 말하기를 "지금 이후로는 두 나라가 한집안이 되는데, 무슨 걱정이 있겠습니까. 시간이 늦었으니 속히 갔으면 합니다."

하고, 말을 달려 앞에서 인도하였다. 상은 삼공 및 판서, 승지 각 5인, 한림(翰林) 1인을 거느렸으며, 세자는 익위사(翊衛司 : 세자 경호 부서)의 제관(諸官)을 거느리고 삼전도로 나아갔다. 멀리 바라보니 한(汗 : 청 태종)이 황옥(黃屋)을 펼치고 앉아 있고 갑옷과 투구 차림에 활과 칼을 휴대한 자가 방진(方陣 : 4각의 진)을 치고 좌우에 옹립하였으며, 악기를 연주했다. 상이 걸어서 진(陣) 앞에 이르자, 잉굴다이가 들어가 보고하고 나와 한의 말을 전하기를

"지난날의 일을 말하려면 길다. 이제 용단을 내려서 왔으니 다행스럽고 기쁘다."

하자, 상이 대답하기를,

"천은이 망극합니다." 하였다.

잉굴다이 등이 인도하여 들어가 단(壇) 아래에 북쪽을 향해 자리를 마련하고 상에게 자리로 나아가기를 청하였다. 상이 세 번 절하고 아홉 번 머리를 조아리는 예를 행하였다. 잉굴다이 등이 상을 인도하여 단의 동쪽에 앉게 하였다. 대군 이하가 강도(江都)에서 잡혀와서 단 아래쪽에 늘어섰다.

… 한은 남쪽을 향해 앉고 상은 서쪽을 향해 앉았으며, 청나라 왕자 3인이 차례로 앉고 왕세자가 그 아래 앉았다. 또 청나라 왕자 4인이 앉고 두 대군이 그 아래에 잇따라 앉았다. 우리나라 시신(侍臣)에게는 단 아래 동쪽 모퉁이와 서쪽 모퉁이에 들어가 앉게 하였다. 한이 잉굴다이를 시켜 우리나라의 여러 시신에게 고하기를,

"이제는 두 나라가 한집안이 되었다. 활 쏘는 솜씨를 보고 싶으니 각기 재주를 다하도록 하라."

하니, 종관(從官)이 대답하기를,

"이곳에 온 자들은 모두 문관이기 때문에 잘 쏘지 못합니다" 하였다.

잉굴다이가 억지로 쏘게 하자, 위솔(衛率) 정이중(鄭以重)으로 하여금 나가서 쏘도록 하였는데, 다섯 번 쏘았으나 모두 맞지 않았다. 청나라 왕자 및 제장들이 떠들썩하게 어울려 쏘면서 놀았다. 조금 있다가 진찬(進饌)하고 행주(行酒)하게 하였다. … 상이 하직하고 나오니, 빈궁 이하 사대부 가속으로 잡힌 자들이 모두 한곳에 모여 있었다. 잉굴다이가 빈궁과 대군 부인에게 나와 절하도록 청하였으므로 보는 자들이 모두 눈물을 흘렸다.

… 도승지 이경직으로 하여금 국보(國寶)를 받들어 올리게 하니, 잉굴다이가 받아갔다. 조금 있다가 와서 힐책하기를 "고명과 옥책(玉冊)은 어찌하여 바치지 않습니까?"

하니, 상이 이르기를,

"옥책은 일찍이 갑자년 변란으로(이괄의 난) 인하여 잃어버렸고, 고명은 강화도에 보냈는데 전쟁으로 인해 온전하게 보전되었는지는 알 수 없으나, 혹시 그대로 있으면 나중에 바치는 것이야 뭐가 어렵겠소?"

하자, 잉굴다이가 "알았다"고 하고 갔다.

… 상이 밭 가운데 앉아 진퇴(進退)를 기다렸다. 해 질 무렵이 돼서야 비로소 도성으로 돌아가게 하였다. 왕세자와 빈궁 및 두 대군과 부인은 모두 머물러 두도록 하였다. 이는 장차 북쪽으로 데리고 가려는 목적에서였다. 상이 물러나 막차(幕次)에 들어가 빈궁을 보고 나서 최명길을 머물도록 해서 우선 배종(陪從)하게 하였다. 상이 소파진(所波津)을 경유하여 배를 타고 건넜다. 진졸(津卒 : 나루를 지키는 군사)은 모두 죽고 빈 배 두 척만이 있었다. 백관이 다투어 건너려고 어의(御衣)를 잡아당기면서 배에 올랐다. 상이 건넌 뒤에, 한(汗)이 뒤따라 말을 타고 달려와 얕은 여울로 군사들을 건

너게 하였다. 그리고 잉굴다이로 하여금 군병을 이끌고 행차를 호위하게 하였는데, 길의 좌우를 끼고 상을 인도하여 갔다. 사로잡힌 자녀들이 바라보고 울부짖기를,

"우리 임금이시여, 우리 임금이시여! 우리를 버리고 가십니까!" 하면서 울부짖는 자가 만 명을 헤아렸다. 인정(人定 : 밤 10시) 때가 되어서야 비로소 서울에 도달하여 창경궁(昌慶宮) 양화당(養和堂)으로 나아갔다.

또한 그날의 일을 처음부터 끝까지 지켜보았던 남급이 기록한 『남한일기』에는 이런 내용이 보인다.

… 청군들이 상자, 농, 찬합 등 살림살이를 싣고 우리 백성들을 내몰며 나오고 있었다. 그 내몰려 나온 사람들이 우리 행차를 만나자 울부짖으며 말하기를 "저분은 나의 상전이오." 또는 "나는 어느 마을에 사는 아무개요" 하면서 팔을 휘저으며 앞으로 가려 하지 않자, 화가 난 청군(청 태종이 일행을 호송하라고 보낸 병사들)이 이들에게 채찍질을 하고 우리들을 뒤쫓아치면서 말하길 "너희들 때문에 이 무리들이 가려 하지 않는다" 하였다. 이 때문에 재신(宰臣 : 2품 이상의 관원) 중에 채찍을 맞은 사람이 여럿이었다. 이때 날이 저물어 캄캄했으나 불을 켤 수가 없었다. 우리 일행 500명과 강화도에서 온 수백 명을 합쳐 도합 1,000여 명이 채찍질하는 변고까지 있자, 사람과 말들이 뒷걸음치며 어찌할 바를 몰랐다.

밤이 깊은 후에야 비로소 동대문 안에 들어가게 되니, 사람들의 마음이 조금 안정되었다. 성안의 백성들은 이미 죄다 내몰아 가버리고, 집들만 덩그러니 있어서 인기척이라곤 없었다. 오직 들리는 것은 두세 마리의 개 짖는 소리뿐이었다. 길에는 죽은 사람의 시체가 맞닿아서 밟지 않을 수가 없었다. …

삼학사

삼전도에서 인조의 항복을 받아낸 청 태종은 1637년 2월 2일 심양으로 돌아간다고 통보했다. 그날 인조는 도승지 이경직만을 대동한 채 청군의 본영에서 북으로 가려면 필히 거쳐야 하는 '살곶이다리(箭串橋)'까지 거듭하여 전송함으로써 병자호란의 비극은 일단 끝났다. 하지만 그것은 수면 아래로 가라앉았을 뿐 진짜 비극은 이제부터였다. 청 태종은 남한산성에서 출성 항복을 반대하던 척화신들을 속히 잡아 보내라는 말을 남기고 심양으로 떠났다.

이에 남한산성에 머물던 윤집과 오달제는 그곳에서 심양으로 곧장 보냈으나, 평양서윤(平壤庶尹)으로 있던 홍익한은 청 태종이 서울을 떠난 후에도 한동안 평양에 남아 있었다. 인조는 증산현령 변대중(邊大中)을 감압관(監押官)으로 삼아 홍익한을 평양에서 바로 심양으로 압송하라 명했다. 명을 받은 변대중은 2월 12일 홍익한을 아침도 굶긴 채 압송하려 들었고, 발길질도 서슴지 않았다. 1637년 2월 12일 평양을 출발한 홍익한은 열사흘 만인 그달 25일 심양에 도착했다. 그러나 윤집과 오달제는 이보다 무려 50여 일이나 더 늦은 4월 15일에 도착했다. 삼학사 중 홍익한(洪翼漢, 1586~1637)은 셋 중 가장 연장인 쉰두 살이었고, 윤집(尹集, 1606~1637)은 서른둘, 오달제(吳達濟, 1609~1637)는 스물아홉이었다.

병자호란 당시 조정에는 삼학사 외에도 많은 척화신들이 있었고, 그중에서도 척화의 주장(主將) 격인 김상헌과 정온은 인조의 출성 항복 결정이 나던 날 자결까지 시도했다. 그럼에도 불구하고 이들 세 사람만이 심양으로 끌려간 데에는 이유가 있었으니, 그것은 청 태종의 칭제건원(稱帝建元) 사실이 알려진 직후 이들 세 사람이 누구보다도 격렬하게 청 태종의 '참월(僭越)'을 비난하고 주화파를 나무랐기 때문이다. 특히 홍익한은 병자년(1636) 2월 청 태종이 사신을 보내자 "사신의 머리를 베든가, 아니면 나의 머리를 베라"며 극렬한 내용의 상소를 올리기까지 했다. 윤집은 "명나라의 은혜를 배반하고 오랑캐와 화친을 주도하는 최명길은 진회(秦檜 : 북송이 멸망할 때 명장 악비를 모함한 역신)보다 더 나쁜 자"라고 극언을 서슴지 않았다. 오달제는 병자년(1636) 10월 "공론을 두려워하지 않고 방자하고 거리낌 없이 화친을 시도한 자의 죄를 다스려야 한다"며 최명길을 향해 직격탄을 날렸다.

삼학사의 주장 격인 홍익한의 기개는 심양에 도착해서도 전혀 꺾이지 않았다. 잉굴다이가 그에게 "조선의 신료들 가운데 척화를 주장한 자가 무수히 많은데, 어찌하여 그대만 끌려왔는가?"라고 묻자, "작년 봄에 그대가 우리나라에 왔을 때 소(訴)를 올려 그대의 머리를 베자고 청한 것은 나 한 사람뿐이기 때문"이라고 응수했다. 청 태종은 홍익한을 회유하기 위하여 그를 후대하며 음식 범절에 정성을 기울였고, 심지어는 숙소에서 잔치까지 베풀어주었다. 태종은 홍익한을 전향시켜야 할 중요한 대상자로 판단했다. 그 이유는 조선의 골수 척화파까지도 자신의 은덕에 감화되었다는 소문을 내면 향후 조선을 제어하기가 훨씬 용이해질 것이기 때문이다. 1637년 3월 7일 청 태종은 그를 친히 신문했다. 그는 홍익한의 회유를 위해 부드러운 말로 달랬다.

네가 지금까지 지은 죄로 말하면 능히 삼족을 멸해도 모자랄 일이나, 이 모두가 너희 임금을 향한 충정으로 여겨 전과를 뉘우치고 지금부터 짐을 섬긴다면 내 마땅히 너를 용서하고 벼슬을 내리겠노라.

그러나 홍익한은 태종의 호의를 단호하게 거절하며 이렇게 면박한다.

작년 봄 후금이 맹약을 어기고 황제라 칭한다는 말을 들었소. 맹약을 어겼다면 이는 패역(悖逆)한 형제이고, 황제라 칭했다면 이는 두 천자(天子)가 있는 것이오. 한집안에 어찌 패역한 형제가 함께 있을 수 있으며, 하늘 아래 어찌 두 천자가 있을 수 있겠소? 나는 예의를 숭상하고 직언을 기풍으로 삼는 조선의 언관으로서 맨 먼저 이 논의를 주장하여 예의를 지키려고 한 것이오. 하지만 나라가 패망하는 것을 막지 못했으니, 어찌 살기를 바라겠소. 한시바삐 죽여주기를 바랄 뿐이오.

홍익한의 의지를 확인한 태종은 회유를 포기하고 즉시 그를 처형하라 명했다. 그로부터 사흘 후인 3월 10일, 마침내 그의 목은 떨어지고 마는데, 이를 바라보던 청인들 모두가 눈물을 흘렸다고 전해진다.

4월 15일에서야 심양에 도착한 윤집과 오달제의 처형 과정 역시 홍익한과 다르지 않았다. 홍익한의 회유에 실패한 청 태종은 이번에는 잉굴다이로 하여금 이들 두 사람을 회유하라 명했다. 황제의 명을 받은 잉굴다이는 4월 19일 이들의 회유에 들어갔다. "너희 두 사람은 척화를 외치며 우리에게 대항했으니, 그 죄 백 번 죽어 마땅하다. 그러나 황제께서는 너희들이 전죄를 뉘우친다면 살려주라 하셨다. 다시 한번 묻노니 너희들의 처자를 이곳으로 데려와 함께 살 생각은 없는가?" 잉굴다이가 회유하자 그들은 "고통과 치욕을 견디며 이곳까지 끌려온 것은 만에 하나 살아서 돌아가면 우리 임금과 노모를 다시 보기 위해서였다. 어찌 이곳에서 너희 오랑캐 임금을 모시며 살겠는가. 바라건대 한시바삐 죽여주기를 바랄뿐이다"라고 맞받았다. 격분한 잉굴다이는 그들을 묶어다 심양성 서문 밖에서 처형했다.

뒷날 조정에서는 홍익한에게 충정공(忠正公), 윤집에게 충정공(忠貞公),

오달제에게는 충렬공(忠烈公)이라는 시호를 내리고 3명 모두 영의정에 추증했다. 이 가운데 홍익한은 병자호란으로 인해 두 아들과 사위가 죽었고, 그 여파로 아내와 며느리 역시 자결을 택했다. 여기에 홍익한마저 죽으니, 그의 집안은 멸문의 화를 당한 것이다. 삼학사 중 윤집의 조부 윤섬(尹暹, 1561~1592)은 임진왜란을 맞아 순변사 이일(李鎰)의 종사관이 되어 상주전투에 참가했다. 왜군이 몰려오자 이일은 도주했으나, 윤섬은 끝까지 싸우다 전사했고, 유족들은 그의 시신도 찾지 못했다. 윤섬의 손자이며 윤집의 형인 윤계(尹棨, 1603~1636) 또한 병자호란 당시 남양부사로 재임 중 청군을 맞아 싸우다가 전사하여 그의 집안 전체가 순국의 길을 걸었다.

삼학사의 막내 격인 오달제는 임진왜란 3대 기록물의 하나인 『쇄미록(瑣尾錄)』의 저자 오희문(吳希文, 1539~1613)의 손자로서, 금상(今上) 인조 밑에서 영의정을 지낸 오윤겸(吳允謙, 1559~1636)이 그의 부친이다. 오달제는 1634년 별시문과에 장원급제하고, 성균관 전적, 병조좌랑, 사헌부 지평을 거쳐 홍문관 부교리에 있던 중 난을 만났다. 오달제는 그해에 부친상을 당했으니, 상제의 몸으로 남한산성에 들어가 농성을 벌이다가 여기까지 끌려온 것이다. 이때 오달제에게는 임신한 아내가 있었다. 그에게는 첫 혼인한 고령 신씨가 있었으나, 신씨는 아이도 못 낳고 일찍 죽고, 그 후 스물여덟 살에 재혼한 의령 남씨가 임신을 하게 되어 집안 전체가 기대에 차 있던 중 심양으로 끌려가게 되었다. 유난히 금슬이 좋았던 오달제는 고국을 떠나면서 임신한 아내에게 이런 시를 남긴다.

琴瑟恩情重　부부의 은정 지중한데
相逢未二朞　우리가 만난 지 두 해도 못 되었구려

今成萬里別	이제 만 리의 이별 맞았으니
虛負百年期	백년 살자던 기약 빈 말이 되었구려
地闊書難寄	땅 멀어 서신 전하기 어렵고
山長夢亦遲	산이 첩첩하여 꿈조차 더디겠구려
吾生未可卜	내 목숨 점칠 수 없으니
須護腹中兒	모름지기 뱃속의 아이나 잘 돌보구려

삼학사의 시신은 모두 고국으로 돌아오지 못했다. 묘에는 시신 대신 이들의 의관을 묻었는데, 오달제의 경우 평소 그가 차고 다니던 요대(腰帶)와 주머니를 묻었다. 오달제는 심양으로 끌려가기 전 형에게 요대와 주머니를 건네면서 "내가 끌려가면 죽음을 당하여 시신조차 거두지 못할 것이니 이를 신표로 삼아 묻어달라"고 부탁했다. 남씨 부인은 남편이 죽고 나서 그가 남기고 간 요대와 주머니를 늘 차고 다녔다. 따라서 그의 묘는 남씨 부인이 죽고 난 뒤에 비로소 조성되었다. 이러한 사연을 지닌 오달제의 묘지 입구에 세워진 신도비에는 '대낭장비(帶囊藏碑)' 네 글자가 선명하다. 즉 띠와 주머니만 묻었다는 얘기다.

김상헌, 최명길 심양으로 압송되다

난리가 끝난 후, 척화파의 영수(領袖)이며 전 예조판서였던 김상헌(金尙憲, 1570~1652)은 오랑캐 임금에게 머리를 숙인 인조 밑에서 벼슬하는 것을 수치라 여기고, 그해(1637) 2월 7일 경상도 안동으로 낙향했다. 그로부터 3년 뒤인 1640년(인조 18) 말경 김상헌은 심양으로 압송된다. 이유는 그가 관작도 받지 않고 청의 연호도 쓰지 않는다는 게 청에 알려졌기 때문이다. 그리하여 김상헌은 일흔한 살 노구를 이끌고 심양으로 떠나면서 그 비통한 심정을 이렇게 읊는다.

가노라 삼각산아 다시 보자 한강수야
고국산천을 떠나고자 하랴마는
세월이 하 수상하니 올동말동 하여라

심양으로 압송된 김상헌은 해가 바뀐 1641년 1월 8일, 잉굴다이를 비롯한 형부 관원들로부터 함께 압송된 신득연, 조한영, 채이항 등과 더불어 심문을 받는다. 이때 김상헌은 그들의 심문에 전혀 위축되지 않고 '너희 나라' 운운 하면서 거침없이 받아쳤다. 이를 본 심문관들은 "김상헌은 과연 망가(忙哥)에 망가로다"라며 머리를 절레절레 흔들었다. '망가'는 여진어로 '매우 어렵다'는 말이라고 한다. 김상헌에 이어 나머지 세 사람의 심문을 마친 그들은 "네 사람의 죄는 모두가 사형에 해당한다"라며 죽음을 예고했다.

그러자 신득연과 채이항 두 사람이 "우리에게는 증거가 있으니 그 억울함을 알 것이다"라면서 자신들의 무고를 주장했다. 이어서 신득연은 역관 정명수를 향하여 "원컨대 영공(令公)께서 나를 살려주시기 바랍니다"라고 간청했다. 옆에서 이 모습을 지켜보던 김상헌은 "곧 죽을 사람이 애걸한다고 살 수 있겠는가"라며 안색도 변하지 않은 채 시종일관 태연자약했다.

이를 본 심문관들은 감탄한 나머지 '김 판서'라고 부르며 감히 김상헌의 이름조차 부르지 못했다고 한다. 이에 대하여 『소현심양일기(昭顯瀋陽

日記)』에는 "(김상헌의) 말의 기상이 늠름하여 조금도 굽힘이 없으니 듣는 사람이 목을 움츠렸다. 역관 정명수 또한 공경하고 탄복하며, 형부 관원에게 말을 전할 때 '너희 나라(爾國)'를 '이곳'으로 고쳐 그들이 격노하지 않기를 바랐다"라는 대목이 보인다.

사형수를 가둬두는 북관에서 1년 여간 고초를 겪던 김상헌은 그해(1641) 12월 병마에 시달리게 된다. 노령에 병까지 얻었다는 보고를 받은 청 태종은 12월 21일 잉굴다이를 소현세자에게 보내 자신의 뜻을 밝힌다. "북관에 갇혀 있는 4명은 그 죄가 사형에 해당하나, 특별히 용서할 것이다. 듣건대 왕자 관소의 사람들이 그들의 음식을 제공한다 하니, 이 사람들의 죄가 도리어 무고한 사람들에게 폐를 끼치는 것이라 마음이 편치 못하여 지금 의주로 이송하여 가두어두게 하여 밥 먹는 방도를 편하게 하거나, 또는 금주의 군영으로 보내 스스로 공을 세워 죄를 면하게 하고자 한다. 그 가운데 늙고 병든 자는 종군(從軍)에는 합당치 않지만 문장에 능하고 작전을 잘할 것이다. 이 두 가지 중에서 왕자는 하나를 택하라. 그 말에 따르겠다."

이에 소현세자는 이렇게 답한다. "4명을 관대히 용서하고 살려주시니 우리나라 사람으로서 누군들 감탄하지 않겠습니까? 지금 물으시는 바는 실로 뜻밖의 일이라 고목에서 잎이 피어나든 찬 서리에 잎이 지든 오직 황제의 처분에 달렸으니 어찌 감히 저의 의견을 말하겠습니까?" 잉굴다이가 세자의 말을 전하자 태종은 이런 처분을 내린다. "왕자의 말이 진실로 옳도다. 4명을 마땅히 의주로 보내 가두었다가 뒤에 형편을 보아 처리하겠다." 김상헌은 소현세자가 몸을 낮춘 덕분으로 의주로 이송되었으나 여전히 영어(圄圄)의 몸이었다. 그러나 1642년 조선의 관리들이 한선(漢船)과 밀통한 사실이 드러나면서 김상헌은 또다시 심양으로 압송되기에 이른다. 이때 2개월 전 영의정으로 복직된 완성부원군(完城府院君) 최명길도 심양으로 끌려가게 되는데, 거기에는 이런 곡절이 있었다.

1642년(인조 20) 최명길은 명의 숭정제에게 "조선이 청과 강화를 한 것은 종묘사직의 보존을 도모한 것일 뿐 본심은 아니었다"는 내용의 자문(咨文 : 외교문서)을 묘향산 보현사의 승려 '독보(獨步)'로 하여금 전달케 했다. 이러한 사실을 청에서는 전혀 모르고 있었으나 명의 병부상서 홍승주(洪承疇)가 청에 투항하면서 누설되는데, 여기에는 홍승주에 앞서 선천부사(宣川府使) 이계(李烓)의 농간이 컸다. 이계는 선천부사로 재임 당시 명나라 상인들과 밀무역을 하다가 청군에게 발각되어 잉굴다이의 심문을 받게 되었다. 그는 살아남기 위하여 그동안 조선이 명과 주고받았던 국가기밀과 주요 반청 인사들을 모조리 밀고했고, 청은 투항한 홍승주로부터 사실을 확인했다.

실상을 알게 된 청 태종은 "영의정 최명길을 비롯하여 관련자 모두를 심양으로 압송하라"는 명을 내리고, 이어서 "이계는 비록 사실대로 고하기는 했으나, 나라를 팔아 제 목숨을 살리려고 했으니 그 죄가 무겁다. 그를 조선의 국법에 따라 처단케 하라"고 명했다. 청 태종의 의지를 확인한 인조는 "이계는 일반적인 법에 구애받지 말고 삼족을 멸하는 벌을 가하여 창생들의 분노를 풀어주도록 하라"는 특명을 내렸다.

이때 인조는 청의 태도가 바뀔지도 모른다고 우려한 나머지 금부도사를 의주로 보내 이계가 압록강을 건너는 즉시 참수하여 청으로 가는 국경 길거리에 그 목을 효시하고 시신은 의주성에서 조리돌림하라고 명했다. 이리하여 이계의 목이 떨어진 것은 1642년 11월 12일이었고, 그의 아들 국균(國均)은 그로부터 약 한 달이 지난 윤 11월 11일 능지형으로 다스려졌다. 이어서 이계의 아비 이진영은 이듬해(1643) 1월 25일 늙었다하여 교살형으로 처리했다. 이외 이계의 숙부 이진익과 이진현은 유배형에 처해지고, 평안도 성천부사(成川府使)로 있던 이계의 장인 이지정은 파직으로 끝냈다. 또한 이계의 집을 허물어 못으로 만들고, 그 고을의 수령을 파직하고 그 읍호(邑號)를 강등하는 등 이계와 연관된 것은 빠짐없이 화를 당했다.

청 태종의 소환령에 따라 1642년 10월 13일, 영의정 최명길, 이조판서 이현영(李顯英), 예조참판 이식, 행호군 이경증(李景曾), 대사헌 서경우(徐景雨), 대사간 이후원(李厚源) 등 6명이 심양으로 떠났다. 심양으로 향하던 최명길 일행은 의주에 이르러 심양 도착 후에 있을 심문에 관한 대책 협의에 들어갔다. 이때 전 병조판서 박황(朴潢)은 최명길에게, "모든 것을 주도하고 명을 거짓으로 공격했던 임경업에게 미루면 화를 면할 수 있을 것입니다. 그는 어차피 화를 피할 수 없을 것이니 그렇게 하시지요"라고 권했다. 이에 최명길은 "일을 같이 도모하다가 죽고 사는 지경에 이르러 남에게 미루는 것은 사람의 도리가 아니다"라며 이를 거부했다. 그러나 정작 임경업은 청나라로 압송되던 중 11월 6일 황해도 금교(金郊)에서 탈출하여 명나라로 달아나버리고, 사건의 주역이 된 최명길은 10월 28일 심양에 도착하여 하옥된다.

임경업이 도주하자 청에서는 조선 조정과 심양에 머무는 소현세자에게 그 책임을 추궁하고, 임경업의 가족 모두를 잡아 보내라고 통보했다. 이에 인조는 팔도의 사찰과 계곡, 그리고 섬까지 뒤지라는 명을 내렸다. 이리하여 임경업의 처는 물론, 형업, 준업, 흥업 등 형제들과 조카들 그리고 집안의 노비를 포함하여 23명이 심양으로 압송되는데, 이때의 일을 『비변사등록(備邊司謄錄)』은 이렇게 기록했다.

(상에게) 아뢰기를, "성상의 전교대로 여러 도(道)와 크고 작은 사찰에 모두 알려 수색하도록 하되 그 형제와 처자는 있는 곳에서 급히 잡아 가두게 하고, 그 아우 준업(俊業)은 시임(時任) 희천군수(熙川郡守)이니, 본도로 하여금 잡아 가두게 한 후 아뢰도록 함이 어떻겠습니까?" 하니, 윤허한다고 답하였다(인조 20〈1642〉 11월 7일).

임경업의 일은 여러 도의 감사, 병사, 수사에게 단단히 신칙하여 섬의 깊숙한 곳이나 산곡(山谷)의 으슥한 곳에는 막(幕)을 치고 장교(將校)를 정하여 끝까지 뒤져서 잡으라 하고, 관(關)과 나루터로 가는 곳에는 지방관을 나누어 보내서 샅샅이 뒤지라는 뜻을 "선전관을 출발시켜 성화같이 내려보내는 것이 어떻겠습니까?" 하니, 아뢴 대로 하라고 답하였다(1642〈인조 20〉 11월 8일).

한편 심양의 한 여염집에 갇혀 있던 최명길은 잉굴다이의 심문을 받게 된다. 이때 최명길은 "이 일은 우리 임금은 전혀 모르는 일이다. 나 혼자서 행한 것이다"라고 주장했다. 하지만 청에서는 그의 말보다는 홍승주나 이계의 말을 믿을 수밖에 없었고, 결국엔 최명길은 사형수만을 가둬두는 북관에 하옥되기에 이른다. 그 후 청 태종은 최명길의 형 집행을 뒤로 미루고 1643년 4월 북관에서 남관으로 이관시키라는 명을 내렸다. 이때 남관에는 먼저 잡혀온 김상헌이 수감되어 있었다. 주화파와 척화파의 영수가 적국의 옥중에서 운명적으로 만난 것이다. 최명길을 만나자 남한산성에서 주화를 외칠 당시 북송(北宋) 말기 충절의 화신으로 불리던 악비를 모함한 진회와 다름없는 간신배로 여기던 김상헌은 그에게 이런 시를 건넨다.

成敗關天運　성공과 실패는 천운에 달렸으니
須看義與歸　모름지기 의로 돌아감을 보여줌일세
雖然反夙暮　비록 아침과 저녁이 바뀐다 해도
未可倒裳衣　저고리와 치마를 거꾸로야 입을손가
權或賢猶誤　권도는 혹 어진 이도 그르칠 수 있으나
經應衆莫違　경은 모두가 어길 수 없는 것이니
寄言明理士　이치에 밝은 선비에게 말하노니
造次愼衡機　급한 때라도 저울질을 신중히 하시게나

최명길 역시 답시를 준다.

靜處觀群動　고요한 곳에서 뭇 움직임을 볼 수 있어야
眞成爛熳歸　진실로 원만한 귀결을 지을 수 있는 것
湯氷俱是水　끓는 물도 얼음물도 다 같은 물이요
裘葛莫非衣　가죽옷도 갈포 옷도 옷 아닌 것 없느니
事或隨時別　어쩌다가 일이 때에 따라 다를지라도
心寧與道違　속마음이야 어찌 정도와 어긋나겠는가
君能悟其理　그대가 이 이치를 깨닫는다면
語默各天機　말함도 침묵함도 각기 천기라오

　최명길이 이곳에 잡혀온 연유를 짐작하고 있던 김상헌은 그의 시까지
보고 나서 그가 주장하던 주화론이 오직 나라와 백성을 위한 것임을 깨
닫고 비로소 마음의 문을 연다.

從尋兩世好	양대의 우정을 찾고
頓釋百年疑	백 년의 의심을 풀었네

이에 대하여 최명길은 이렇게 화답한다.

君心如石終難轉	그대 마음 돌 같아서 끝내 돌리기 어렵고,
吾道如環信所隨	나의 도는 둥근 고리 같아 형편 따라 돈다오

　내내 쇠사슬에 묶여 심양 옥에 갇혀 있던 두 사람이 석방된 것은 1643년 4월 1일이었다. 그러나 청에서는 두 사람을 석방하고 나서도 조선으로 귀국시키지 않고 심양관 근처에 머물 것을 지시했다. 이날 청 태종의 명을 전하러 온 잉굴다이는 두 사람에게 황제의 은혜에 감사하는 예를 올릴 것을 주문했다. 이에 최명길은 김상헌을 부축하여 함께 예를 표하려 했으나, 김상헌은 허리가 아프다는 이유로 절을 거부했다. 이를 본 잉굴다이가 강제로 시키려 했으나 김상헌은 끝내 응하지 않았다.

비극! 청으로 잡혀간 피로인들

병자호란이 끝나면서 강화도를 비롯한 각처에서 사로잡힌 사람들은 그날부터 청군 진영 아니면 주둔지 이곳저곳에 수용되었다. 한겨울 추위 속에서 이들 포로에 대한 대책은 아무것도 없었다. 먹을 것은 겨우 굶어 죽지 않을 만큼만 주었고, 옷은 사로잡힐 때 입던 옷 그대로 언제까지고 견뎌야 했다. 난리가 끝나 청으로 끌려가던 도중 추위와 굶주림에 지쳐

길에서 숨이 끊어지면 길가 아무곳에나 묻었으며, 그중에서 집단으로 묻힌 곳을 일러 '고려총(高麗塚)'이라 불렀다. 이렇게 청으로 끌려간 사람들은 대부분 그들의 노비가 되었고, 그중에서도 신체가 건강한 젊은이들은 군대에 편입시켰다. 노비가 된 사람들은 그들로부터 온갖 수모와 고초를 겪어야 했으며, 군인이 된 사람들은 각종 전투에 동원되어 총알받이가 되어야 했다.

또한 청에서는 이들 피로인들이 탈출하다가 붙잡히게 되면 발뒤꿈치를 도려내는 월형(刖刑)을 가해 탈출할 엄두조차 내지 못하게 만들었다. 그러나 이런 상황 속에서도 탈출의 시도는 끊임없이 반복되었다. 하지만 그들은 대부분 청군에게 잡혀 목숨을 잃거나 아니면 발뒤꿈치가 잘리는 끔찍한 형벌을 받아야 했다. 만에 하나 탈출에 성공하여 조선으로 도망쳐오더라도 이들에겐 또 다른 난관이 기다리고 있었으니, 그것은 청에서 이들 주회인을 붙잡아 돌려보내라는 압박이었다. 이는 정축조약 중 "피로인이 탈출하면 즉시 잡아서 청으로 되돌려 보내야 한다"는 조항에 따른 것이었다. 이러한 상황 속에서도 피로인들의 탈출 시도는 수십 년을 두고 이어지는데, 이들 중 안추원(安秋元)과 안단(安端)의 사건은 듣는 이의 가슴을 다시 한번 저리게 만든다.

개성 부근 풍덕에 살고 있던 안추원은 병자호란이 발발하자 열세 살 어린 나이로 부모를 따라 강화도로 몸을 피했으나, 불행하게도 강화 함락과 함께 청군의 포로가 되었다. 난이 끝나면서 심양으로 끌려간 안추원은 한인(漢人) 대장장이에게 노비로 팔려갔다. 그 후 1644년 명이 멸망하고 청이 북경으로 천도하자, 그는 주인을 따라 북경으로 가게 된다. 세월이 흘러 그의 나이 서른아홉이 되었으나, 고향을 그리는 마음은 나이가 들수록 더욱 절절해졌다. 1662년 어느 날 그는 청을 탈출해 고향으로 돌아가기로 결심하고 집을 나섰다. 그는 조선으로 가는 도중 산해관 문장(門將)에게 붙잡혀 얼굴에 자자(刺字)가 되는 형벌까지 받았으나, 귀향 의지는 조금도 꺾이지 않았다. 그로부터 2년이 지난 1664년 여름, 안추원은 재차 탈출을 감행하여 천신만고 끝에 산해관을 통과하고 압록강을 건너 꿈에도 못 잊던 고국 땅을 밟았다.

안추원이 청을 탈출하여 고국으로 돌아온 사실을 알게 된 의주부윤 강유후(姜裕後)는 일단 그를 옥에 가두고 조정에 장계를 올렸다. "안추원이 고국을 떠난 지 27년 만에 되돌아왔다"는 보고를 받은 당시의 임금 현종은 중신들에게 안추원의 처리에 관해 의견을 물었다. 의견은 둘로 갈렸다. 정축조약에 도망친 피로인은 청으로 되돌려 보내는 조항이 있어서 이를 이행치 않을 경우, 후환이 따르게 될 것이므로 그를 즉시 청으로 돌려보내야 한다는 의견과 그로부터 어느덧 27년 세월이 흘렀는데 굳이 그 조약을 따를 필요가 있겠느냐는 주장이 팽팽하게 맞섰다. 이에 현종은 안추원을 고향으로 돌려보내라고 하교한다. 고향이 그리워 목숨을 걸고 돌아온 가여운 백성을 차마 모른 체할 수가 없었던 것이다.

그러나 안추원이 찾아간 고향은 그가 청에서 그리던 고향이 아니었다. 아들이 청군에게 붙들려 가자 노심초사 애를 태우던 그의 부모는 물론 형제들까지 죽고, 그를 반겨줄 사람은 아무도 없었다. 이렇게 되자 당장 먹고 살길이 막막했다. 뿐만 아니라 고향에서는 청에서 수십 년을 살아온 그를 낯선 이방인처럼 대했다. 그 후 이곳저곳을 떠돌던 안추원은 고향으로 돌아온 지 2년 만에 다시 북경으로 되돌아가기로 결심한다. 하지만 그의 북경행은 귀향 행로만큼이나 어려웠다. 압록강을 건너 북경으로의 발길을 재촉하던 안추원은 그만 봉성(鳳城)의 수장(守將)에게 잡혔고, 이 사실은 당시 청나라 황제였던 강희제에게 보고된다. 이에 강희제는 사건의 진상을 파악하기 위하여 조선으로 사문관(査問官)을 파견했다.

이때 영상 정태화(鄭太和), 좌상 홍명하(洪命夏) 등 대신들은 자신들의 잘못으로 이 같은 사달이 일어났다고 주장하고, 현종은 "자신이 불민하여 벌어진 일"이라고 주장했다. 임금과 신하가 서로 자신의 잘못임을 주장하고 나서자, 난감해진 사문관은 이 일을 사실 그대로 강희제에게 전할 수밖에 없었다. 사문관으로부터 사건 내용을 보고 받은 강희제는 조선 조정에 벌금 5,000냥을 부과함으로써 사건은 일단락되었다.

'안단'의 사연은 이보다 더 절절하면서도 허망했다. 1637년 1월, 강화천총(江華千摠) 안몽열의 아들 안단은 강화도가 함락되자 청나라 군사에게 붙잡혔다. 난이 끝나면서 심양으로 끌려가게 된 그는 갑군(甲軍)의 노예가 되었고, 1644년 청이 북경으로 입성하자 주인을 따라 북경 근교에 있는 보중위(保重衛)로 거처를 옮겼다. 그는 이곳에서 수십 년을 살면서 탈출의 기회를 엿보았으나, 기회는 좀처럼 오지 않았다. 1674년 군인 신분이던 안단의 주인은 명의 항장(降將) 오삼계 등이 일으킨 '삼번의 난' 진압군으로 차출되어 대륙의 남쪽 운남성으로 가게 된다. 절호의 기회라고 판단한 안단은 1675년 어느 봄날 탈출을 시도했다. 고국을 떠난 지 물경 38년 만이었다.

고국으로 가는 길목에는 나는 새조차 넘기 어렵다는 산해관이 있었다. 관(關) 밖에 이르러 보니, 다행스럽게도 모두가 피난에 정신이 팔려 지키는 사람이라곤 없었다. 그런 까닭에 그는 손쉽게 산해관을 통과할 수 있었다. 심양 성문에 이르자, 대낮에도 성문이 닫혀 있어 잠시도 머물지 못하고 연산관(連山關)으로 직행했다. 이곳에서 안단은 봉황에서 징

발되어 심양으로 떠나는 갑군에게 물어 모든 사정을 알게 된다. 몽골의 임금 차흘한(車屹汗)이 포로가 되어 심양 옥에 갇힌 지 10년이 되는데, 아버지 대신 칸에 오른 그의 아들이 군사를 이끌고 와서 아버지를 구하고 장차 북경 공격을 시도하겠다고 했다는 것이다. 산해관을 지날 때 파수병이 없었던 것은 이 때문이었다.

어수선한 틈을 타 봉황성을 지나 압록강까지 무사히 건넌 안단은 의주부윤 조성보(趙聖輔)에게 자신의 내력을 말하고 도움을 청했다. 그런데 이때 마침 의주에는 청의 칙사가 와 있었다. 뒷날 문책을 두려워한 조성보는 안단의 사연을 칙사에게 알렸고, 칙사는 안단을 결박하여 봉황성으로 압송하라고 명했다. 군졸의 손에 이끌려가던 안단은 이렇게 울부짖었다.

고국 땅을 그리는 정이 늙을수록 더욱 간절한데 나를 죽을 곳으로 보내면 어떡하느냐!

이러한 피로인 문제는 정묘호란 때에도 있었으나, 그때는 후금에서 이처럼 가혹하게 다루지는 않았다. 이는 조선을 완전히 굴복시키지 못한 상태에서 조선을 지나치게 옥죄게 되면 또다시 명으로 돌아서지 않을까 우려했기 때문이다. 그러나 조선을 완전히 굴복시킨 병자호란 이후에는 청은 두려울 게 없었다. 출성 항복 당시 이루어진 청 태종이 내세운 조건 자체가 '조약'이 아닌 '조유문' 형식이었기에 그들이 이렇게 강하게 압박해도 조선으로선 전혀 대항할 방법이 없었다. 따라서 피로인을 고통 속에서 벗어나게 하기 위해서는 속환가를 지불하고 데려오는 방법 밖에 없었다. 속환에는 나라에서 돈을 지불하는 공속(公贖)과 개인이 돈을 주고 데려오는 사속(私贖)이 있었다.

그러나 공속은 특수한 경우에만 해당되었기에 대부분 개인이 몸값을 지불하는 사속을 택할 수밖에 없었다. 그러나 몸값이 턱없이 비싸서 높은 관직에 있거나, 재산이 많은 사람이 아니면 속환은 꿈도 꾸기 어려웠다. 날이 갈수록 속가가 치솟자 최명길은 속가의 상한선을 100냥으로 정해 이를 어길 경우 중죄로 다스릴 것을 주청하여 인조의 재가를 받아냈다. 당시 청에서는 소 한 마리 값이 40냥가량 했으니, 100냥이면 소두 마리를 사고도 남는 거금이었다. 속가는 싼 경우에는 6~30냥이고, 중간 계층이 100~300냥이며, 비싼 경우 심지어는 한 사람의 속가가 1,500냥에 달했다. 속된 말로 싼 경우엔 개 값에 불과하고 비싼 경우에는 금값을 웃돌았다. 속가가 이렇게 금값이 된 데에는 전란 당시 영의정으로 있던 김류와 좌의정 이성구가 그 단초를 제공했다.

전란 초기 김류는 가솔들을 강화도로 보낼 때 자신의 첩과 그녀가 낳은 서녀까지 딸려 보냈다. 강화도가 함락되자 김류의 본처를 비롯해서 며느리와 손자며느리까지 부녀 3대가 모두 자결했으나, 그 와중에도 첩과 서녀는 살아남았다. 난리가 끝난 후 청으로 끌려가는 많은 피로인 속에는 김류의 첩과 서녀가 포함되었다. 이에 김류는 첩과 딸의 속환가로 1,000냥이나 되는 거금을 내놓았고, 이성구는 아들의 속환가로 그보다도 더 많은 1,500냥을 내놓는 바람에 속환가가 천정부지로 치솟고 말았다. 정묘호란 당시에는 속환가가 남자 5냥, 여자 3냥 정도였다고 하며, 아무리 지체가 높아도 10냥을 넘지 않았다고 하는 것으로 보아 병자호란 때의 속환가를 이렇게 높인 주범은 이들 고관대작들이었다고 보아야 한다.

당시 청으로 잡혀간 피로인들은 모두가 개, 돼지 취급을 받았으나, 그중에도 남자들의 경우엔 사정이 좀 나은 편이었다. 젊고 예쁜 여인들은 대개 청장(淸將)의 첩실이 되어야 했다. 이때 자신보다 계급이 낮은 자가 예쁜 여인을 소유하고 있으면 상관이 강제로 빼앗는가 하면, 한족 출신 장수가 예쁜 여인을 데리고 있으면 만주족 장수가 강제로 빼앗는 일이 비일비재했다. 그러나 어떠한 경우이건 간에 청장들의 첩실이 된 경우에는 차라리 죽는 게 나을 지경이었다. 동서고금을 막론하고 투기를 안 하는 여인이 있을까마는 청나라 여인들의 투기는 실로 놀라웠다. 조선 땅으로 전쟁하러 간 남편이 젊고 어여쁜 여인을 꿰차고 오자, 청장의 본처들은 실성한 듯 난리를 쳤다. 심지어 어떤 여인은 첩실 머리에 끓는 물을 들이붓는가 하면, 남편 몰래 죽이는 것도 서슴지 않았다. 이러한 사건이 속출하자 급기야는 청 태종이 직접 나서서 "이 같은 일이 또다시 벌어질 경우에는 죽음으로 다스리겠다"고 엄명했다.

이러한 고통을 피하고자 피로인을 속환하여 온다고 하더라도 후유증은 심각했다. 부녀들의 경우 청에서 정조를 잃었기 때문인데, 이것은 당시의 사회윤리관으로 볼 때 하늘이 무너지는 일이었다. 따라서 속환녀들은 대부분 시집에서 버림받았다. 그래도 단순한 속환녀인 경우에는 뒤탈이라도 적었다. 이들 중 청에서 아이를 밴 채로 돌아온 경우에는 그야말로 죽일 수도 살릴 수도 없는 애물단지였다. 시집에서는 가문에 먹칠을 했다며 노골적으로 자살을 강요했고, 친정은 친정대로 가문을 들먹이며 차라리 죽으라고 몰아세웠다. 결국 압박에 못 이겨 자결을 택하는 여인이 속출했다. 개중에는 생목숨 끊을 수 없어 열 달이 차서 아이를 낳게 되면 주변에서는 '호로(胡虜) 새끼가 태어났다'고 수군댔으니, 하늘아래 이보다 더한 비극은 없었다. 청에서 돌아온 속환녀가 큰 사회문제로 대두되자, 인조는 청에서 돌아오는 길목에 자리한 홍제천에서 여인들이 몸을 씻고 도성엘 들어오면 정절을 회복한 것으로 인정하라고 지시하고, 정절을 회복했다는 의미로 홍제천을 '회절강(回節江)'으로 부르라고 명했다.

그러나 이 문제는 임금이 이런 조치를 취했다고 해서 간단히 해결될 수 있는 게 아니었으니, 『인조실록』 16년(1638) 3월 11일자에 이런 내용이 보인다.

신풍부원군 장유(張維 : 봉림대군의 장인)가 예조에 단자를 올리기를 "외아들 장선징(張善澂)이 강도(江都)의 변에 그의 처(장유의 며느리)가 잡혀갔다가 속환되어 지금은 친정에 가 있다. 그대로 배필로 삼아 함께 선조의 제사를 받들 수 없으니, 이혼하고 새로 장가들도록 허락해달라"고 하였다.

이에 예조가 아뢰기를, "사로잡혀 갔다가 돌아온 사족의 부녀자가 한둘이 아니니, 조정에서 명백하게 결정한 뒤에야 피차 난처한 걱정이 없을 것입니다. 사람이 부부가 된다는 것은 중대한 일이니, 대신에게 의논하소서" 하였다.

이때 좌의정 최명길이 헌의하기를,

"사로잡혀 갔던 부녀자에 관한 일에 대해서 지난해 비변사의 계사 중에 옛일을 인용하여 끊어버리기 어렵다는 뜻을 진달하였으며, 상께서도 별도의 전교가 계셨습니다. 신이 고로(故老)들에게 들으니, 임진년 왜변이 있은 뒤에 선조의 전교가 있었는데, 지난해 성상의 전교와 서로 부합된다고 하였습니다.

또한 어떤 종실이 상소하여 이혼을 청하자 선조께서 허락하지 않으셨으며, 어떤 문관이 이미 다시 장가를 들었다가 아내가 쇄환되자 선조께서 후취 부인을 첩으로 삼으라고 명하여, 그 처가 죽은 뒤에야 비로소 정실부인으로 올렸다고 합니다. 이외에도 재상이나 조관(朝官)으로 사로잡혀 갔다가 돌아온 처를 그대로 데리고 살면서 자식을 낳아 명문거족이 된 사람도 왕왕 있습니다. 예는 정(情)에서 나오는 것이므로 때에 따라 마땅함을 달리하는 것으로서 한 가지 예에 구애되어서는 안 되기 때문이 아니겠습니까.

신이 전에 심양에 갔을 때 남편과 아내가 서로 만나자 부둥켜안고 통곡하기를 마치 저승에서 돌아온 사람을 만난 듯이 하여, 보는 사람들이 눈물을 흘리지 않는 사람이 없었습니다. 만약 이혼해도 된다는 명이 있게 되면 속환을 원하는 사람이 없게 되어 허다한 부녀자들이 영원히 이역의 귀신이 되고 말 것입니다. 한 사람은 소원을 이루고 백 집에서 원망을 품는다면 어찌 화기를 상하지 않겠습니까?

신이 심양으로 갈 때 들은 이야기인데, 청군이 돌아갈 때 자색이 빼어난 한 처녀가 있어 온갖 방법으로 달래고 협박하였지만 끝내 들어주지 않다가 '사하보'에 이르러 굶어 죽었는데, 청군도 감탄하여 묻어주고 떠났다고 합니다. 또 신이 심양의 관사에 있을 때, 한 처녀를 값을 정하고 속(贖)하려고 하였으나, 청나라 사람이 뒤에 약속을 위반하고 값을 더 요구하자 그 처녀가 돌아갈 수 없음을 알고 칼로 목을 찔러 죽고 말았습니다.

가령 이 두 처녀가 기한 전에 속환되었더라면 자결까지는 하지 않았을 것입니다. 또한 전쟁의 급박한 상황에서 몸을 더럽혔다는 누명을 쓰고서도 밝히지 못하는 사람이 얼마나 많겠습니까. 사로잡혀 간 부녀들을 모두 몸을 더럽혔다고 논할 수 없는 것이 이와 같습니다."

하니, 상이 아뢴 대로 하라고 답하였다.

장유와 최명길의 주장을 비교하면 같은 유학을 신봉하면서도 양측의 사고는 하늘과 땅만큼이나 차이가 크다. 더구나 둘 사이는 다 같은 백사 이항복의 문하로서 옛 춘추시대에 회자되었던 관포지교(管鮑之交)에 비견될 만큼 절친한 사이였다.

그러나 피로인 문제는 이것으로 끝나지 않았다. 이런 논쟁이 있은 지 약 50여 일이 지난 1638년 5월 1일에는 부제학 이경여, 교리 심동구 등이 또다시 "포로로 잡혀갔던 여자들은 본심은 아니었으나 이미 절의를 잃은 마당에 남편의 집안과 강제로 합하게 해서는 안 된다"는 상소를 올렸고, 이어서 5월 21일에는 특진관 조문수 역시 같은 상소를 올렸다. 그 후 조정 대신들은 한 달 뒤인 6월 13일에도 이 문제를 또다시 들고 나오는데, 이때는 좀 더 강경하면서도 많은 인사들이 참여했다. 먼저 예조에서는 인조에게 이렇게 주청했다. "다시 합하기를 원하는 자는 소원대로 하도록 하고 재취를 원하는 자는 그대로 들어주면 묘당과 대간의 의논이 모두 시행되어 어긋나지 않고 조종(祖宗)이 수백 년간 배양한 교화도 무너지지 않을 것입니다."

이어서 영부사 이성구는 이렇게 주청했다. "저 부인들이 의지할 곳을 잃는 것은 참으로 불쌍하지만 남편의 후사가 끊기는 것은 생각하지 않는단 말입니까. 더구나 부인은 이미 버림을 받았는데 남편도 또 재취하지 못한다면 피차가 모두 홀로 된 것을 원망하는 신세가 될 것이니, 양쪽 다 막는 것보다는 한쪽이라도 허락하는 것이 낫지 않겠습니까. 또 역적의 딸도 이혼하게 하는 예가 있는데 지금 이 오욕을 입은 부인은 역적 집안의 자손보다 더 심하지 않습니까. 신의 어리석은 생각으로는 사대부 중에 정리가 몹시 절박한 자는 사유를 갖추어 이혼하게 하면 좋을 듯합니다."

자신의 아들을 데려오기 위해 자그마치 1,500냥이나 되는 거금을 내놓아 수많은 피로인을 이역의 원혼이 되게 만든 이성구는 속환녀를 역적의 딸보다 더 심하게 매도했다.

그러나 이때 좌의정 최명길은 자신의 뜻을 이렇게 밝힌다.

"선묘(宣廟)께서는 환도한 후 사대부의 처로서 포로로 잡혀갔다가 살아서 돌아온 자들은 모두 개취(改娶)를 허락하지 않았습니다. 그 당시 류성룡, 이항복, 이원익 등과 같은 명경석유(名卿碩儒)들의 식견은 지금 사람들과 비할 바가 아닐 텐데 이의가 있었다는 말은 듣지 못하였으니, 이는 필시 이유가 있어서일 것입니다."

실록에는 이때 인조가 비변사의 주청을 받아들여 문제가 일단락된 것으로 기록했으나, 이 문제는 인조의 뒤를 이은 효종 때까지도 계속된다. 이로 볼 때 당시 사대부들은 무능하고 이기적일 뿐만 아니라 냉혹한 측면에서도 타의 추종을 불허했다. 여기에서 한 가지 주목되는 것은 임진왜란 후에 이 문제가 대두되었을 때에는 선조가 명신(名臣)으로 이름 높은 류성룡과 이항복 등 원로 중신들의 의견에 따라 속환녀들을 내쫓지 못하게 했고, 병자호란 후에는 인조가 선조 임금의 예를 따르고자 했다는 점이다.

조선조 27명의 군주 가운데 26대 고종과 더불어 3대 혼군(昏君)으로 치부되는 선조와 인조가 속환녀의 입장을 배려했다는 것은 눈여겨볼 만한 대목이 아닐 수 없다. 이는 아마도 피로인 문제가 자신들로부터 기인한 것으로 자책했기 때문인 것으로 추정된다.

제3부

병자호란 후
인조

1. 의혹의 두 인물

미원 산골짜기로 숨어든 도원수 김자점

병자호란의 참패 원인은 당시 군왕인 인조의 책임이 가장 크다고 하겠으나, 이 밖에도 전란 초기 양서(兩西)라 불리는 황해도와 평안도의 도원수(都元帥)였던 김자점(金自點, 1588~1651)과 후에 4도 도원수에 제수되었던 심기원(沈器遠, ?~1644)의 책임 또한 이에 못지않다 하겠다. 도원수란 직책은 원래 나라가 평안할 때는 없는 직책이다. 다시 말해서 국가 비상시에 급조되어 육군과 수군을 비롯한 모든 군사의 통솔 책임을 맡는 임시직이다. 그러나 이러한 막중한 책임을 맡았음에도 불구하고 병자호란 당시 도원수 직책을 맡았던 김자점과 심기원이 벌인 행동을 보면 너무나 어처구니가 없다.

전란 초기 김자점은 어영군과 황해도 병력을 포함하여 3,000여 명의 군사를 거느리고 황주 정방산성(正方山城)에 있었다. 그의 임무는 이곳에 머물며 전군(全軍)을 통솔함은 물론, 적군이 도성으로 진격하는 것을 방어하는 데 있었다. 12월 13일 김자점은 청군의 내침을 알리는 치계를 올린 후 정방산성에 머물며 청군의 동태를 감시하고 있었다. 그는 청군의 선봉이 남한산성에 도착한 지 나흘이 지난 12월 20일, 황해도 수안군수 이완(李浣 : 정묘호란 때 의주에서 전사한 이완과는 다른 인물로 효종 때 북벌 계획의 주역)의 군대와 합류한 뒤에 황주의 정방산성 동남방에 위치한 동선령(洞仙嶺)에서 청군을 기습하여 300여 명의 적을 살상하는 전과를 올렸다. 이 싸움은 병자호란 최초의 승전으로 기록된 전투로서 김자점은 이날 부상을 당했던 것으로 전해진다.

첫날 싸움에서 적을 격퇴한 김자점과 이완은 다음 날 황해감사 이배원(李培元)과 황해병사 이석달(李碩達)의 병력과 합류하여 5,000여 명의 군사를 이끌고 남하하는 청군의 뒤를 쫓았다. 그날 김자점은 동선령 남쪽에 위치하는 토산(兎山)에서 청군을 공격했으나, 이날은 패퇴하게 된다. 청군은 김자점의 어영군을 물리치기는 했으나, 그가 거느린 군대가 의외의 강군임을 간파하고 더이상의 싸움을 포기하고 남쪽으로 내달았다.

그러나 김자점은 청군을 추격하는 대신, 휘하 군사를 이끌고 경기도 양근 고을 미원(迷原)으로 들어가버렸다. 아마도 동선령전투에서 당한 부상과 토산전투에서의 패배로 인해 전의를 상실했던 듯하다. 김자점이 몸을 피한 미원에는 함경감사 민성휘, 강원감사 조정호, 함경도 남병사 서우신과 북병사 이항 그리고 전란 초기 유도대장(留都大將)을 맡았다가 청군에게 패퇴한 심기원도 있었다. 당시 이들 지휘관들이 미원으로 이끌고 온 병력은 총 2만 3,000에 달했다. 그러나 김자점과 심기원은 이처럼 많은 병력을 거느리고도 인조가 삼전도에서 청 태종에게 무릎을 꿇을 때까지 전혀 움직이지 않았다. 만약 이때 그들이 2만 3,000의 군사를 이끌고 남한산성으로 진군했다면 전세는 분명 달라졌을 것이다.

하지만 김자점과 심기원은 이런 위험을 감수할 생각이 전혀 없었다. 그들이 머물던 미원은 당시엔 경기도 양근군(楊根郡) '미원현'이었으나, 지금은 가평군 설악면으로 바뀌었다. 미원의 지형은 북으로는 북한강이 막혀 있고, 남으로는 해발 862미터의 마유산(馬遊山 : 지금의 유명산)이 솟아 있다. 또한 동쪽은 산으로 막혀 있고, 서쪽에도 강이 흐르고 있다. 뿐만 아니라 관내에는 석축으로 쌓은 29,058척(약 8.8킬로미터)에 이르는 함공성(咸公城 : 일명 양근성)이 자리하고 있다. 고려 고종 40년인 1253년에 일어난 몽골군의 5차 침입 당시 이 성에 머물던 방호별감 윤춘이 몽골군의 위세에 눌려 조기에 항복을 선언했다는 이 성은 너무 오래되어 적을 막기에는 미약했으나, 이처럼 성까지 갖춘 미원은 전시의 피난처로는 맞춰온 듯 좋은 곳이었다.

병자호란을 앞두고 조정과 군 지휘부는 만약 후금군의 침공이 있을 경우 곡식은 물론, 말먹이에 해당하는 짚 한 단까지도 성안으로 들여놓고 거리에는 굳은 성벽과 빈 들판만 남겨놓아 적을 스스로 굶어 죽게 하는 이른바 '청야견벽'을 기본 전략으로 채택했다. 청야작전은 고려 초에 거란군의 침입과 그 후 몽골군 침입 시에 이 전략을 구사하여 그들을 궁지로 몰았는데, 특히 거란군과의 전쟁에서는 3차에 걸친 침입을 모두 이 작전으로 물리쳤다. 그러나 청야작전을 할 때에는 한곳에 틀어박혀 적과의 교전을 피해서는 아무런 효과가 없다. 쉽게 말해서 이 작전은 적이 추위와 굶주림에 지쳐 힘을 못 쓸 때 그들을 공격하는 게 핵심이다.

그런데 두 도원수는 전쟁이 끝날 때까지 성안에만 틀어박혀 있었으니, 이는 작전 수행이 아니라 피난을 한 것이다. 전쟁이 끝난 후 대간(臺諫)에서는 김자점과 심기원을 군율에 따라 참형에 처할 것을 주장했으나,

인조의 적극적인 비호로 두 사람 모두 중도(中道) 유배형에 처해졌다. 이들을 도성에서 가까운 지역으로 정배하자, 양사에서는 두 사람을 군율에 따라 처벌할 것을 수없이 주청했으나, 인조는 그때마다 물리쳤다. 그 후 여론의 추이를 관망하던 인조는 1638년(인조 16) 4월 5일, 우선 심기원의 죄를 사하여 삼남의 군정을 맡기려는 의도를 품고 비변사로 하여금 그를 추천토록 했다. 그러자 당시 사관(史官)은 그 일을 이렇게 평했다.

살펴보건대, 심기원은 병자년 변란 때 팔로의 병사를 거느리고서 산골짜기에서 미적거리며 물러나 움츠린 채 관망만 하고 있었다. 이에 남한산성을 지척에 두고서도 끝내 한 발자국도 움직이지 않았고, 또한 위급한 상황을 구제하지도 않았다. 나라에 기율이 있다면, 기원이 어찌 목숨을 보전할수 있었겠는가. 지금 삼남을 순검하는 것이 어떤 임무인데 묘당의 천거가 기원에게 돌아간단 말인가.(『인조실록』 16년〈1638〉 4월 5일)

여론이 워낙 좋지 않자, 인조는 일단 한발 물러섰다. 그 후 1639년(인조 17) 9월 3일, 인조는 김자점과 심기원을 한꺼번에 풀어주라고 하교하는데, 정언(正言) 이임(李稔)은 이 일이 극히 부당하다는 상소를 올린다.
"임금을 잊고 나라를 저버린 전 도원수 김자점과 심기원의 죄는 용서할 수 없는 것인데도 전하께서는 법으로 처단하지 않으셨을 뿐 아니라 도리어 은혜롭게 용서해주시어 몇 달간 가벼운 견벌(譴罰)을 주다가 특명으로 방귀(放歸)의 처분을 내리셨습니다. 왕법이 행해지지 않음은 논할 겨를도 없고 인심이 너무도 분통해한 지 오래되었으니, 장차 어떻게 무너진 기강을 진작하여 후인들을 경계시킬 수 있겠습니까?"

이임의 상소에 인조가 별다른 반응을 보이지 않자, 그로부터 이틀이 지난 9월 5일 대간에서 또다시 두 사람의 방면을 취소할 것을 강력하게 주청했다. 그러나 인조는 이런 비답을 내리며 대간의 주청마저 물리친다. "김자점 등이 지금은 비록 죄가 있으나 그전의 공이 적지 않으니, 의당 내 뜻을 몸 받아 다시 번거롭게 하지 말라."

인조는 이때 풀려난 김자점과 심기원을 1640년 2월 동시에 호위대장에 임명하는 이해할 수 없는 인사를 단행한다. 그 후 인조는 심기원을 병조판서에 임명한 데 이어 1643년에는 좌의정에 임명하고 청원부원군(靑原府院君)의 봉작을 내렸다. 심기원은 그해 성절사가 되어 청나라에 다녀온 후, 남한산성 수어사까지 겸하게 되는데, 권력의 정점에 오른 심기원은 이때부터 엉뚱한 생각을 품기 시작한다. 그는 힘깨나 쓰는 장사들을 호위대로 거느리고 전 지사 이일원(李一元)과 광주부윤(廣州府尹) 권억(權澺) 등과 모의한 후 회은군(懷恩君) 이덕인(李德仁)을 왕으로 추대하는 역모를 꾸몄다.

그러나 그의 역모는 1644년 그의 심복이던 황헌과 이원로에 의해 훈련대장 구인후에게 밀고된다. 국문장으로 끌려 나와 혹독한 고문을 받게 된 심기원은 역모 사실을 털어놓을 수밖에 없었고, 결국 심기원은 능지처참(陵遲處斬 : 사지를 잘라 죽이는 형벌)을 당할 처지에 이르렀다. 그가 처형당할 때 형리가 달려들어 사지를 토막 내려 하자, 놀란 그가 "세상천지에 이런 형벌이 어디에 있느냐?"고 항변했다. 그러자 형리는 이렇게 답했다. "나는 김 상공(김자점)의 분부를 따를 뿐이니, 나를 원망치 마시오." 이 말을 들은 심기원은 "나를 이렇게 죽인 김자점 네놈도 언젠가는 능지형에 처해질 것이다"라면서 숨겨갔다.

1639년(인조 17) 9월 유배지에서 돌아와 1640년 2월 심기원과 함께 호위대장에 임명된 김자점도 심기원과 거의 같은 길을 가게 된다. 1640년 2월 호위대장에 임명된 김자점은 그 2년 후에는 병조판서에, 그리고 1644년에는 좌의정에 제수됨과 동시에 낙흥부원군(洛興府院君)에 봉해졌다. 이어서 1646년 2월, 내의원 도제조가 된 그는 다음 달에는 인조의 총비(寵妃) 소의(昭儀) 조씨(趙氏)와 결탁하여 강빈(姜嬪)을 사사시키고, 1647년 5월에는 석철 3형제를 유배 보내며 권력을 향한 강한 집념을 보인다. 조 소의를 등에 업은 그는 1646년 드디어 '일인지하요 만인지상'이라는 영의정에 올라 신하로서는 더이상 오를 데가 없게 되었다.

그러나 세상일은 오르막이 있으면 반드시 내리막이 있게 마련이다. 내내 탄탄대로를 달리던 김자점은 1649년 인조가 죽고 효종이 즉위한 후, 효종의 북벌 정책을 반대하다가 양사의 탄핵을 받아 1650년(효종 1) 강원도 홍천으로 유배된다. 이에 앙심을 품은 김자점은 효종의 북벌 계획과 송시열이 지은 장릉(長陵 : 인조의 능)의 지문(誌文)에 청의 연호 대신 명의 연호를 쓴 것을 역관(譯官) 이형장으로 하여금 청 조정에 밀고하게 했다. 이에 청에서는 문책사를 보내 사실 확인에 들어갔다. 사안의 심각성을 깨달은 효종은 이경석(李景奭) 등으로 하여금 수습에 나서게 하여 문책사를 돌려보내는 데 성공했다.

사태를 수습한 효종은 김자점을 우선 전라도 광양으로 유배시켰다. 기회를 보아 제거하고자 함이었다. 위기를 느낀 김자점은 차남 김식(金鉽)과 함께 효종을 폐하고 조 소의의 아들 숭선군(崇善君) 이징(李澂)을 추대하려는 역모를 꾸몄다. 김자점과 조 소의는 김자점의 손자 세룡(世龍)과 조 소의의 딸 효명옹주가 부부의 연을 맺어 사돈 간이었다. 김자점의 역모는 성공하는 듯 보였으나, 진사 신호(申壕)의 고변으로 역모 사실이

들통나면서 효종의 친국을 받게 된다. 그의 역모가 사실로 드러나자 효종은 김자점을 능지처참하라고 명했다. 심기원의 저주가 들어맞는 순간이었다. 이리하여 김자점은 1651년(효종 2) 12월에 장남 김련, 차남 김식, 3남 김정 그리고 손자 세룡까지 5명 모두 능지처참으로 다스려졌고, 함께 역모를 꾀했던 조 소의 역시 이때 사사당했다.

임경업은 명장(名將)인가, 명장(明將)인가?

전란 초기 의주부윤(義州府尹)이었던 임경업은 이른바 청야견벽 작전의 일환으로 의주성을 버리고 그 이웃에 있는 백마산성(白馬山城)을 지키고 있었다. 그러나 청군은 마푸타(馬夫大)와 로오사(勞薩)가 거느리는 선봉부대를 포함하여 청 태종이 거느린 본대까지 모두 산성을 외면하고 남쪽으로 내달았다. 이들 중 두두(杜度)가 거느린 치중부대(輜重部隊: 전투장비를 비롯한 각종 보급을 담당하는 부대)는 홍이포 등 중장비의 수송을 위해 평안도 지역에서 소를 약탈할 계획이었으나, 이때 평안도에는 우역(牛疫)으로 인해 소가 거의 없는 상황이었다. 1636년(인조 14) 8월 15일자 실록을 보면 "평안도에 우역이 크게 번져 살아남은 소가 한 마리도 없었다"는 기사가 뜰 정도로 그 당시 평안도 지역에는 소의 씨가 마르다시피했다. 이 때문에 심양에서부터 중장비를 싣고 온 말과 소가 힘을 쓰지못하자, 이들 치중부대는 도리 없이 진격을 늦출 수밖에 없었다. 두두는 의주와 용천에서 각각 하루씩 묵고 선천에서는 자그마치 나흘이나 머물렀다. 이로 인해 두두는 남한산성에 먼저 도착한 태종으로부터 속히 달려오라는 칙서까지 받아야 했다.

이때 만약 조선군이 야간 기습전이라도 펼쳤다면 크게 승리를 거두었을 것이고, 만에 하나 패했더라도 청군은 전략에 큰 차질을 빚었을 것이다. 그러나 임경업은 12월 9일 "청의 선봉부대가 압록강을 건넜다"는 치계를 올린 이후 전쟁이 끝날 때까지 그가 군사적 행동을 취했다는 내용은 그 어디에도 없다. 혹자는 임경업이 백마산성에서 꿈쩍도 하지 않았던 것은 그의 임무가 백마산성을 지키는 데 국한되었으므로 당연하다는 논리를 편다. 다시 말해서 백마산성이 그의 관할구역이므로 그곳만 잘 지키면 아무런 문제가 없다는 것이다. 그래서 전쟁이 끝난 후에도 자신의 책무에 충실했던 그의 문책론이 일지 않았다고 부언했다.

그러나 이것은 상식적으로 전혀 맞지 않는 주장이다. 그렇다면 백마산성 하나만 조선의 영토이고, 다른 곳은 모두 남의 땅이란 말인가. 고금을 막론하고 전선의 변동에 따라 그때마다 이동해야 하는 것이 장수의 기본 책무이다. 왕조 국가에서는 국왕이 곧 나라이다. 따라서 전시에 국왕의 신변을 보호한 장수는 변방에서 적을 격퇴한 장수보다 그 공을 한 수 윗길로 쳐준다.

실례로 임진왜란 당시 의주까지 선조를 호종했던 신하들은 86명이 호성공신(扈聖功臣)으로 책봉된 데 반해 전선에서 목숨을 내걸고 왜적을 무찌른 장수들에게 내리는 선무공신은 겨우 18명에 불과했다. 적군이 침입했을 때 임금을 구원하지 않은 장수는 근왕령(勤王令)의 발동 유무를 불문하고 빠짐없이 문책당하는 것은 불문율에 속했다. 이는 왕이 자신을 구원해달라는 명을 내릴 때에는 이미 적의 포위망에 갇힌 것을 의미했기에 근왕령을 전달하는 것조차 간단하지 않기 때문이다.

청군이 백마산성을 우회하여 남쪽으로 진격했을 때 그 뒤를 추격해야 하는 것은 너무도 당연하다. 또한 추격의 기회를 놓쳤다면 그 뒤 남한산성에 갇혀 있는 국왕을 구원하러 나서는 것이 장수가 할 일이다. 그러나 임경업은 청군이 한성을 점령한 데 이어 삼전도에서 인조의 항복을 받아내고 심양으로 귀환할 때까지 약 2개월간 그 어떤 군사적 행동도 취하지 않았다. 이에 대하여 이런 반론을 펴는 사람도 있다. 실전으로 단련되고 말을 타고 싸우는 청의 기병과 조선의 보병과는 감히 상대조차 안 된다는 것이다.

그러나 이 역시 수긍하기 어려운 얘기다. 기병전이라면 여진족에 비해 거란족이나 몽골족 또한 이들과 우열을 가리기 힘들 만큼 기량이 뛰어나다. 그럼에도 고려의 강감찬이나 양규는 적보다 열세한 병력으로 거란군의 침략을 거뜬히 물리쳤고, 예종 때의 윤관은 고려의 동북계(東北界)를 위협하는 여진족을 정벌하고 9성을 쌓았다. 뿐만 아니라 고종 치하의 무신 정권은 세계 최강을 자랑하는 몽골 기마군단과의 싸움에서 40여 년을 버텨냈다.

이에 견주어 임경업이 머물던 백마산성에는 병력 규모는 확인할 수 없으나, 의주가 서북 방어의 요충임을 감안할 때 그 규모 또한 적지 않았을 것이다. 개전 초 도원수 김자점이 토산에서 싸울 때 청군은 그가 거느린 군대가 의외의 강군임을 간파하고 더이상의 싸움을 포기하고 남쪽으로 내달았다고 한다. 이로 보아 당시 임경업의 휘하에 있던 군대 또한 강군이었을 것으로 추정된다. 이런 상황에서 전력의 열세를 이유로 전투를 기피한다는 것은 말도 안 되는 얘기다.

현재 국내에서 발간되는 각종 책자를 보면 하나같이 임경업의 이름 앞에다 '명장(名將)'이라는 수식어를 붙이고 뒤에는 각종 미사여구를 동원하여 그를 칭송하고 있다. 하지만 그가 전투에서 적을 물리친 것은 이괄의 난 때 정충신 막하에서 약간의 공을 세운 것이 고작이다. 청이 등

장한 이후 임경업보다 반청 사상이 강했던 인물은 찾아보기 힘들다. 그러나 그의 반청 행위는 조선을 위한 것이 아니라 그가 숭배하던 명나라를 위한 행위라고 보는 것이 타당하다. 따라서 그는 명장(名將)이 아니라 명장(明將 : 명나라 장수)이라고 불러야 마땅할 것이다.

2. 미약한 희망

조청 연합군

삼전도에서 인조의 항복을 받아낸 청 태종은 1637년 2월 2일 심양으로 철군하면서 휘하 장수들에게 두 가지 숙제를 내주었다. 강화도를 함락시켜 인조로 하여금 출성 항복의 결심을 굳히게 만든 화석예친왕 도르곤에게는 소현세자 일행을 심양으로 호송하게 하고, 강화도 함락 당시 수군을 이끌고 크게 활약한 명에서 항복한 장수 공유덕과 경중명에게는 조선 수군과 연합하여 명군이 주둔하고 있는 가도(椵島)를 함락하라 명했다. 이어서 태종은 가도 공략의 총사령관으로 자신의 동생이자 누르하치의 열두째 아들 다라무영군왕 아지거를 임명하고, 병자호란에서 선봉장을 맡았던 마푸타를 군사 고문 겸 부사령관으로 임명했다. 그리고 인조에게는 김화대첩에서 수천에 달하는 청군을 궤멸시키고 자신의 매부이며 효장(驍將)으로 이름을 떨치던 야빈대를 죽게 만든 류림을 조선군 주장으로 하고, 부장에 의주부윤 임경업을 임명하여 함께 출정할 것을 요청했다.

누르하치도 그랬지만 청 태종은 나라에 도움이 될 만한 인물이면 전력을 묻지 않고 받아들였다. 그 좋은 예가 범문정과 그보다 훗날에 받아들인 홍승주였고, 이밖에 공유덕과 경중명 등 무수한 사람들을 받아들여 내 사람으로 만든 것이다. 청 태종은 전쟁 초기 안주성에 이르러 류림의 방어 태세를 보고 "성을 지키는 장수가 보통 인물이 아니다"라고 극찬하고 공격을 포기했을 정도로 그의 무인으로서의 능력을 높이 평가했다. 따라서 류림이 자신의 매부 야빈대를 전사하게 했음에도 불구하고 그의 도움을 요청한 것이다. 청 태종의 명에 따라 도르곤은 2월 8일 소현세자를 호송하여 북행길에 올랐고, 공유덕과 경중명은 가도를 공략할 때 사용할 함선을 준비하고자 강화도로 떠났다.

그러나 청군이 강화도를 공격했을 때 사용했던 함선은 통어사 신경진이 강화 함락 직후 30여 척이나 소각해버렸다. 그들이 배를 수습하러 오자 변명의 여지가 없게 된 신경진은 수원부사 구인후로 하여금 먼 곳에서 온 수군이 조선과 청나라 사이에 강화(講和)가 이루어진 사실을 모르고 태운 것이라고 변명하게 했다. 다행히 청 측은 정황상 충분히 있을 수 있는 일이라 인정하고 별문제 삼지 않았으나, 그 대신 거함 50척, 소함 50척 도합 100척의 함선을 지원할 것을 요구했다. 이는 정축조약에 명시된 50척의 두 배로서 조선으로서는 감당하기가 매우 벅찼다. 하지만 여러 가지 정황상 거부하기도 어려웠다. 이 외에도 그들은 1만 2,500명의 병력을 지원할 것도 요구했다. 청에서 굳이 1만 2,500이라는 숫자를 못 박은 이유는 1619년 사르후전투 당시 조선에서 명군을 위해 지원했던 병력을 빙자한 것이었다.

그러나 병자호란 직후 청이 요구한 1만 2,500명의 병력을 지원한다는 것은 현실적으로 불가능했다. 전쟁으로 인해 군 체제가 무너진 데다가 남아 있는 군사들은 청에 대하여 강한 적개심을 품고 있었기에 기회만 닿으면 달아나는 등 영(令)이 서지 않았기 때문이다. 병력 지원이 난관에 봉착하자, 조선군의 주장 류림이 마푸타를 찾아가 담판을 벌인 끝에 그들이 요구한 병력 1만 2,500명을 5,000명으로 줄이고, 함선 또한 요구의 절반인 50척만 지원하기로 합의했다. 그러나 실제로 가도 공략에 투입했던 지원군은 3,000명에 불과했으니, 이는 당시 상황에서 병력 동원이 얼마나 난제였는지를 보여주는 대목이 아닐 수 없다.

가도 공격을 위한 준비를 끝낸 조청 연합군이 강화 교동도의 3도 통어영을 출발한 것은 청 태종이 명을 내린 지 40여 일이 지난 3월 13일이었다. 연합군은 서해를 북상하여 그로부터 열흘이 지난 3월 23일 평안도 철산반도 최남단에 위치한 정사(停沙)포구에 닻을 내렸다. 정사포구에서는 명군이 주둔하고 있는 가도까지는 직선거리로 약 10리(4킬로미터)에 불과했다. 이곳에서 아지거가 끌고 오는 청군과 류림이 이끄는 조선군이 합류한 후 가도를 공략하기로 했다. 두 나라 연합군이 공격 목표로 잡은 가도는 크기가 인천 서남쪽에 있는 덕적도와 비슷한 작은 섬이다. 이토록 작은 가도가 조·명·청 3국의 주목을 받기 시작한 것은 1621년(광해군 13)부터였다. 당시 명의 요동총병 모문룡은 이 섬에 동강진(東江鎭)을 설치하고 군대를 주둔시키면서 청과 조선 두 나라의 목에 걸린 가시 같은 존재가 되었다. 또한 모문룡은 청의 침략을 방어한다는 명목으로 본국에도 군량을 요청하며 해를 끼치는 인물이었는데, 그는 결국 1629년 명의 병부상서 원숭환(袁崇煥)에게 제거되었다.

모문룡을 제거한 원숭환은 자신의 부하이며 유격장군인 진계성(陳繼盛)을 동강진도독으로 임명했다. 그 후 진계성은 요동에서 이곳으로 도망쳐 온 유흥치(劉興治)에게 죽임을 당하고 이 섬은 한동안 유흥치가 장악했다. 가도를 장악한 유흥치는 본국에서 군량 보급을 제대로 받지 못하자, 군사를 이끌고 청천강 이북 일대를 돌아다니며 약탈을 자행하고 주민을 살해하는 등 행패를 일삼았다. 보고에 접한 인조는 전라우수사 류림을 양서(兩西) 방어사로 임명한 후, 유흥치의 행패를 금하고 살인범을 잡으라고 명했다. 이에 류림이 군사를 이끌고 가도에 들어가 조선 관민을 살해한 범인을 색출하려 하자, 유흥치가 이에 반발하여 양측은 긴장 국면으로 접어들게 된다. 이때 유흥치의 부하 심세괴(沈世魁)가 유흥치를 죽이고 동강진도독이 되었다. 이때가 1631년 3월이었는데, 심세괴는 그날 이후 지금까지 동강진의 도독으로 군림하고 있었다. 그 무렵 가도에는 명에서 파견한 지원군을 포함하여 1만 7,000명에 달하는 방어군이 청군의 침입에 대비하여 섬의 요소마다 홍이포를 비롯한 수많은 포를 비치하고 철통 같은 방어태세를 갖추고 있었다.

이에 비해 조청 연합군은 1만 명 남짓했다. 비록 병력 면에서는 열세였으나, 조선 정벌을 끝낸 청군의 사기는 하늘을 찔렀고, 그들이 자랑하는 팔기군은 실전으로 단련된 일당백의 강군이었다. 모든 준비를 마친 조청 연합군은 4월 7일 전략회의에 들어갔다. 하지만 류림과 임경업은 왕명에 따라 여기까지 오기는 했으나, 청군에게 협조할 의사가 전혀 없었다. 공격 작전에 불참할 명분을 찾던 류림은 회의 석상에서 마푸타에게 이렇게 말한다. "우리 조선 국법에는 전쟁에서 승전하면 가장 큰 전공을 세운 사람이 적군의 처자를 비롯하여 값진 보물을 차지하게 되어 있습니다. 비록 내 몸에 병이 있기는 하지만 내가 나서면 가도는 쉽게 무너뜨릴 수 있을 것입니다."

류림의 말에 마푸타는 "공은 몸이 아프다니 이곳에 머물러 있으시오, 그 대신 부장 임경업에게 지원군의 통솔을 맡기겠소"라고 했다. 이렇게 되어 류림은 총사령관 아지거와 함께 정사에 머물고, 가도 공략은 마푸타와 임경업이 담당하게 된다. 이어서 마푸타는 임경업에게 가도를 공략할 방안을 제시하라고 했으나, 임경업은 답변을 회피했다. 임경업의 속내를 간파한 마푸타는 "끝내 이런 식으로 나오면 가도 공격을 뒤로 미루고 군대를 돌려 한성으로 진군하겠다"고 위협했다. 마푸타의 위협에 임경업은 하는 수 없이 자신의 의견을 제시했다.

가도의 남쪽 해안선은 산으로 막혀 있고, 서쪽 해안에 있는 동망치와 서망치 사이로 바닷물이 흐르므로 이곳으로만 선박 통행이 가능합니다. 명군은 그곳에는 방어군을 배치하지 않았을 것입니다. 야음을 틈타 이곳을 기습하면 어렵지 않게 이길 수 있습니다.

임경업의 설명을 들은 마푸타는 조선이 제공한 소형 선박을 서쪽 해안으로 옮기라고 명했다. 4월 8일 한밤중에 산을 넘어 서쪽 해안으로 배를 옮긴 청군은 이튿날 새벽, 안개 속을 내달아 명군 진영을 덮쳤다. 임경업의 예상대로 명군은 주력군을 동쪽 해안에 집중배치하고, 서쪽은 아예 손을 놓고 있었다. 새벽안개를 뚫고 들이닥친 청군은 곤히 잠든 명군 진영을 무차별 공격했다. 자다가 기습을 당한 명군은 맹렬한 포격으로 맞서며 사생결단하고 달려들었다. 포술에서는 청군에 비해 감히 상대가 안 될 만치 숙달된 명군이 포격을 가하자 청군 진영에서도 사상자가 속출했다. 명군 도독 심세괴는 장졸들을 지휘하며 사력을 다해 싸웠으나, 시간이 지남에 따라 패색이 짙어졌다. 마침내 산봉우리까지 내몰린 심세괴는 사로잡혀 청의 총사령관 아지거 앞에 서게 되었다. 그는 비록 싸움에는 패했으나 적장 앞에서도 당당함을 잃지 않았고, 이를 본 아지

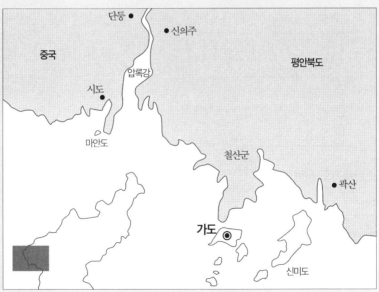

지도 3. 조청 연합군의 가도 정벌(위)과 가도 위치도(아래)

거는 그의 투항을 시도했다. "네가 항복하면 온갖 부귀영화를 누리도록 해줄 것이다. 이제 항복하는 게 어떠냐?"

아지거의 말을 심세괴는 이렇게 받는다. "나는 대명 천자의 신하이다. 어찌 너희 오랑캐 따위에게 머리를 숙이겠느냐. 싸움에 패한 장수에게는 오직 죽음이 있을 뿐이다."

심세괴에게 일격을 당한 아지거는 어떻게 해서든 그를 회유하고자 말을 돌렸다. "너는 우리에게 패했다. 네가 장수의 복장을 갖추고 있는 것은 당치 않다. 당장 옷을 벗거라."

"무슨 까닭에 내가 네놈 앞에서 옷을 벗는단 말이냐. 적을 죽이고 그 시신에서 옷을 벗겨 입는 게 네놈들의 버릇이라 들었다. 나를 죽이고 나서 피 묻은 옷을 네 스스로 가질 것이지 어찌 내가 너를 위해 옷을 벗어 주겠느냐?"

심세괴를 투항시킬 수 없음을 깨달은 아지거는 그를 참수하고, 항복을 거부하는 병사들은 남김없이 참살했다. 조선과 청, 두 나라의 목에 걸린 가시 같던 가도가 무너진 날은 1637년(인조 15) 4월 9일이었다.

소현세자의 심양길

정축조약에 따라 소현세자 부부와 봉림대군이 청나라 장수 도르곤의 손에 이끌려 서울을 떠난 것은 1637년(정축년) 2월 8일이었다. 이날 인조는 세자를 전송하기 위해 창릉(昌陵 : 예종의 능, 고양시 소재)까지 거둥했다. 이때 세자를 경호해야 할 익위사(翊衛司)의 관원들은 대부분 중병을 이유로 따르기를 기피하여 일반 무사들로 대체했다. 이에 무사들이 말하길, "평소에는 자기들이 좋은 벼슬을 다 차지하고, 난리에 임해서는 우리를 구렁텅이로 몰아내니, 이보다 분한 일이 있는가!"라며 불만을 토로했다. 이날 도르곤은 인조를 향해 "이렇게 멀리까지 나와 전송해주셔서 감사하다"고 인사했다. 이에 인조는 도르곤에게 부탁했다.

자식들이 깊은 궁궐에서만 성장하였는데, 지금 듣건대 여러 날 동안 노숙하여 벌써 질병이 생겼다고 합니다. 가는 동안에 온돌방에서 잠을 잘 수 있게 해주면 다행이겠습니다.

인조의 부탁에 도르곤은 "삼가 가르침을 받들겠습니다. 만 리 길을 떠나보내니 필시 여러모로 마음이 쓰이실 텐데 국왕께서 건강을 해칠까 매우 염려됩니다. 세자가 떠난다 해도 머지않아 돌아올 것이니, 행여 너무 염려하지 마십시오. 갈 길이 바쁘니 이만 하직했으면 합니다"라고 말했다.

세자와 대군이 부왕에게 하직을 고하자, 인조가 눈물을 흘리며, "부디 건강에 힘쓰도록 하고 지나치게 화를 내지도 말고 가볍게 보이지도 말라"고 당부했다. 이를 본 신하들이 통곡하자, 세자가 "주상이 여기에 계신데 어찌 감히 이렇게들 하는가. 각자 진중하도록 하라"고 꾸짖고는 말에 올랐다.

소현세자 일행이 서울을 떠난 직후 가장 먼저 목도한 장면은 북으로 끌려가는 수많은 피로인 행렬이었다. 그 행렬은 의주대로를 꽉 메워 걸음조차 떼기 어려울 정도였다. 이로 인해 세자의 행렬은 기껏해야 하루에 3~40리 걸으면 해가 저물었다. 결국 세자는 첫날은 고양 별당에서 묵고, 다음 날은 파주에서 묵는다. 소현세자가 임진강을 건넌 것은 서울을 떠난 지 사흘째가 되는 2월 10일이었다. 이날이 양력으로는 3월 6일, 이른바 '대동강 물도 풀린다'는 경칩 무렵이라 강물은 이미 녹아 있었다. 사람은 많고 배는 겨우 한 척뿐이어서 세자 일행은 적성(積城) 땅 척탄(尺灘)을 통해 걸어서 강을 건넌 다음, 그날은 장단의 어느 촌가에서 묵고, 이튿날은 판문(板門) 근처 들판에서 야영했다. 판문은 임진왜란이 일어난 1592년(선조 25) 5월 1일, 선조가 의주로 몽진을 떠날 때 점심을 들던 곳이다. 현재 남북이 만날 때면 자주 이용되는 판문은 이처럼 옛날부터 많은 사연이 깃든 곳이다.

세자는 이날 이후 심양에 이르는 두 달 동안 민가에서 묵은 날은 단 며칠에 불과하고, 가는 내내 들판에서 노숙하게 된다. 2월 19일 평산 근교 장파고(長坡庫)에 머물 때는 그 집에 불이 났다. 진화를 서둘러 다행히 이웃집까지 번지지는 않았으나, 밤중에 숙소를 옮기는 소동을 벌여야 했다. 숙영 문제 말고도 소현세자의 심양행은 고난의 연속이어서 서울을 떠날 때는 감히 상상도 하지 못했던 문제들이 발생했다.

피로인 행렬을 피하느라 그랬는지는 몰라도 저들은 주로 험한 산골짜기로 길을 잡았는데, 때는 아직 햇 풀이 나기 전이어서 산야에는 말에게 먹일 꼴(馬草)이 없었다. 길은 험하고 짐은 많은 데다 먹이조차 달리니, 말들은 힘을 못 쓰고 비실비실했고, 결국엔 병들어 죽는 말이 속출했다. 말 때문에 문제가 생기자, 경기수사(京畿水使) 신경진에게 연락을 취하여 말 20필을 보충했다. 그러나 새로 보충한 말들도 얼마 못 가서 또다시 병들어 쓰러지는 놈이 태반이었다. 이에 황해도 역마 6필과 장연현감이 거느린 쇄마(刷馬 : 지방 관아에 배치된 말) 49필을 추가로 보충하고, 병든 말 27필은 아예 돌려보냈다. 말을 보충하고 나자, 이번에는 말을 모는 마부들이 달아나는 사태가 발생했다. 마부들이 달아난 것은 고생도 고생이지만 청군에 대한 강한 적개심과 더불어 심양 도착 이후 귀향에 대한 불안 때문이었다. 절뚝거리고 넘어지는 말이 늘어나면서 행렬은 어지간히 지체되었는데, 여기에서 당시 승정원으로 보내던 『심양장계』를 들여다보자.

> 짐을 실을 때에 두 필이 한 필에 실을 수 있는 짐도 견디지 못하고, 종관 (從官) 이하가 타는 말도 모두 지쳐 절뚝거리고 죽어가므로, 열 걸음에 아홉 번 넘어지는 데도 저들의 기병은 뒤에서 빨리 가라고 재촉합니다. 이 지치고 병든 말로 강을 건넌 뒤에 어떻게 (심양에) 도달할 수 있을지 매우 걱정됩니다.

황해도 땅으로 들어선 세자 일행은 봉산에 있는 초구에서 열하루를 묵는다. 이때 도르곤은 가도를 공략하는 문제로 청 태종과 수시로 연락을 취하며 그의 지시에 따라 움직였다. 당시 청은 가도를 공략하기 위해 황해도에서 수군과 함선을 지원받기로 했는데, 이곳에서 오래 머문 이유도 거기에 있었다. 3월 3일 초구를 떠난 세자 일행은 3월 6일 평안도 영유현 어느 촌가에서 하루를 묵고, 이튿날 이곳에서 10여 리 떨어진 덕연 (德淵)에 이르러서는 자그마치 열사흘이나 머문다. 이때 소현세자가 지루하고 답답함을 비치자 도르곤은 "이후로는 이렇게 한곳에 오래 머무는 일은 없을 것"이라고 했다. 북행 도중 도르곤은 세자에게 가끔 술을 보냈고, 안주로는 노루며 꿩 등을 보내왔다. 도르곤은 소현세자와 동갑인 스물여섯이었다. 비록 세자와는 상반된 입장이었으나, 같은 젊은이로서 적국으로 끌려가는 소현세자에게 연민의 정을 느꼈던 것 같다.

3월 20일 덕연을 출발한 세자는 다음 날 박천 벽가정 냇가에서 야영하고, 그다음 날은 비 때문에 하루를 더 머물게 된다. 23일 벽가정을 출발한 세자 일행이 의주를 지나 압록강을 건넌 것은 3월 그믐날이었다. 압록강을 건넌 이후로는 하루에 6~70리를 걸어 4월 10일에는 마침내 혼강(渾江)을 건너 심양에 다다랐다. 이때 청에서는 잉굴다이의 주관하에 성 밖 5리 지점에서 세자를 위한 환영 잔치를 베풀어주었다. 잔치가 파한 후 세자가 안내된 곳은 조선 사신을 접대하던 심양성 내의 동관(東館)이었다. 세자 일행은 서울을 떠난 지 무려 두 달이 더 걸려 적국의 도읍에 짐을 푼 것이다.

그 후 소현세자는 5월 7일 새로 지은 심양관(瀋陽館)으로 옮긴 후, 1644년 북경으로 옮길 때까지 8년 가까이 그곳에서 머물렀다. 심양관은 심양성의 남문 안에 있었고, 그 옆에는 조선의 삼공육경의 자제들이 청에 인질이 되어 머물던 질자관(質子館)이 있었다. 심양 도착 당시 소현세자와 함께 동관으로 들어간 원역(員役)은 모두 186명이었다. 서울을 출발할 때의 인원은 192명이었으나 6명은 중도에 탈락하여 돌아왔다고 하는데, 그 구체적인 사유는 밝혀지지 않았다. 그런데 심양 도착 다음 날인 4월 11일 심양관에 나타난 잉굴다이는 황제의 뜻이라며 "일행의 원역 100명과 말 10필 이외는 모두 줄여 돌려보내십시오"라면서 "심양에 흉년이 들어 감당하기 어렵다"는 말을 덧붙였다. 하지만 조선 측에서는 원역을 현실적으로 줄이기가 상당히 어려웠던 모양이다. 그 이유는 조선에서는 정축조약에 의거하여 삼공육경의 질자(質子)들을 들여보낼 때 그들의 처자와 노비까지 대동했기 때문이다.

역관 정명수의 패악

청에서는 심양관에 머무는 소현세자와 봉림대군에게 그들의 중요한 제사나 생일 그리고 외국의 귀빈이 왔을 때는 물론, 심지어 죽은 사람의 명복을 비는 재(齋)인 완렴(完斂)을 지낼 때에도 참석을 강요했다. 또한 한번 떠나면 짧아야 열흘, 길 때는 한 달 넘게 걸리는 사냥에도 참가할 것을 요구했다. 말 타는 것이 익숙지 않았던 세자는 사냥 중에 잦은 낙마사고를 당했다. 뿐만 아니라 명과 전쟁을 치를 때에도 세자 형제를 참가시켜, 전투 장면을 직접 보도록 했다. 물론 소현세자와 봉림대군은 직접무기를 들고 싸움에 참여하지는 않았으나, 가뜩이나 말 타는 데 익숙지 않은 세자는 남의 나라 싸움터에 끌려다니면서 몸과 마음에 큰 고초를겪었다. 그것은 결국 세자의 건강을 해치는 요인으로 작용했다. 게다가전투에 직접 참여하지 않았다지만 때로는 세자가 머무는 막사 주변에포탄이 떨어지는 등 위험할 때도 많았다. 소현세자는 사냥이나 전장(戰場)에서 돌아와 몸져눕는 일이 잦았다. 그 이유는 아마도 지역 자체가 춥고 삭막한 탓도 있었겠지만 그보다는 몸과 마음 모두가 편치 않은 탓이었을 것이다.

각종 행사 외에도 청 조정에서는 조선과의 외교적 사안이 발생하면으레 소현세자를 상대로 문제를 해결하고자 했다. 세자는 그때마다 조선 조정을 대신하여 일을 무난하게 마무리 지었다. 하지만, 세자 선에서처리하기 어려운 문제가 대두될 때는 난감하기 짝이 없었다. 소현세자가가장 곤혹스럽게 여겼던 사안은 명을 치는 데 필요한 병력과 군량을 지원하는 문제와 심양으로 끌려온 수많은 피로인의 속환 문제였다. 청에서피로인의 매매를 공식적으로 허락한 것은 세자가 심양으로 오던 1637년5월 17일이었다. 이날 심양성 밖에는 수천 명에 이르는 피로인이 끌려

나왔고, 그중에는 부모 형제가 함께 잡힌 경우도 많았다. 이때까지도 가족의 생사조차 모르고 있던 피로인들은 이역 땅에서 피붙이를 대하자, 서로 부둥켜안고 통곡을 멈추지 않았다. 이를 바라보면서도 일국의 세자로서 아무것도 할 수 없다는 것을 깨달은 세자는 한없는 자괴감에 빠져야 했다.

재정 상태가 좋지 않았던 청에서는 피로인들을 매매하여 큰돈을 벌고자 했고, 이 일에는 오래전부터 조선을 왕래했던 잉굴다이와 마푸타가 나섰다. 조선말을 몰랐던 그들은 역관 정명수(鄭命壽, ?~1653)에게 통역을 맡겼다. 정명수는 통역을 한다는 구실로 양측을 오가며 농간을 부려 많은 부를 축적했다. 뿐만 아니라 심양관에 머무는 질자를 비롯한 원역들에게 위세를 부리는가 하면 때로는 소현세자를 궁지에 몰아넣기도 했다.

이렇게 심양관에서 소현세자를 비롯하여 원역들의 눈살을 찌푸리게 하며 악명을 떨쳤던 정명수는 본래 평안도 은산현(殷山縣)의 관노(官奴)였다. 그는 동료 김돌시와 함께 지난 1619년에 벌어졌던 심하전역(深河戰役)에 참전했다가 청의 포로가 된 인물이다. 전쟁이 끝나자 정명수는 국내로의 송환을 거부하고 현지에서 여진어를 익힌 후, 자신의 이름을 여진식으로 '굴마훈'으로 바꾸었는데, 한자로는 '고아마홍(古兒馬紅)'이라 한다. 그 후 정명수는 1633년 후금의 사신 잉굴다이를 따라 조선에 들어왔다가 옛 상전이었던 은산현감 홍집을 붙잡아 폭행하고 온갖 모욕을 주는 것으로 악명을 드러내기 시작했다. 그로부터 3년이 지난 병자호란 때에도 잉굴다이의 통역관으로 조선으로 와서 온갖 악행을 저질러 그를 아는 사람들은 하나같이 이를 갈았다.

하지만 여진어를 몰랐던 세자는 잉굴다이나 청 조정을 상대하려면 도리 없이 여진어에 능통한 그를 통하지 않을 수 없었다. 이때 정명수는 중간에서 이득을 챙기고, 세자의 수행원들을 괴롭혔으며, 심지어는 세자에게도 불손하게 대하는 등 그의 콧대는 하늘을 꿰뚫었다. 정명수의 행패를 보다 못한 세자시강원의 필선(弼善 : 세자의 시강을 맡은 정4품의 관원)으로 있던 정뇌경(鄭雷卿, 1608~1639)과 서리(書吏) 강효원(姜孝元, 1603~1639)은 그를 제거하고자 기회를 엿보았다. 그러던 중 1638년 12월 23일, 조선에서 새해 선물로 청 황제에게 바치는 삭선(朔膳 : 매달 초하루에 임금에게 바치는 음식 또는 과일)이 들어왔다. 방산만호(方山萬戶) 박사명(朴士明)이 가지고 들어온 삭선의 수량은 홍시 4만 개, 배 1만 2,000개였다. 이때 정명수와 김돌시는 그중에서 홍시 1,000개, 배 1,000개를 절취했다. 이를 알게 된 정뇌경과 강효원은 이들의 범죄 사실을 낱낱이 기록하여 청나라 형부(刑部)에 고발장을 제출했다.

하지만 정명수에게는 태산처럼 든든한 잉굴다이가 있었다. 형부의 관리로부터 사안을 전해 들은 정명수는 잉굴다이에게 사태를 무마해줄 것을 호소했다. 정명수의 얘기를 들은 잉굴다이는 그 즉시 형부의 관리를 찾아가 회유와 협박 끝에 마침내 접수된 고발장을 불태우는 데 성공했다. 이어서 정뇌경과 강효원이 정명수를 중상모략했다고 청나라 형부에 역으로 고발했다. 꼼짝없이 되잡히게 된 두 사람은 청의 관리를 모함했다는 죄목으로 처형될 위기를 맞았다.

이에 소현세자는 잉굴다이를 찾아가서 선처를 부탁했다. 그러자 잉굴다이는 "세자께서 만약 이번 음모에 가담하지 않으셨다면 서약을 하신 후, 이 사람들을 죽이셔야 되겠습니다"라고 협박했다. 잉굴다이의 속셈은 이참에 세자의 약점을 잡아 기를 꺾어놓겠다는 것이었다. 잉굴다이의 협박에 세자는, "서약은 오늘 해도 좋고 내일 해도 좋습니다. 다만 우리 국법에 세자는 사람을 죽이고 살리는 일을 독단적으로 행할 수 없게 되어 있으니, 국왕께 보고한 후에 처결하는 것이 마땅합니다"라고 답했다. 세자의 말에 잉굴다이는 선선히 그러라고 했다.

그러나 이튿날 다시 세자를 찾아온 잉굴다이는 황제의 명을 전하겠다며 세자의 무릎을 꿇게 하고는 "정뇌경과 강효원 두 사람을 극형에 처하라"는 황제의 명을 전했다. 이어서 그는 "세자께서 본국에 알리고자 하는 뜻은 매우 옳습니다. 서둘러 사람을 보내 알리도록 하십시오"라고 했다. 잉굴다이의 말에 두 사람을 살릴 수 있을지도 모른다는 실낱같은 희망을 품게 된 세자는 이렇게 응수했다. "만약 이곳에서 그들을 죽인다면 우리나라 사람들이 경계로 삼지 않을 수도 있습니다. 본국으로 보내 처분토록 하는 것이 마땅합니다."

세자의 말에 잉굴다이는, "황제께서는 조선 사람도 우리 백성이므로 우리 법으로 다스리겠다고 하셨습니다. 조선으로 보내는 것은 불가합니다"라며 세자의 청을 거절했다. 그 후 세자는 본국에 파발을 띄우는 등 혼신의 힘을 다했으나, 결국 두 사람의 처형은 확정되기에 이른다. 그리고 1639년 4월 18일 날이 밝으니, 이날은 이들의 처형 날이었다.

이렇게 허무하게 두 사람을 죽게 내버려둘 수는 없다고 생각한 세자는 마지막으로 잉굴다이를 찾아가 몸값을 바칠 테니 풀어달라고 빌기로 결심하고 수레에 올랐다. 그러나 심양관 문을 나서자마자 정명수와 김돌시를 비롯한 청의 역관들이 수레를 막아섰다. 이를 본 시강원 사서(司書) 정지화(鄭知和)가 나서서 "세자께서 용장(龍骨大)과 마장(馬夫大)을 찾아가서 생사 간에 대답을 살필 것"이라고 했다. 이를 본 정명수가 눈을 부라리며 "너는 어느 놈인데 감히 나서는가!"라고 소리치고는 정지화의 머리통을 내리치자, 그가 썼던 갓이 떨어져 박살이 났다. 그의 횡포를 지켜보던 봉림대군이 나서서 간절히 빌자, 정명수는 아예 외면해버리고 만다.

모든 노력이 수포로 돌아간 것을 알게 된 정뇌경과 강효원은 조복(朝服)으로 갈아입고 세자에게 마지막 인사를 고했다. 두 사람이 처형장으로 향할 준비를 마치자, 세자가 정뇌경의 손을 잡고 말했다.

남한산성에서 나오던 날 재신(宰臣)들 모두가 북행을 꺼렸지만 그대 홀로 나를 따라와서 함께 고생한 지 3년에 배움을 얻은 것이 참으로 많았소. 처음과 끝을 함께하고자 했건만 뜻밖의 불행을 당하여 일이 여기에 이르렀구려. 나는 재주가 없고 지혜가 모자라 사지에 빠진 그대를 구해내지 못하니 마음을 걷잡을 수 없구려. 듣건대 그대에게 노모와 어린 자식이 있다 하니, 훗날 내가 우리 조선으로 돌아가면 정성으로 돌보리다. 내 어찌 오늘의 이 일을 잊을 수가 있겠소?

말을 마친 세자는 하염없는 눈물을 쏟아낸다. 이를 본 정뇌경은 "이렇게까지 생각해주시니, 신은 죽어도 죽지 않은 것입니다"라며 감격해 마지않았다. 두 사람과 마지막 술잔을 나누던 세자가 "내 차마 그대들이 형장으로 향하는 것을 볼 수 없으니 스스로 약을 마시는 것이 어떤가?"라며 두 사람에게 독이 든 술을 마시게 했다. 그러나 급히 구한 약에 독성이 약해 이마저도 실패했다.

형장으로 떠나기 전, 두 사람은 남쪽에 계신 국왕 인조를 향해 네 번, 자신들의 부모를 향해 두 번 절하고 나서, 마지막으로 세자에게 하직을 고한 후 서문(西門) 밖 모래밭 형장으로 향했다. 형장에서도 정명수는 두 사람을 청나라 형법에 따라 참형에 처할 것을 주장했다. 이때 조선에서 파견된 형조좌랑 이응징(李應徵)이 나서서 "조선에서는 사대부의 목을 베는 법은 없을뿐더러 나는 이미 조선을 떠날 때 교형(絞刑)에 처하라는 명을 받았다"고 주장했다. 그 말을 들은 정명수는 이응징을 주먹으로 후려치고 온갖 욕을 다 퍼부었다. 하지만 이응징은 이런 모욕을 당하면서도 끝내 물러서지 않았다. 결국 두 사람은 조선 측의 요구대로 참형보다 한 등급 낮은 교형으로 처형되니, 이때 강효원의 나이는 서른일곱이었고, 정뇌경은 겨우 서른둘이었다. 정뇌경을 죽인 정명수는 더욱 기고만장했다.

그는 조선 조정에 압박을 가해 자신의 처남 봉영운을 평안도 영원군수(寧遠郡守)에 봉하게 했다. 정명수의 힘으로 일약 군수의 자리에 오른 봉영운 역시 정명수와 같은 관노 출신이었다. 또한 정명수의 조카 이옥련은 황해도 문화현령에 이어 당상관에 해당하는 정3품 통정대부(通政大夫)에 올랐다. 이어서 죽은 자기 어미를 2품 관직의 부인에게 내리는 '정부인(貞夫人)'에 추증시켰다. 더욱 가관인 것은 단지 그와 절친하다는 이유로 노비 출신인 최득남조차 개천군수(价川郡守)가 되게 했으니, 그의 권세가 얼마나 대단했는지 알 만할 일이다. 조선에서의 행악으로 인해 청 조정에서 더욱 신임을 받게 된 정명수는 1643년 가을, 칙사가 되어 조선 땅을 밟는다. 명이나 청의 칙사라면 조선의 영의정은 말할 것도 없고 국왕조차도 쩔쩔맬 만큼 권세가 대단하다. 사람대접도 받지 못하던 노비 출신이 이토록 막강한 칙사가 되어 자신이 나고 자란 고국 땅을 밟게 되었으니, 말 그대로 금의환향을 하게 된 것이다.

정명수가 청의 칙사 자격을 띠고 서울에 도착한 것은 1643년(인조 21) 10월 8일이었다. 정명수는 자신의 일가 2명의 면천(免賤)을 요구하고, 평안도 은산현을 은산부(殷山府)로 승호시키라고 요구하여 관철하는 등 칙사로서의 위세를 한껏 드러냈다. 그 후 인조는 그에게 정1품 영중추부사(領中樞府事)를 제수했다. 이제는 더이상 오를 데가 없게 된 것이다.

그러나 권불십년이라 했던가! 청에 빌붙어 만고역적질을 하며, 조선

조정을 쥐락펴락하던 정명수도 마침내 종말을 고할 날이 다가왔다. 그동 안 정명수가 산처럼 믿고 의지하던 마푸타는 정뇌경이 죽은 지 겨우 1년 을 더 살고 1640년에 죽고, 정명수가 태산처럼 의지하던 잉굴다이는 마 푸타보다 8년을 더 살고 1648년에 생을 마치니, 이때가 바로 정명수가 영중추부사에 올라 권력의 정점을 찍던 해였다. 마푸타에 이어 잉굴다이 까지 죽자, 정명수는 끈 떨어진 뒤웅박 신세가 되었고, 청인들은 그를 비 맞은 낙엽 보는 듯했다. 잉굴다이가 죽은 지 5년이 지난 1653년, 잉굴다 이를 등에 업고 온갖 악행을 일삼던 정명수는 청에서 죄를 얻어 그가 속 한 기주(旗主)의 노비로 전락했다. 이때 청의 형부상서 바하나는 황제에 게 그동안 그가 저지른 수많은 죄목을 적시하여 참형에 처할 것을 상주 했다.

그러나 당시 황제였던 순치제(順治帝, 1638~1661)는 "정명수의 죄질을 보면 참형에 처하는 것이 마땅하나, 그동안 청을 위해 세운 공을 참작하 여 그를 노비에 처하라"는 명을 내림으로써 가까스로 죽음을 면한다. 정 명수가 청에서 죄를 얻고 노비로 전락했다는 소식은 이내 조선의 국왕 효종에게도 전해졌다. 일설에는 이때 정명수는 이미 처형되었다는 설도 있으나,『효종실록』4년(1653) 6월 3일자 기사는 그 일을 이렇게 전하고 있다.

영의정 정태화(鄭太和)가 아뢰기를, "들리는 바에 의하면 정명수가 (청에 서) 죄를 받고 폐기되었다고 하니, 이는 진실로 다행스러운 일입니다" 하니, 상이 이르기를, "그에 대한 자문(咨文 : 외교문서)을 보니, 명수의 죄상을 그 토록 열거했으면서도 오히려 죽음을 면하였으니, 저들의 형법이 문란해졌 다"는 것을 알 수 있다. 명수는 특히 간사하고 교활하기 짝이 없는데, 죽지 않았다면 꺼진 재가 다시 불붙게 되지 않을까 염려스럽다.

효종이 우려를 표하자, 부제학 김익희(金益熙)가 이렇게 주청한다. "이 족속들을 죽이지 않는다면 어떻게 백성들을 경계시킬 수 있겠습니까." 아니어도 대군 시절 8년에 걸쳐 청에 볼모로 있으면서 그의 악행을 직접 몸으로 겪은 효종이었다. 김익희의 주청에 힘을 얻은 효종은 그 즉시 정명수를 통하여 팔자를 고쳤던 그의 일족에 대한 척결에 들어갔다. 그리하여 정명수의 일가친지에게 부여되었던 모든 관직은 회수되고, 그의 어미에게 내려졌던 정부인의 봉작은 취소되었다. 이어서 조카 장계우 등 몇 사람은 죽음에 처하라는 명이 내려졌고, 그의 일족과 친지 중 과거 노비였던 자들은 다시 노비로 돌려졌다. 또한 정명수의 압력으로 은산부로 승호되었던 은산 고을도 원래대로 은산현으로 낮추어졌으니, 결국 세상일은 사필귀정의 큰 틀에서 벗어나지 못하는 법이다.

소현세자의 고국 방문

소현세자가 심양에 온 지 4년째가 되는 1640년 1월에 이르러 부왕 인조는 병을 몹시 앓았던 듯 그해 『심양일기』 1월 11일자에는 이런 내용이 실려 있다.

아침에 잉굴다이와 범문정 등 6명이 관소로 왔다. 그들은 세자와 대군으로 하여금 무릎을 꿇게 하고 황제의 명을 전하였다. "어제 선전관이 국왕의 병이 위중하다는 보고를 위하여 의정부의 신문(申文 : 고위층에 올리는 문서)을 가지고 들어왔다고 합니다."

　그로부터 한 식경쯤 지나 잉굴다이 장군 및 범문정 등 4명이 다시 관소로 와서 세자에게 말하였다. "둘째 대군(인평대군)이 한 번도 들어오지 않은 것은 매우 부당합니다. 이번에 그를 급히 들어오게 하되, 그가 길을 떠났다는 보고를 듣게 되면 이곳에서 즉시 출발하여 봉황성에서 서로 교대하도록 하십시오. 그러나 세자께서는 나가시더라도 빈궁께서는 여기 머물러 있어야 합니다. 또한 원손(元孫 : 소현세자의 장남 석철을 말하는데, 이때 석철은 다섯 살이었다)도 들어와야 마땅합니다. 이런 뜻을 귀국에 급히 알리십시오."

　이에 세자가 대답하였다. "황제께서 특별히 병중에 계신 어버이를 뵈러 본국으로 돌아가도록 허락해주시니, 감격스러움을 이길 길이 없습니다. 둘째 대군이 일찍이 들어오려고 하였으나, 아직 홍역을 치르지 않아 감히 오지 못했던 것입니다. 황제의 명이 이와 같으니 즉시 알리도록 하겠습니다."

　위 내용을 풀어서 말하면, 소현세자가 본국에 있는 부왕의 병이 위중하다는 소식을 듣고 청 조정에 병문안을 다녀오겠다고 요청하자, 청에서는 세자 대신 원손을 인질로 잡히고 다녀오라는 것이다. 또한 빈궁은 가서는 안 되고 원손과 세자가 맞교대를 함으로써, 세자가 청의 영토를 벗어나려면 그와 비견될 만한 누군가를 잡혀야 한다는 말이다. 소현세자가 부왕의 문병을 위해 심양을 출발한 것은 그로부터 한 달도 더 지난 2월 13일이었다. 세자의 수행원으로는 재신(宰臣) 1명, 세자 경호 담당부서인 익위사(翊衛司) 요원 1명, 역관 3명, 의관(醫官) 3명, 선전관 3명, 금군(禁軍) 4명과 이 밖에 군관 등을 포함해서 총 27명이었고, 일행 전체의 호위는 청나라 장수 오목도(梧木道)가 담당했다. 세자의 행차는 심양으로 올

때와 거의 비슷하게 길을 잡았으나, 그때보다는 노숙을 줄이고 촌가에서 묵는 날이 많은 점이 달랐다.

2월 13일 심양을 출발한 세자는 그로부터 보름 후인 28일에서야 안주와 평양 사이에 있는 숙천에 이르는데, 이곳에는 세자와 인질 교대를 위해 서울에서 출발한 원손 일행이 이미 도착해 있었다. 이때 오목도가 세자를 향해 "원손이 여기에 머문 지 이미 오래되었는데, 아직도 나아갈 뜻이 없습니다. 내일 길을 떠나지 않으면 저는 세자와 여기에 머물렀다가 원손을 떠나보낸 후에 출발하겠습니다"라면서 세자의 일정을 조정했다. 당시 원손은 도중에 병이 나는 바람에 평양에서 여러 날 머물렀고, 이때까지도 완쾌가 되지 않았으나, 오목도는 이런 사정을 전혀 배려하지 않았다. 오목도의 주장대로 이튿날 원손이 심양으로 출발한 후에 세자는 서울을 향해 길을 떠났다. 세자가 원손 석철과 헤어진 때가 1637년 2월이었으므로 이들 부자의 상봉은 만 3년 만이었다. 하지만 세자는 겨우 하룻밤을 원손과 함께 묵고서 병이 난 아들과 곧바로 이별해야 했다. 이후에도 원손의 병은 차도가 없었던 듯 인평대군과 원손이 심양에 당도한 것은 4월 26일이었다. 윤 1월 9일 서울을 출발했으니, 자그마치 4개월 가까이 걸린 것이다.

이로 인해 잉굴다이는 호송 책임관 오준(吳竣)을 향하여 "원손이 출발한 지 이미 넉 달이나 되었다. 무슨 연유로 중도에서 지체하였는가. 그대는 중벌을 면할 수 없을 것이다"라며 책임을 추궁했다. 이에 오준은 "원손이 나이가 어리고 병이 많아 쉽게 전진할 수 없었습니다"라고 변명했다. 할 말이 없게 된 잉굴다이는 가마 앞으로 가서, "다른 아이로 바꾸어 보내지는 않았는지 살펴보겠다" 하고는, 장막을 걷고서 원손이 틀림없음을 확인하고서야 조용해졌다. 숙천에서 원손과 헤어진 소현세자가 서울에 도착한 것은 1640년(인조 18) 3월 7일이었다. 아래는 『인조실록』
에 실린 그날의 기사이다.

세자가 서울로 들어왔다. 원방(遠方)에 있는 파직자(罷職者)와 산관(散
官) 및 조관(朝官)들이 모두 모여들었다. 백관들은 반으로 나뉘어서 연서역
에서 맞이하였고 산관과 유생들은 홍제원에서 맞이하였다. 그 나머지 백
관들은 궐하에서 맞이하였다. 궐내에서 입직하는 관원들은 금천교에서 맞
이하였다. 벽제에서부터 궐문에 이르기까지 사민들이 가득 메워 흐느꼈다.
상이 승지 박로를 보내 오목도에게 접견을 청하였다. 세자 역시 사람을 보
내어 기다렸다가 함께 들어갈 뜻을 알렸다. 오목도가 이에 나아가 세자와
함께 입궐하였다. 장경문(長慶門)에 이르러 세자와 더불어 서서 말하기를,
"밀서를 전달할 때 반드시 좌우를 모두 물리치고 단지 신임할 만한 내
관 한 사람과 함께 뜯어보아야 합니다" 하니, 상이 허락하였다. 이때 세자
가 들어와 상 앞에 이르러 부복하고는 눈물을 흘리니, 상이 눈물을 흘리
면서 어루만졌다. 시신(侍臣)들도 모두 눈물을 흘렸다.

이날 인조는 3년 만에 만난 아들을 어루만지고 눈물을 흘리는 등 여
느 어버이와 똑같은 감정을 드러냈다. 그러나 이때 오목도가 가져온 청
태종의 밀서로 인해 조정은 새로운 근심에 쌓이게 된다. 그 밀서에서 청
태종은 "볼모로 보낸 조정 대신들 중 적자가 아닌 서자(庶子) 내지는 얼
자(孽子: 천민 첩의 아들)를 보내거나, 아니면 양자 또는 심한 경우 촌수
가 먼 조카를 보내기도 했다"며 강하게 질책했다. 당시 평성부원군(平城
府院君) 신경진은 얼손(孽孫)을 보내고, 판부사 심열은 서자를 보내는 등
중신들 중에도 많은 사람이 이 가질사건(假質事件)에 연루되었다. 인조는

밀서를 받은 이틀 후 영의정 최명길과 이조판서 이경석(李景奭)을 파직하고, 병조판서 이시백과 전(前) 판서 홍보(洪寶)의 유배를 명하는 등 사건과 관련된 중신들을 모두 문책했다.

그런데 이때 문책당한 인물들 중 최명길의 경우는 좀 애매했다. 최명길은 본처 인동 장씨(장만의 딸)에게서 아들이 없자 조카인 후량(後亮)을 입양하여 후사로 삼았다. 그 후 장씨 부인이 죽고 재혼한 허씨 부인이 아들 후상(後尙)을 낳았다. 이런 경우 기왕의 입양자는 파양해도 되었고, 이는 국법에서도 허용되는 일이므로 많은 사람들이 이에 따랐다. 그러나 최명길은 파양하지 않고 끝까지 후량을 장남, 후상을 차남으로 인정했다. 주변에서 이에 대하여 의문을 품자, 그는 이렇게 대답했다. "이미 아비와 자식으로 연을 맺어 저절로 천륜의 순서가 정해진 것이므로 이를 바꾸는 것은 부당하다." 최명길은 그 뒤 후량에게 유산도 장자의 예에 따라 분배하는 등 후량을 명실상부한 장자로 인정했다. 병자호란 후 영의정에 올랐던 최명길은 심양에 '후량'을 질자(質子)로 보내 3년을 머물게 했다. 그 후 후량의 등과를 위해 청의 양해를 얻어 후량을 입국시키고 그 대신 자신의 종제를 보냈는데, 지금에 와서 그들은 옥석(玉石) 구분 없이 모두의 처벌을 요구했던 것이다.

이 가질사건은 당시 형조판서로 재직하던 춘성부원군 남이웅(南以雄, 1575~1648)이 담당했다. 아래는 남이웅의 부인 남평(南平) 조씨(曺氏)가 작성한 『병자일기(丙子日記)』 1640년(경진년) 3월 일기 중 해당 부분이다.

3월 9일 맑았다.
(남편 남이웅이) 아침 드신 후에 나가시더니 약주를 잡수시고 들어오셨다. 저녁때에 치자(置子) 바꾼 일(가질사건)들 때문에 배오개 영감과 병조판

서와 홍보(洪寶)가 옥에 갇힌 기별이 왔다. 의금부에 가셨다가 밤중에 오셨다. 그런 놀라운 일이 없다.

3월 10일 맑았다.

새벽에 의금부에 가셔서 좌기하셨다. 병조판서와 공조판서도 다 아침에 갇히셨다고 하니, 놀랍다.

3월 11일 맑았다.

날이 밝기 전에 모여서 옥에 갇히신 분들을 만나보러 가셨다. 오늘 정사(政事)에서 (남편이) 대사헌에 임명되셨다. 전에는 대사헌이 민망하더니 이번에는 이렇게 시원한 일이 없다. 비록 직위로는 형조판서보다 아래지만 편안함이 많은 자리이니 기쁘기 한량없다. 모두들 치하하러 오셨다. 아직은 질자(質子) 보내는 것을 면했으나 어찌 되려는가 한다.

일기의 내용으로 볼 때 가질사건의 충격이 얼마나 대단했는지 짐작이 된다. 또한 형조판서에서 그보다 직급이 낮은 대사헌에 제수된 것을 모두가 치하했을 정도로 당시 청에 질자를 보내는 문제는 조정 중신들에게 중압감을 주었음을 알 수 있다.

3년 만에 부왕을 만난 세자는 25일간 서울에 머물다가 4월 2일 또다시 심양을 향해 길을 나섰다. 되돌아갈 때는 파주에 있는 모후 인열왕후의 장릉(長陵)에 들러 성묘하고, 개성에서는 만월대를 돌아보았다. 세자는 황해도 봉산에서 날씨 때문에 이틀을 묵고, 평안도 정주에서는 몸이 좋지 않아서 이틀을 묵었다. 그 외는 모두 하루씩 묵었으나, 다만 의주에서는 나흘을 머물고 닷새째가 되는 4월 23일 비를 무릅쓰고 압록강을 건너려는데, 갑자기 돌풍과 함께 파도가 쳤다. 이때 세자가 탄 배의 옆 배가 물에 잠기는 사고가 발생했다. 주위 사람들이 구조에 나선 덕분에 가까스로 침몰을 면했으나, 사공 한 명이 익사하고 말 한 마리가 죽고 말았다. 사고에 놀란 일행은 의주로 되돌아가서 하루를 더 묵고 다음 날에서야 출발했다. 압록강을 건넌 후로도 날씨는 사흘이나 더 지정거렸으나, 다행히 심양에 이르도록 별일은 일어나지 않아서 세자는 서울을 떠난 지 한 달 만인 5월 3일, 심양에 무사히 도착했다. 소현세자가 도착할 때까지 심양에 머물던 원손은 6월 21일 봉림대군과 함께 서울로 향했다. 어떠한 경우에도 세자와 원손 중 한 명은 그들 손에 잡혀 있어야 했던 것이다.

소현세자는 청에서 8년 인질 생활을 하는 동안 1640년 봄, 부왕의 문병차 방문한 것을 포함하여 두 번에 걸쳐 본국을 방문하는데, 2차 방문 때는 세자빈 강씨를 대동한다. 2차 방문의 목적은 부왕의 문병과 인조의 계비 장렬왕후에 대한 상견례를 겸한 숙배(肅拜)였다. 이외 1643년 6월에 사망한 강빈의 부친(강석기) 상청에 곡전(哭奠 : 상청 앞에서 곡하며 절하는 것)하는 것도 포함되어 있었다. 세자 부부는 1643년 12월 15일 심양을 출발하여 22일 봉황성에 이르러 자그마치 열하루나 묵는다. 이처럼 한곳에서 오래도록 머문 이유는 서울에서 출발한 원손의 지연 때문이었다. 서울에서 출발한 원손 일행이 봉황성에 도착한 것은 1644년 1월 1일이었다. 세자 부부는 원손과 봉황성에서 이틀 밤을 보내고 1월 3일 서울을 향해 출발했다. 이로 인하여 서울에 도착한 것은 심양을 떠난 지 한 달 닷새 만인 1월 20일이었다.

세자 부부는 서울에 도착한 즉시 양전(兩殿)에 숙배를 행했다. 이때 세자는 4년 전에 부왕의 문병차 서울을 다녀갔으나, 강빈은 지난 1637년

2월 서울을 떠난 이후 7년 만이었다. 세자가 심양에서 빈궁을 대동하려는 명분으로 삼은 것은 부친의 상청에 곡전하는 것 외에 모친의 병문안도 있었다. 강빈의 모친은 딸과 사위에 이어 막내아들 강문벽까지 인질로 보내고 노심초사하던 중 남편마저 세상을 떠나자 병을 얻었던 모양이다. 7년 만에 돌아온 강빈은 인조에게 부친 상청에 곡전과 함께 모친의 문병을 주청했으나, 인조는 며느리의 간청을 차갑게 물리친다. 이 무렵 인조는 심양에서 보내오는 각종 보고서와 이런저런 소문을 접하고 세자 부부를 불신하고 있었다.

　서울에 온 지 20여 일이 다 되도록 강빈의 친가 방문이 성사되지 않자, 2월 9일에는 삼공(三公 : 삼정승)이 함께 "세자빈이 서울을 떠날 날이 임박했는데도 부친 상청에 곡전하는 일과 모친 병문안을 하지 못하게 한 것은 인정상 못할 일입니다. 청 황제에게 빈궁을 대동하려는 명분으로 이 두 가지를 포함했는데, 이를 행하지 않으면 청에서 의심할 것입니다"라는 상소를 올렸다. 그러자 인조는 "지금 재변이 참혹하여 민심이 이반하지 않을까 걱정하느라 법을 벗어난 예나 도를 넘어선 조치는 생각할 겨를이 없다"며 이를 내쳐버린다. 결국 강빈은 서울에서 근 한 달을 머무는 동안 친정 부모에게 아무런 예도 표하지 못하고, 2월 19일 심양으로 떠나야 했다.

1,000일 갈이의 밭

1641년(인조 19) 12월 12일 심양관에 나타난 정명수는 황제의 뜻이라며 세자를 향해 다음과 같은 내용을 전했다. "황제께서 말씀하시기를 조선 왕자가 이곳에 온 지 이제 5년이 지났으니 해마다 급료를 줄 수는 없으므로 내년부터는 스스로 경작하여 마땅히 급료를 중지할 것이라고 합니다. 팔고산(팔기군)의 농지에서 1,000일 갈이를 떼어줄 것이니, 왕자 이하 신하들과 질자들이 인부와 노동력을 헤아려 경작하고 농부는 본국에서 조달하십시오."

이때 청에서 내준다는 1,000일 갈이의 땅에 농사를 짓는다는 것은 그렇게 간단한 일이 아니었으니, 1,000일 갈이 땅의 면적을 지금 식으로 계산해보자.

1,000일 갈이 땅의 크기

하루갈이란 소를 이용하여 하루에 갈 수 있는 면적을 말하는바, 여기에는 한 마리로 가는 '호리'가 있고, 두 마리로 가는 '겨리'가 있다. 호리의 경우 하루에 약 1,500평쯤 갈 수 있고, 겨리로 갈면 하루에 2,500평까지 가능하다. 호리로 1,500평씩 가는 것으로 계산하여 1,000일이면 150만 평이라는 엄청난 면적이 나온다. 그러나 그들의 사흘 갈이가 조선의 이틀 갈이와 비슷하다고 한 것으로 보아 실제 면적은 100만 평(3,305,800제곱미터)쯤 되었을 것으로 추정된다.

당시 심양관에 있던 사람들은 하나같이 농사와는 거리가 먼 사람들로서, 이들 대부분은 붓대를 잡거나 아니면 사대부가에서 대대로 노비로 살았던 사람들이었다. 이런 형편에 그 넓은 땅에 농사를 짓는다는 것은 생각처럼 쉬운 일도 아닐뿐더러 설사 농사에 경험이 있다손 치더라도 농사에 절대적으로 필요한 소는 어떻게 구하는가. 또한 청나라는 조선과 기후와 토질도 다르고 농사법도 달랐다. 세자는 이 같은 여러 문제를 들어 황제의 명을 전하러 온 정명수로 하여금 황제에게 농사를 직접 짓는 것은 불가하다는 통보를 해달라고 주문했다.

그러자 정명수는 잔뜩 화가 난 얼굴로 세자를 면박한다. "이 일은 몇 년 동안 내리 흉년이 들어 팔고산에서 급료를 대기가 어려우므로 여러 왕이 황제 앞에서 의논하여 정한 것입니다. 몽골 왕과 투항해와서 여러 부(部)에 예속된 자들은 1년에서 2년쯤 급료를 받다가 그 뒤에는 모두가 밭을 받아 스스로 농사를 지어 먹는데, 조선 왕자만 5년이 되도록 급료를 지급했으니, 이후로는 다른 사람들과 마찬가지로 밭을 주자고 하여 이미 의논이 정해졌습니다. 이 문제에 대해서는 아문(衙門)에서도 그 옳고 그름을 논하지 못하는데, 제가 어찌 감히 이런 거역의 말을 전하겠습니까? 그러나 이런 뜻을 가서 고하기는 하겠습니다."

이틀 후에 다시 나타난 정명수의 입이 열렸다. "밭을 받기 어렵다는 뜻을 황제께 고하였더니, 황제께서는 '농군을 징발해 데려오기 어렵다면 피로인들을 속환하여 쓰면 되는데, 아문에서 속환하면 값이 비싸 어려울 것이니 이곳 시장에서 직접 속환하여 샀다가 왕자가 조만간 돌아갈 때 데리고 가기로 하고 그전까지는 이 사람들을 부려 경작하는 것이 좋을 것'이라고 하셨습니다."

그 말을 들은 소현세자는 다시 한번 경작이 불가함을 청하기로 하고, 종1품인 세자시강원 이사(貳師), 이경석을 호부(戶部)로 보내 이쪽 사정을 고하게 했다. 이때 세자를 대신하여 호부로 보내려는 이경석은 병자호란이 끝나고 청의 요구에 의해 '삼전도비문(정식 명칭은 대청황제공덕비〈大

淸皇帝功德碑》'을 지은 주인공이다. 삼전도의 항복례가 행해지던 1637년 11월, 청의 요청을 받은 인조는 당대의 문장가로 이름을 날리던 장유, 이경전(李慶全), 조희일(趙希逸), 이경석 등 네 명에게 '청태종공덕비'의 비문을 지으라는 명을 내렸다. 명을 받은 네 사람은 하나같이 사양하는 상소를 올렸으나 인조는 따르지 않았다. 그러자 조희일은 고의로 글을 거칠게 지어 채택을 피했고, 이경전은 와병 중임을 내세워 짓지 않았다. 그러나 도승지에 예문관 대제학을 겸했던 이경석과 봉림대군의 장인이었던 장유는 이를 피할 방법이 없었다. 결국 이경석과 장유가 지은 글을 청으로 보냈는데, 청에서는 이경석의 글을 채택하겠다고 통보했다. 당시 글은 이경석이 지었으나, 비문의 글씨는 오준이 쓰고, 비문의 제목 '대청황제공덕비' 일곱 글자는 여이징(呂爾徵)이 썼다. 자신의 직분 때문에 비문을 지을 수밖에 없었던 이경석은 자기 형 이경직에게 "글을 배운 게 천추의 한이 된다"고 토로했다고 한다. 그 후 이경석은 이조판서를 지낸 후, 1641년 세자시강원 이사가 되어 심양으로 들어와 이날까지 소현세자를 보필하며 강독(講讀)을 행하고 있었다.

세자의 명을 받고 호부로 직행한 이경석이 말했다. "대국(大國)이 우리가 먹고살 길이 없음을 염려하여 밭을 떼어주는데, 이처럼 다시 말씀드리는 것은 많은 농부를 저자에서 사들이는 일 또한 쉽지 않기 때문입니다. 그 밖에 여러 가지로 힘이 미치지 못하고 형편상 어려운 사정을 대략 진술하고자 합니다." 이경석의 말이 끝나자 잉굴다이가 버럭 화를 내며 나무란다. "황제 앞에서 결정된 일을 아문에서는 마땅히 받들어 시행할 뿐이오. 1636년(병자년) 이전에 문관들이 일을 그르쳐 실패하였음에도 오히려 뉘우칠 줄 모르고 사람들을 거느리고 와서 아문을 둘러싸고 어찌하겠다는 것이오? 배종 신하들은 교체되면 돌아갈 것이기에 관소의 일은 생각지 않고 이와 같이 막고 있는데, 이는 장구한 계책이 아니오. 모든 일은 세자와 상의하여 처리할 것이니, 모두들 물러가도록 하시오." 말은 그렇게 했으나 잉굴다이는 이경석의 말을 황제에게 고했다. 다시 나타난 잉굴다이가 황제의 말을 전했다.

남에게 먹을 것을 바라는 것과 스스로 경작해 먹는 것을 어찌 같다고 할 수 있겠는가. 진실로 어리석구나. 그들이 필시 농기구를 준비하기 어렵고 농부를 사기가 어려운 것을 근심하는 모양이니 600일 갈이로 줄여주어라.

청 태종의 이 말은 스스로 일을 안 하고 남에게 의지하려는 관소의 원역들을 나무란 것이었으나, 실은 조선 사대부들의 사고방식 전체를 나무란 것이다. 청 태종은 조선의 사대부들이 책은 많이 읽어 머릿속에 든 것은 많으나, 실행력이 모자람을 누차 지적했고, 이번에도 그것을 꼬집었다. 여러 가지 시도가 무위로 돌아가자, 세자는 본국에다 농민을 보내달라고 요청하여 이듬해 3월 조선에서 농민을 조발(調發)하여 데려왔다. 심양관에서는 많은 우여곡절을 겪으며 1642년부터 600일 갈이에 농사를 지으니, 소출이 예상보다 적어 전체 수확량이 3,319석에 머물렀다. 소식을 들은 청에서는 기왕에 주려다가 그만둔 400일 갈이를 추가로 내주었으나, 실제로는 먼저 받은 600일 갈이를 포함해서 939일 갈이에 불과했다. 이렇게 되어 1643년부터는 939일 갈이에 농사를 짓게 되는데, 여기에서 나온 수확량을 한 번 살펴보자.

1643년 12월 14일자 『심양장계』를 보면 "올해 심양의 농사는 연전보다 자못 부실하거니와 … "라고 서두를 꺼내고 나서, 6개 둔소(屯所)에서 생산된 총 수확량을 5,024석이라고 했다. 당시 1석을 15말로 계산했는데 이것은 조선시대 두량법이다. 참고로 현재는 1석 기준이 20말이고 1가마니는 10말이다.

3. 착오와 정세

청 태종, 홍타이지 죽다

한밤중에 청 황제가 갑자기 죽었다. 세자가 즉시 대궐로 나아갔다. 종신 (從臣)과 상하 원역이 배종하고 가서 외정에서 대기하였다. 예부의 분부를 따라 소복으로 갈아입었다. 오시(午時 : 낮 11시~오후 1시)에 세자와 대군을 내정으로 불러들이고 종신 이하는 그대로 외정에 있게 하였다. 이날 밤 세자는 새벽까지 나오지 못하였다.

윗글은 『소현심양일기』 1643년(계미년) 8월 10일자에 실린 청 태종 홍타이지가 하루 전인 9일 저녁에 급서한 것을 기록한 내용이다. 이에 대하여 청실록 1643년(계미년) 8월 9일자에는 이렇게 나와 있다.

○ 是夜。亥刻。上無疾。端坐而崩。上在位十有七年。壽五十有二

(이날 밤 10시경에 아무런 질환이 없던 상〈황제〉이 단정히 앉은 채로 붕어했다.
상의 재위 17년, 향년 52세였다.)

위 내용과는 달리 청 태종의 사망 원인이 뇌출혈 내지는 우울증이었
다는 설이 전해지는데, 여기에서 잠시 그가 죽을 당시의 상황을 살펴보
기로 하자.

청 태종은 생전에 부왕 누르하치가 거느렸던 16명보다 한 명이 적은
15명의 비빈을 거느렸다. 이들 중 대복진(大福晉 : 元妃) 뉴호록씨(鈕祜祿
氏, 1593~1612)는 개국공신 액역도(額亦都)의 딸이었다. 그러나 그녀는 요
절하여 청 황실에서는 이미 잊힌 여인이 되고 말았다. 이어서 3대 황제
순치제의 생모이며 정치적 식견이 탁월했던 몽골 여인 효장문황후(孝莊
文皇后, 효장태후라고도 한다)가 있었다. 태종은 정치적 난관에 봉착할 때
마다 그녀에게 의지했다. 따라서 명 말기에 문무를 겸비하여 태종이 그
토록 탐을 냈던 홍승주가 1641년 청군에 생포되어 투항할 때도 그녀가
결정적 역할을 했다.
　그러나 15명이나 되는 많은 비빈들 중 태종이 가장 사랑했던 여인은
효장문황후의 친언니인 해란주(海蘭珠, 1609~1641)였다. 당시 청 황실에
서는 몽골 여인과 혼인하는 일이 잦았다. 그 이유는 유목민들 사이에서
최고의 혈통으로 여기는 몽골의 황금씨족(黃金氏族)인 칭기즈칸의 가문
과 결합하여 자신의 정치적 입지를 강화하고자 했기 때문이다. 해란주
는 몽골 코르친 부족 출신으로 화석충친왕에 오른 채상(寨桑)의 딸로 태
어났다. 그녀는 1634년(천총 8), 당시로서는 상당히 늦은 나이인 스물여섯
에 청 태종과 혼인했다. 해란주의 외모는 경국지색이란 말이 무색할 정도

로 빼어났다. 그녀가 이처럼 늦은 나이에 혼인하게 된 것은 그녀의 부친이 미모가 뛰어난 딸을 정략적으로 이용하려 했기 때문이다. 태종은 그녀를 보자마자 정신을 못 차릴 정도로 빠져들었다. 태종은 그녀가 궁에 들어온 지 2년 후인 1636년 신비(宸妃)로 책봉했다. 이어서 그녀를 위해 거대하고 화려한 궁궐을 짓고, 관저궁(關雎宮)이란 이름을 지어주었다.

이 말은 『시경(詩經)』 관저편(關雎篇)편에서 따온 말로 남녀 간의 사랑을 주제로 삼은 시였는데, 해란주에게 빠진 태종은 궁 이름에다 이를 사용했다. 얼마 후 그녀는 아들을 낳았다. 태종은 아들이 태어나자마자 강보에 싸인 아이를 자신의 후계자로 지명하고 대사면령을 내렸다. 냉철한 판단력과 합리적 사고를 지녔다는 태종도 사랑하는 여인 앞에선 별수 없었다. 그런데 아이는 첫돌도 되기 전에 죽고 말았다. 태종의 상실감은 세상을 다 잃은 것만큼이나 컸다.

충격과 우울증에 시달리던 그는 이를 극복이라도 하려는 듯 1641년 (숭덕 6) 8월, 명의 계요총독 홍승주가 사수하는 금주성 공격에 나섰다. 홍승주를 상대로 건곤일척의 싸움을 벌이고 있을 때 심양의 관저궁에서 파발이 달려왔다. 신비의 병세가 심상치 않다는 전갈이었다. 파발이 전하는 말을 들은 그는 전군의 회군을 명하고 관저궁으로 달려갔다. 그러나 태종이 관저궁으로 들어서기 직전 그녀는 그만 숨을 멈추고 말았다. 1641년 9월 17일 새벽의 일로 이때 신비의 나이 서른세 살이었다. 신비의 시신을 붙들고 몸부림치던 태종은 이내 혼절하여 이튿날에야 겨우 깨어났다. 태종은 친히 제문을 짓고 신비의 장례를 장엄하고도 화려하게 치러주었다.

그 후 태종은 노국공주를 잃은 고려의 공민왕이 그랬듯이 죽은 신비의 곁을 떠나지 못했다. 온갖 명분을 붙여 신비를 위한 제사를 지내고 틈만 나면 묘소를 찾아 통곡했으나, 그렇다고 죽은 신비가 살아 돌아오지는 않았다. 결국 우울증을 얻은 그의 몸은 나날이 쇠약해졌고, 평소 뇌출혈 증세를 보이던 그는 1643년(숭덕 8) 8월 9일 저녁, 쉰둘의 나이로 생을 마감하고 말았다. 태종이 금주성에서 회군할 당시 소현세자 역시 동행했다. 당연하게도 『소현심양일기』와 『심양장계』 두 곳 모두 신비의 위급한 병세로 인해 급히 회군했다는 대목이 보인다. 거기에는 태종이 회군을 명한 것은 9월 12일이었고, 신비가 숨진 것은 9월 17일이라고 기록했다. 또한 태종은 7일에 걸쳐 신비를 위한 완렴을 행했다고 한 후, 9월 29일자 일기에 이렇게 적었다.

… 한(汗)의 행차가 북쪽 성문을 나와 완렴하는 곳에 이르렀다. 들판에는 장막을 치고 대자리를 둘러 담을 만들었으며, 종이 집과 종이 탑을 만들고 오색 종이로 고운 빛깔의 깃발이며 돈이며 꽃을 만들었다. 극히 사치스러웠는데, 그 비용이 만금(萬金)에 이른다고 한다. 중과 도사와 무당이 뒤섞여 기도를 올렸다. 한은 크게 슬퍼하고 애통해하였으며, 돌아올 때도 곡하며 울기를 그치지 않았다.

여섯 살 황제와 섭정왕 도르곤

청 태종은 생전에 자신의 후계자에 대하여 아무런 유조(遺詔)도 남기지 않고 갑자기 죽었다. 왕권 국가에서 후계자를 지명하지 않고 전임자가 사망했을 경우 필연적으로 후계 다툼이 일어난다. 따라서 태종이 갑자기 죽자 청 조정은 후계자를 둘러싸고 일촉즉발의 긴장감에 휩싸인다. 태종은 생전에 15명의 부인에게서 11남 14녀의 자녀를 두었다. 이중에서 황위 계승의 1순위는 태종의 장남 숙친왕 호오거(豪格, 1609~1647)였고, 2순위 는 태종의 이복동생으로 누르하치의 열넷째 아들인 예친왕 도르곤(多爾袞, 1612~1650)이었다. 이때 호오거는 서른다섯, 그의 숙부 도르곤은 조 카보다 세 살이 적은 서른둘이었는데, 둘은 모든 면에서 다툴 만했다. 소 년 시절부터 싸움터를 누빈 경력이 그러했고, 무예와 용병에 밝은 것 또 한 그랬다. 여기에 그들을 따르는 장수와 각자가 지닌 군력(軍力)과 전공 에서도 우열을 가리기 힘들었다. 여진족은 후계자를 정할 때 큰아들과 작은아들을 가리지 않고 능력 위주로 정하는 게 전통이다. 그러나 한족 문화에 심취했던 태종은 장남이 후계를 이어야 한다는 소신이 있었다. 하지만 누구보다도 야심이 강했던 도르곤은 여진족의 전통을 따를 것을 주장했다. 이런 점에서는 16명이나 되는 누르하치의 아들 중 여덟째였던 홍타이지가 부왕의 제위를 이어받았으므로 도르곤은 명분에서도 밀릴 게 없었다. 거기에 창업주의 아들이라는 강점도 있었다.

당시 청 황실에는 누르하치의 차남으로 아우 홍타이지에게 후계 다툼 에서 밀려난 다이샨(代善, 1584~1648)이 생존해 있었다. 이미 예순 살에 달했던 다이샨은 아우와 조카 싸움에 끼어들기는 쉽지 않으나, 평소 소신대로 '장남인 호오거가 황위를 잇는 게 원칙'이라는 입장을 밝혔다. 그 말을 들은 도르곤이 강하게 반발하자, 그는 슬며시 뒤로 물러서고 말 았다. 자칫하다가는 노후를 비참하게 마무리하게 될지도 모른다고 생각 했던 것이다. 이렇게 되자 조정의 중신들은 그 누구도 나서지 않았다. 만 에 하나 자신이 지지했던 사람이 밀려날 경우 그때는 멸문지화를 당할 수도 있기 때문이다.

이 틈을 비집고 뛰어든 사람이 바로 죽은 신비의 여동생이며 태종의 후궁인 측복진(側福晉) '효장태후(孝莊太后)'였다. 본명이 박이제길특 포목 포태(博爾濟吉特 布木布泰, 1613~1688)'인 그녀는 1613년 몽골 코르친에서, 화석충친왕 채상의 딸로 태어났다. 그 후 1625년 태종의 측복진이 되면서 청 황실과의 인연을 시작했다. 1636년 태종이 국호를 청(淸)으로 바꾸고 황제로 등극할 때 그녀는 영복궁 장비(永福宮 莊妃)로 봉해졌다. 그로부터 2년 후 아들을 생산하니, 이 아이가 바로 태종의 아홉째 아들로 훗날 청의 3대 황제 순치제(順治帝)로 즉위하는 복림(福臨, 1638~1661)이다.

장비(莊妃)는 죽은 신비를 닮아 인물도 빼어났지만, 무엇보다도 정치적 식견이 탁월했다. 그녀는 남편 태종과 아들 순치제에 이어 손자 강희제(康熙帝)까지 3대에 걸쳐 황실 막후에서 영향력을 행사하며 청 황조를 반석 위에 올려놓은 여걸이었다. 장비는 호오거와 도르곤의 황위 다툼을 보고, 둘 중 누가 이기건 간에 필연적으로 피바람을 불러올 수밖에 없다고 생각하고, 그 누구도 생각지 못한 방안을 내놓았다. 즉 자기 아들 복림을 황제로 앉힌 후, 황제를 완충지대로 삼아 양측이 권력을 나누게 하자는 절충안을 내놓은 것이다. 그녀의 제안에 양측은 심각한 고민에 빠졌다. 그러나 아무리 머리를 싸매고 고민해봐도 뾰족한 수가 없었다. 오래도록 고민하던 양측은 모두 효장태후가 제안한 방안을 따르기로 했다. 워낙 세력이 팽팽하여 후계 다툼에서 자신이 이긴다는 보장도 없었고, 설사 이긴다손 치더라도 치명적 타격을 입게 될 것임은 의심의 여지가 없었기 때문이다. 또 그렇게 되면 명을 정복하기 전에 청 스스로 무너질 우려도 있었다.

태종의 뒤를 이어 새 황제가 된 복림의 나이는 겨우 여섯 살이었다. 여섯 살짜리 어린아이가 나라를 이끌어갈 수는 없으므로 불가부득 섭정을 앉혀야 했다. 섭정에는 예친왕 도르곤과 그의 사촌 형 정친왕 지르갈랑 둘이서 공동으로 맡기로 합의하고, 좌섭정왕은 도르곤이, 우섭정왕은 지르갈랑이 담당하기로 했다. 이때 우섭정왕이 된 지르갈랑은 누르하치의 동생 슈르하치의 아들로서 호오거에게는 오촌 당숙뻘인데, 그는 당질인 호오거를 지지하고 있었다. 순치제 초기에는 좌섭정왕 도르곤이 병권을 책임지고, 우섭정왕 지르갈랑이 조정의 국사를 담당했으나, 얼마 지나지 않아 도르곤은 지르갈랑으로부터 조정의 의결권까지 넘겨받아 권력을 독점하기 시작했다. 신변의 불안을 느낀 지르갈랑이 자신의 안전을 위해 스스로 의결권을 내주었던 것이다. 이후 도르곤은 군권은 물론, 조정 전체를 관장하는 사실상의 황제로 군림했다. 황제를 능가하는 권력을 잡은 도르곤은 이에 만족하지 않고, 호오거 세력을 제거할 명분을 찾고 있었다. 1644년(순치 1) 4월, 호오거의 부하 하락회(何洛會)는 호오거가 도르곤을 제거하려 한다고 밀고했다. 이에 도르곤은 호오거가 지녔던 숙친왕의 작위를 박탈하고 호오거와 그 일당을 숙청해버렸다.

그러나 오래지 않아 풀려나게 된 호오거는 그해 10월, 백의종군으로 전공을 쌓아 숙친왕으로 복작(復爵)했다. 그 후 호오거는 1646년(순치 3)에 이르러 이자성과 함께 농민 반란을 일으켜 사천성 성도(成都)에서 '대서(大西)'를 세우고 황제를 참칭하던 장헌충 세력을 토멸하고 개선함으로써 재기를 위해 한발 다가섰다. 그러나 이는 화를 자초하는 지름길이었다. 호오거를 극도로 경계하던 도르곤은 그에게 죄인의 아우를 기용하고 부하의 전공을 가로챘다는 혐의를 뒤집어씌워 죽인 뒤에 미모가 뛰어난 호오거의 대복진을 자신의 첩으로 삼았다. 그가 조카며느리를 첩으로 삼았다는 것은 황제 위에 군림하고 있다는 증좌였다.

명의 운명을 걸머진 오삼계

홍승주가 청에 투항한 이후 명에는 오삼계(吳三桂, 1612~1678)라는 장수
가 새로 등장했다. 오삼계는 명의 원숭환이 죽고 홍승주가 청에 투항한
이후로 숭정제(崇禎帝)가 가장 아끼는 무장이었다. 그는 거듭 전공을 쌓
아 1641년부터는 산해관을 사수하는 임무를 맡은 데 이어, 숭정제 말기
에는 요동 전체를 관장하는 요동총병이 되었다. 믿을 사람은 오삼계밖에
없다고 생각한 숭정제는 그에게 더욱 힘을 실어주려 애썼다. 오삼계 또
한 황제의 뜻을 알아차리고 불철주야 산해관을 사수하며 일신을 돌보
지 않았다. 이제 명의 운명은 오직 오삼계의 두 어깨에 달려 있다고 해
도 지나친 말이 아니었다. 상황을 파악한 청의 섭정왕 도르곤은 오삼계
를 투항시키기 위해 무던히도 애를 썼으나 온갖 유혹에도 그는 전혀 흔
들리지 않았다. 이 무렵 북경에는 진원원(陳圓圓)이라는 천하절색의 미녀
가 있었다. 진원원은 집이 가난하여 양모(養母)의 손에 길러졌다. 어느 날
진원원의 이모부 전홍우(田弘遇)는 그녀를 양모에게서 빼내어 숭정제에
게 바쳤다. 자신의 출세를 위한 방편이었으나, 여색에는 별로 관심이 없
던 숭정제는 이를 물리친다.

다른 방법을 모색하던 전홍우는 군의 실력자 오삼계에게 접근하기로
했다. 어느 날 술자리를 마련한 전홍우는 오삼계를 초청하고, 술이 몇 순
배 돌았을 때 진원원을 불러냈다. 천하절색인 그녀가 춤을 추고 노래하
는 모습을 본 오삼계는 완전히 혼이 나갔다. 오삼계는 전홍우에게 부탁
하여 그녀를 자신의 첩으로 삼았다. 그날부터 오삼계는 임지로의 부임
마저 미룰 정도로 그녀에게 빠져들었다. 이때 이자성이 반란군을 이끌고
북경을 향해 진격을 개시했다. 이 무렵 오삼계는 청군에 맞서 산해관을
사수하고 있었다. 명의 정예 병력 대부분이 산해관을 지키고 있는 상황

에서 이자성의 반란군이 들이닥쳤다. 이리하여 중원의 맹주로 군림하던 명의 사직이 무너지는데, 여기에 그날의 장면을 실어본다.

1627년 8월, 까막눈 황제라 불리며 목공 일과 귀뚜라미 싸움에만 심취하던 명의 천계제(天啓帝) 희종(熹宗)이 스물셋의 젊은 나이로 갑자기 죽고, 그 뒤를 이어 열일곱 살의 주유검(朱由檢)이 명의 16대 황제로 즉위했다. 이 사람이 바로 명의 마지막 황제 숭정제(崇禎帝, 1611~1644)로 그의 묘호는 처음에는 '사종(思宗)'으로 불리다가 후에 '의종(毅宗)'으로 바뀌었다. 숭정제는 황제가 되자마자, 전(前) 황제 희종의 유모 객씨와 '구천세(九千歲)'라 불리며 황제 위에 군림하던 위충현을 제거했다. 이때 객씨는 완의국(浣衣局)으로 끌려가 몽둥이로 맞아 죽고, 위충현은 유배지로 가던 도중 목을 매고 자살했다. 위충현을 제거한 숭정제는 농정에 밝은 서광계(徐光啓, 1562~1633)를 예부상서로 등용하고, 위충현 일당의 탄압을 받던 동림당(東林黨) 인사들을 입각시키는 등 대대적으로 국정을 쇄신했다. 이어서 충절의 화신으로 불리는 원숭환을 기용하여 청의 침공을 좌절시켰다.

이렇게 되자 만력제(신종) 이후 쇠망의 길로 들어섰던 명의 앞날에 서광이 비치는 듯했다. 그러나 하늘은 결코 명이 되살아나는 걸 원치 않았다. 1630년 8월, 숭정제는 누르하치와 홍타이지 부자의 천적이던 원숭환을 모반 혐의로 죽임으로써 청의 침공은 재개되었다. 설상가상으로 해를 거르지 않는 가뭄과 수해는 농민들의 삶을 막다른 골목으로 내몰았다. 그 와중에 지방관들의 가렴주구는 더욱 극성을 떨었고, 후금과의 전쟁으로 인한 전비(戰費) 때문에 농민들의 세금은 날로 가중되었다. 기아에 허덕이며 불평을 일삼던 농민들은 부호들의 식량을 약탈하고 관공서를 습격하는 등 점차 명 왕조에 반기를 들기 시작했다. 마침내 반란이 시작된 것이다. 반란군 수괴 중에는 섬서성 출신의 이자성(李自成, 1606~1645)이 있었다.

중농의 아들이었던 이자성은 아버지를 여읜 뒤, 가세가 기울자 역참의 역졸이 되었다. 그러나 명 조정은 경비 절감을 위해 1628년 전국의 역참 3분의 1을 폐지했다. 이에 오갈 데가 없게 된 이자성은 이듬해 군인의 길로 들어섰다. 그 후 조정에서는 막대한 전비와 흉년으로 인하여 재정이 고갈되자, 군인들의 녹봉조차 주지 못했다. 녹봉을 못 받은 군인들이 반란군에 가담하는 것은 정해진 순서였다. 반란군 세력이 커지자 명 조정에서는 1631년 반란을 진압하지 못한 책임을 물어 계요총독 양학을 파직하고 그 자리에 '섬서성포정사참정' 벼슬에 있던 홍승주를 임명했다. 홍승주는 전임 총독 양학이 취하던 관용과 회유 정책을 버리고 철저하게 응징하는 전략을 구사하며 반란군의 목을 조이기 시작했다. 반란군과 일진일퇴의 공방전을 벌이던 홍승주는 1632년 '서오대첩'에서 반란군을 대파함으로써 승기를 잡았다. 이 전투로 인해 홍승주는 원숭환에 버금가는 영웅이 되어 꺼져가는 명을 되살릴 수 있는 희망의 등불이 되었다. 하지만 거기까지였다. 1641년 9월, 청 태종이 요동의 송산과 금주를 공격했다. 숭정제는 홍승주를 계요군무총독으로 임명하고 요동 사수를 명했다. 기세가 꺾인 농민 반란군보다 청의 침입을 저지하는 게 급선무였던 것이다.

그러나 청의 침공을 저지할 것으로 굳게 믿었던 홍승주는 금주성전투에서 패하고 청군에게 사로잡힌 끝에 투항해버리는 믿을 수 없는 일이 벌어진다. 이것은 이자성에게는 행운이었다. 이때부터 이자성의 반란군은 되살아나기 시작했고, 농민들은 다시 반군에 합세했다. 연전연승하며 기세를 올리던 이자성은 1644년 1월, 당나라의 도읍이었던 서안(西安 : 장안)을 함락시킨 후에 국호를 대순(大順), 연호를 영창(永昌)이라 정하고 황제로 즉위했다. 이어서 그는 반군을 이끌고 명의 도읍 북경으로 밀고 들어갔다. 반란군이 들이닥치자 조정 중신들은 모두 달아나고, 태감 왕승은만이 홀로 남아 황제를 지키고 있었다. 종말이 다가왔음을 직감한 숭정제는 먼저 태자와 황자들을 탈출시켰다. 후일을 도모하고자 한 일이었으나, 태자 주자랑(朱慈烺)과 황자들은 피신 도중 이자성의 부하에게 잡혀 3형제가 남김없이 피살된다.

황자들을 탈출시킨 숭정제는 자신의 비 장렬민황후를 불러 자결을 명하고, 이어서 공주들을 불러들였다. 숭정제에게는 두 명의 공주가 있었다. 장렬민황후의 소생인 장녀 곤의공주는 어려서 요절하고, 차녀 장평공주(長平公主)와 삼녀 소인공주(昭仁公主)가 그들이다. 칼을 빼든 숭정제가 두 공주를 향해 울부짖었다. "너희들은 어찌하여 황실 가문에 태어났더냐! 죽어 내세에는 두 번 다시 황실 가문에는 태어나지 말거라." 이렇게 되어 여섯 살짜리 어린 공주는 황제의 딸이라는 이유로 영문도 모른 채 죽었으나, 당시 열여섯 살이던 장평공주는 부황의 칼을 막다가 팔만 잘리고 살아남았다. 황후와 공주를 죽인 숭정제는 이어서 궁에 남아 있던 후궁 9명마저 죽이고 매산(煤山)으로 향하는데, 뒤에는 태감 왕승은이 홀로 따르고 있었다. 이때 황제는 한쪽 발은 맨발이었고, 나머지 한쪽 발에만 버선을 신고 있었다. 매산에 당도한 황제는 왕승은에게 마지막 유조(遺詔)를 남긴다.

집이 등극한 지 17년, 오늘에 이르러 도적 떼들의 공격으로 나라가 무너지게 되었다. 이는 집의 부덕의 소치가 아니라 신하들이 집을 속인 탓이다. 이제 짐이 죽어 지하에 가면 선조들을 뵐 면목이 없으니, 짐의 머리칼로 얼굴을 가려다오.

유조를 마친 황제는 회나무에 목을 매고 서른네 해 생을 마감했다. 276년 역사를 간직한 명 왕조의 숨통이 끊어진 이날은 1644년 3월 19일이었다.

소현세자, 명나라의 최후를 목격하다

북경이 함락되자 혼란한 틈을 이용하여 이자성의 부장 유종민(劉宗敏)이 성내에서 피난을 가지 못하고 숨어 있던 오삼계의 아버지 오양(吳襄)과 오삼계가 끔찍이도 아끼던 그의 애첩 진원원을 잡아가 버렸다. 유종민은 오양을 협박하여 아들에게 투항을 권유하는 서찰을 보낼 것을 종용했다. 아버지가 이자성에게 잡힌 것을 알게 된 오삼계는 갈등을 시작했다. 오삼계가 마음을 정하지 못하고 있을 때 이번에는 애첩 진원원의 납치 소식이 날아들었다. 사랑하는 애첩이 이자성의 부하에게 잡혀간 것을 알게 된 오삼계는 아예 이성을 잃어버렸다. 진원원을 되찾고 이자성에게 복수하기로 맹세한 오삼계는 청의 섭정왕 도르곤에게 자신의 수하에 있는 부총병을 급파했다.

그는 도르곤에게 "… 서쪽의 유적(流賊 : 이자성의 반란군)이 이미 황성을 함락했습니다. 지금 이곳에 남아 있는 군대로는 유적을 당해낼 수가 없습니다. 대왕께서 관문(산해관)으로 들어오시면 관의 빗장을 열고 대왕을 맞이할 것입니다"라는 서찰을 보냈다. 오삼계의 서찰을 받은 도르곤은 오삼계를 '평서왕(平西王)'으로 봉한 후에 팔기군을 이끌고 산해관으로 달려갔다. 오삼계를 만난 도르곤은 청의 팔기군과 명의 정예군으로 연합부대를 편성하고, 스스로 대장군에 올랐다.

북경을 점령한 이자성이 이 소식을 듣고 30만 대군을 이끌고 달려왔다. 연합군과 이자성의 반란군은 산해관 근처 일편석(一片石)에서 운명을 건 한판 싸움을 벌였다.

그러나 대부분 농민군으로 구성된 이자성의 군대는 청의 팔기군과 명의 최정예로 구성된 연합군의 상대가 될 수 없었다. 연합군에게 패한 이자성은 북경으로 퇴각하여 자금성에 불을 지르고 고향인 섬서성으로 도주했다. 일편석 싸움에 패한 이자성이 달아나자, 도르곤이 지휘하는 연합군이 그 뒤를 추격하여 산해관 턱밑까지 밀어붙였다. 이때 도르곤은 소현세자도 대동했는데, 『소현심양일기』 1644년(갑신년) 4월 22일자에는 그날의 상황을 이렇게 기록하고 있다.

밝을 녘에 청나라 군대가 진군하여 관문 앞 5리 지점까지 다가갔다. … 이윽고 갑옷 입은 유적 수백 명이 성에서 나와 오삼계 장수에게 투항하였고, 구왕(九王 : 도르곤)은 진중에서 배례를 받았다. … 한병(漢兵)과 청병이 분주하게 왕래하더니, 청나라 군대의 좌·우진이 동시에 관문으로 들어가 성 위에 백기를 세운 뒤에 구왕이 관문으로 들어갔다.

(소현)세자는 성 아래 채소밭 가운데 담장에 기대어 앉아 있었는데, 구왕이 있는 곳과는 대여섯 집 사이를 두고 있었다. 구왕이 청하자 세자가 즉시 들어가 만났다. 세자가 미처 자리에 앉기도 전에 구왕이 말에 오르면서 "세자도 전투가 벌어지는 곳으로 따라가야 되겠소"라고 하였다. 세자가 어쩔 수 없이 따라갔다. 세자는 갑옷을 입고 화살과 돌이 쏟아지는 곳에

서 있었다. … 포성이 우레와 같았고, 화살이 비처럼 쏟아졌다.

청군이 세 번 뿔피리를 불고 세 번 함성을 지르더니 동시에 적진을 향해 돌진하며 활과 검으로 마구 공격했다. 이때 바람이 크게 일어나며 누런 먼지가 일어났다가 사라지는 것을 보고서야 비로소 적이 패한 것을 알았다. 한 식경이 지나자 텅 빈 전장(戰場)에는 이리저리 뒤엉킨 시체가 들판에 가득하였다. 청군이 달아난 적의 기병들을 20리를 뒤쫓아가서 모두 죽였다. 그들 중 물에 빠져 죽은 자도 부지기수였다. 초경(初更 : 저녁 7시~9시)에 구왕이 관문 5리쯤 되는 전장 근처로 진을 되돌렸다. 세자도 따라 돌아가 진 밖에서 묵었다.

산해관을 돌파한 도르곤은 1644년 5월 2일, 주인 없는 황성(皇城 : 북경)을 접수하고 동문(東門)을 통해 무영전(武英殿)으로 들었다. 이제 그토록 원하던 중원의 주인이 된 것이다. 이날 소현세자 역시 도르곤을 따라왔다. 『심양일기』에 실린 그날의 장면을 옮겨본다.

1644년(갑신년) 5월 2일 기축일 맑음
청군이 날이 밝기를 기다려 행군하였다. 우리 일행의 인마가 굶주린 채 말을 달린 지 꼬박 이틀이 되었다. 세자가 뒤따라 즉시 출발하였으나, 상하 모두가 굶주림에 지쳐 거의 움직일 수 없을 지경이었다. 여기서 황성까지는 30리 거리였는데, 멀리서 포성이 들려왔다.

진시(辰時 : 오전 7시~9시)에 청나라 군대가 성 동쪽 5리쯤 되는 곳으로 진군하자 도성 백성들이 곳곳에 모여 군병을 맞이하였다. 이윽고 산해관 전투 소식을 듣자니, 유적의 기병 10만과 보병 20만이 나갔는데, 싸움에 패한 뒤로 겨우 기병 6,000여 기만 살아 돌아갔다고 한다. 황성의 궁궐과 관청을 거의 불태우고 금과 비단, 궁녀들을 탈취하여 낙타와 노새에 실은 뒤 성을 버리고 남쪽으로 달아난 것이 겨우 며칠 전 일이라고 들었다.

사시(巳時 : 오전 9시~11시)에 구왕이 성의 동문으로 들어갔다. 세자도 수행하였다. 금군(禁軍)과 역관만 따르도록 허락하고, 나머지 원역(員役)은 청군이 가로막고 들이지 않았으므로 모두 성 밖에 머물러 있었다.

도성 사람들이 성대하게 의장을 갖추어 청나라 군대를 맞이하였다. 구왕은 수레를 타고 궁궐 안으로 들어갔다. 궁궐은 모두 잿더미가 되었고, 오직 무영전(武英殿)만 남아 있었다. 구왕이 어탑(御榻 : 용상)에 올라앉아 명나라 대소 관리들의 배례를 받고, 성안의 백성들을 위로하며 편안히 생업에 종사하라고 했다. 또 유적의 패잔병들 중 마을에 흩어져 숨어 있는 자들을 색출하여 참수하고, 군병들 중 민가에 출입하는 자는 모두 참수형에 처하니, 성안에 숨었던 피난민들이 차츰 돌아와 모였다.

청의 북경 천도

북경으로 입성한 도르곤은 수천 년에 걸쳐 중원의 주인 행세를 하던 한족을 향해 당근과 채찍을 함께 구사했다. 즉 명을 버리고 청에 복종하는 자들에겐 벼슬을 내리고, 청에 반기를 들고 복종을 거부하는 자에겐 가차 없이 칼을 들이댔다. 도르곤은 명을 복속시키기 위해서는 가장 먼저 한족의 풍속과 복식부터 바꾸어야 한다고 판단하고, 한족들에게 여진족의 옷을 입게 하고 머리 또한 자신들의 풍속대로 체두변발(剃頭辮髮)을 강요했다. 하지만 한족들은 지금까지 오랑캐라고 업신여기던 도르곤의 명령을 완강하게 거부했다. 특히 체두변발에 대해서는 목숨을 걸고 저항했다. 한족들이 체두변발을 거부하자, 도르곤은 치발령(薙髮令)을 내려 "유두불류발(留頭不留髮)이요, 유발불류두(留髮不留頭)"라는 말로 강하게 압박했다. 그 의미는 "머리통을 남기려거든 머리칼을 남기지 말고, 머리칼을 남기려거든 머리통을 남기지 말라"는 말로 그들을 향한 최후통첩이었다.

하지만 수천 년에 걸쳐 "신체발부(身體髮膚)는 수지부모(受之父母)요, 불감훼상(不敢毁傷)이 효지시야(孝之始也)"를 부르짖던 한족들이 이를 순순히 받아들일 리 만무했다. 그러자 도르곤 역시 한발도 물러서지 않았다. 만약 여기에서 단 한발짝이라도 물러서는 날엔 여진족에 비해 수십 배나 많은 한족을 다스릴 수가 없다고 판단했기 때문이다. 결국 변발을 거부하던 수많은 한족들이 청군의 칼날에 목이 달아나고서야 이 문제는 겨우 수그러들었다. 망국 백성에게는 그 어떤 선택권도 없다는 것은 큰 나라 중국도 비켜갈 수가 없었던 것이다. 명이 무너진 후, 소현세자가 머물러야 했던 북경은 궁궐은 말할 것도 없고 성안 전체가 잿더미가 되어 잠자리는 물론, 양식조차도 없었다. 1644년 5월 15일자 『심양일기』에 이런 내용이 보인다.

여러 왕과 장수들에게 집을 나누어주면서 세자가 머물 곳도 정해주었다. 이달 13일에 이미 그 집으로 옮겼으나, 장소가 협소하여 많은 인마가 들어가기는 매우 어려웠다. 성 밖에 있던 원역과 군사들이 겨우 성안으로 들어와 배위(陪衛)하고 있으나, 식량이 바닥나서 사람과 말이 모두 굶주리고 있는 형편이다. 아문에서 약간의 식량을 지급하였는데, 오래된 쌀이라고는 하지만 말할 수 없이 썩어 손대면 풀풀 날리는 것이 태반이다. 사람들이 굶주림을 못 견디고 그 쌀을 먹을 때마다 복통이 나서 병들어 누웠다. 행 중에서 애써 눈앞의 위급함을 구하고는 있으나, 그나마 조금 있던 노자도 이미 다 떨어져 연명할 길이 없게 되었다. 언제 돌아갈지도 전혀 알 수가 없으니, 앞으로의 일이 참으로 민망하고 근심스럽다.

몸도 마음도 편치 않은 데다 자신의 역할이 없던 소현세자는 심양으로 돌아가기를 원했으나, 형편상 말을 꺼내기가 쉽지 않았다. 며칠을 버티던 소현세자는 5월 24일 아침에 무영전에 가서 섭정왕(도르곤)을 문안할 때 심양으로 떠나고자 하는 뜻을 비쳤다. 그러자 도르곤은 "오늘 떠나되 8월에 황제께서 들어오실 때 함께 들어오도록 하시오"라며 선선히 응낙했다. 이리하여 소현세자는 그때까지 북경에 머물던 어린 황제를 따라 심양으로 향했다. 이후 도르곤은 불탄 자금성을 복구하고, 심양에서 북경으로 천도했다. 이어서 일곱 살짜리 황제(순치제)가 천단에 제를 올리고, 이제 북경이 청나라의 새로운 도읍이 되었음을 천하에 선포했다. 1644년(순치 1) 10월 1일의 일이었다.

도르곤의 죽음과 의순공주의 비극

대부분의 역사서에는 명을 멸한 이자성을 쫓아내고, 북경으로 도읍을 옮긴 사람은 청의 3대 황제 순치제라고 명시하고 있다. 그러나 실제로 경천동지(驚天動地)할 이 일을 해낸 사람은 누르하치의 열넷째 아들이며 홍타이지의 이복동생인 도르곤이었고, 순치제는 단지 이름만 걸었다. 열일곱 소년 시절부터 싸움터를 누볐던 도르곤은 무예가 그의 형 홍타이지 못지않게 뛰어났다. 병자호란 당시 홍타이지는 도르곤에게 강화도 함락의 임무를 맡겼다. 그는 형의 기대를 저버리지 않고 강화도를 공격한 지불과 한나절 만에 섬 전체를 장악하고 왕실을 비롯한 문무 대신들의 가족을 사로잡아 인조의 조기 항복을 이끌어냈다. 다시 말해서 도르곤은 조선을 정벌할 때는 2인자의 역할을 해냈고, 명을 멸할 때는 1인자의 역할을 해내며 여진족이 동북아의 맹주가 되는 데 그 주역을 담당했다. 명을 멸하고 북경으로 도읍을 옮긴 도르곤은 무소불위의 권력을 휘두르며 사실상의 황제가 되었으나, 그로부터 5년 후인 1649년 그의 대복진(大福晉) 박이제길특씨(博爾濟吉特氏)를 잃는 아픔을 겪는다. 이때 도르곤은 조선의 국왕 효종의 딸을 자신의 대복진으로 달라고 요구하여 관철시킨다. 하지만 그 후 도르곤은 서른아홉 한창나이에 삶을 마감하고 그의 대복진이 되었던 의순공주(義順公主) 역시 비극으로 생을 마친다.

우리로서는 결코 잊을 수 없는 홍타이지와 도르곤! 그들은 최후를 어떻게 장식했을까? 홍타이지의 최후는 이미 앞에서 살펴보았으니, 이제 도르곤의 말로와 그의 대복진이 되어 사실상 대청제국의 황후가 되었던 의순공주의 삶을 추적해보기로 한다.

1649년(순치 6) 대청제국의 황부섭정왕(皇父攝政王) 도르곤의 대복진 박이제길특씨가 세상을 떠났다. 해가 바뀐 이듬해 3월, 도르곤은 조선의 국왕 효종의 공주를 자신의 대복진으로 맞이하겠다는 뜻을 전했다. 도르곤의 이 같은 요구는 정축조약 중 "내외의 제신(諸臣)과 혼인을 맺어 화호(和好)를 굳게 해야 한다"는 내용을 빙자한 것이었다. 옛날 고려를 다스렸던 원 황실에서 그랬듯 도르곤은 진작부터 조선 왕실과의 결합을 원하고 있었다. 황제를 능가하는 도르곤의 청혼이었으나, 부왕 인조만큼이나 반청 감정이 높았던 효종에게는 결코 달가울 리 없는 제안이었다.

거절의 명분을 찾던 효종은 공주의 나이가 겨우 두 살이라고 둘러댔다. 하지만 도르곤은 "공주의 나이가 어리면 종실(宗室) 가운데 적합한 자로 선택하여도 무방하다"며 물러서지 않았다. 소식을 접한 종친들은 하나같이 딸을 감추기에 급급했다.

그러나 이때 혼기에 다다른 딸이 있음을 스스로 밝힌 사람이 있었으니, 바로 금림군(錦林君) 이개윤(李愷胤)이었다. 이에 효종은 금림군의 딸 애숙(李愛淑)을 양녀로 삼아 의순공주(義順公主)의 작위를 내려 도르곤에게 보내기로 했다. '의순'의 뜻은 나라를 구하는 일에 순순히 따랐다는 의미였다. 1650년(효종 1) 4월 22일, 방년 열여섯 살 의순공주는 임금인 효종을 비롯하여 조정 중신들의 전별을 받으며 연경(燕京 : 북경)으로 향했다. 이때 효종은 친히 모화관까지 거둥했고, 중신들은 홍제원까지 나가 의순공주를 떠나보냈다. 또한 신부의 오라비 2명, 왕실 종친 5명, 역관 5명, 시녀 16명, 유모, 몸종, 수모(首母), 의녀(醫女), 그리고 수많은 군사들이 행렬을 호위했다. 이밖에 오준, 한흥일(韓興一), 윤이지(尹履之), 신익전(申翊全), 허계(許啓), 박서(朴遾) 등 중신들이 호행사(護行使)로 나섰고, 공조판서 원두표(元斗杓)가 일행 전체를 호송했다.

이때 애순의 신랑이 될 도르곤은 여러 왕과 대신들을 비롯하여 6만여 명에 달하는 수행원을 거느리고 산해관 인근의 연산(連山)까지 나와 혼례식을 치르고 초야를 맞았다. 가히 대청제국 섭정왕의 위상에 걸맞은 혼례식을 거행한 날은 1650년 5월 21일이었다. 이런 과정을 거쳐 도르곤은 자신이 원했던 조선 왕실과의 인연을 맺는 데 성공했다. 하지만 도르곤은 이때 건강이 별로 좋지 않았다. 도르곤은 명과의 전투 중 부상을 입은 이후로 잦은 각혈과 중풍 증세를 보였다. 병세는 계속 악화되고 있었으나, 그는 이를 돌볼 여가가 없었다. 자신의 몸을 보살피려면 권력을 내려놓아야 하는 상황이 벌어질지도 모르기 때문이었다.

의순공주를 맞아들인 지 반년 남짓 된 1650년(순치 7) 12월 8일, 도르곤은 여러 친왕과 패륵들을 거느리고 사냥에 나섰다. 그러나 허무하게도 사냥에 열중하던 그는 갑자기 병세가 악화되어 이튿날인 12월 9일 고북구(古北口) 객라성(喀喇城)에서 서른아홉의 나이로 생을 마감하고 말았다. 각종 사료에는 그의 사인을 사냥 중 낙마로 인한 사고사였다고 했으나, 실은 추운 날씨에 중풍이 도져 말에서 떨어진 것으로 전해진다. 도르곤이 죽은 후, 순치제는 그를 황제의 예에 따라 국장으로 장례를 치르고, '성종의황제(成宗義皇帝)'라는 묘호를 내려 그에게 더할 수 없는 영예를 안겨주었다. 살아생전에 제위(帝位)에 오르기를 염원했던 도르곤은 죽어 지하에서나마 황제가 된 것이다.

그러나 그 영광 뒤에는 깊은 함정이 기다리고 있을 줄은 아무도 몰랐다. 도르곤이 두려워 우섭정왕의 자리를 내주고 숨조차 제대로 못 쉬던 지르갈랑은 도르곤이 죽고 나자, 그에게 불만을 품고 있던 대신들과 팔기군의 장수들을 규합했다. 지르갈랑은 그들과 함께 "도르곤은 생존 시 황제를 능멸하고, 황제 아니면 결코 입을 수 없는 황포를 수시로 입었으며, 또한 순치제의 이복형인 호오거(태종의 장남)를 모함하여 옥사시키고, 그 아내를 첩으로 취했다"는 상소를 올렸다. 지르갈랑의 상소를 받아 본 순치제는 그 즉시 자신이 내렸던 도르곤의 묘호와 시호를 모두 박탈하고 황실 대동보에서 그의 이름을 파내고 태묘에 봉안된 신주도 내쳐버렸다. 이어서 그의 능을 파헤치고 관을 꺼내어 시체를 매질하고, 죽은 도르곤의 머리를 잘라 효수하는 등 그에 대한 강한 적개심을 표출했다. 이어서 순치제는 지르갈랑에게 정친왕의 작위를 복위시키고, 친정을 선포했다. 때는 1651년(순치 8) 2월이었고, 그의 나이 불과 열네 살이었다.

도르곤이 죽고 부관참시까지 당하자, 대청제국 섭정왕의 계실(繼室)이 되어 사실상의 대청제국의 황후에 올랐던 의순공주는 비 맞은 낙엽 같은 신세가 되고 말았다. 청 황실에서는 도르곤의 사후 그의 조강지처였던 박이제길특씨는 경효충공정궁원비(敬孝忠恭正宮元妃)로 추존하고, 순치제의 생모는 효장태후(孝莊太后)로 봉했으나, 의순공주에게는 아무런 봉작도 내리지 않았다. 황제를 능가하는 섭정왕의 대복진에서 하루아침에 청상과부로 전락한 의순공주는 말도 통하지 않는 낯선 땅에서 눈물과 한숨으로 세월을 보내게 되었다.

그녀의 처리에 고심하던 청 황실에서는 이듬해 의순공주를 도르곤의 조카로 친왕(親王)에 올라 있는 보로(博洛)에게 재가시켰다. 이는 형이 죽으면 그 아우가 형수를 취하는 그들의 오래된 풍습의 일환으로서 숙모를 아내로 맞게 한 것이었다. 그러나 재가한 지 1년이 지난 1652년 2월, 두 번째 남편 보로마저 죽고 말았다. 그녀의 나이 열여덟 살 때였다. 그 후 1656년(효종 7) 4월, 연경에 사은사로 갔던 금림군 이개윤이 딸의 딱한 사정을 알게 되었다. 딸의 처지를 측은하게 여긴 금림군은 순치제에게 의순공주를 조선으로 데려가게 해줄 것을 간청하여 허락을 받아냈다. 의순공주가 조선으로 돌아온 것은 그해 4월 26일이었다.

그러나 조선으로 귀환한 그녀에게는 또 다른 난관이 기다리고 있었다. 주변에서는 그녀를 병자호란 때 청으로 끌려갔다가 돌아온 속환녀처럼 대했다. 더구나 그녀의 아버지 금림군이 권력을 탐하여 자진해서 딸을 오랑캐 왕에게 보냈다고 수군거리기도 했고, 남편 사후에 수절하지 않고 재가를 했던 것도 그녀의 발목을 잡았다. 그녀가 조선으로 귀환하고 한 달 남짓 된 1656년 윤 5월 1일, 사헌부에서는 의순공주를 조선으로 데려온 금림군을 탄핵하여 파직시켰다. 금림군이 나라의 허락 없이 딸의 귀환을 청했다는 게 이유였다. 이어서 그달 10일에는 대사간 조한영 등이, "의순공주가 청나라로 간 것은 조정의 명령 때문이었으므로, 공주가 돌아오는 것 또한 조정의 명령을 기다려야 합니다. 그런데 전 금림군 이개윤은 조정을 업신여기어 사사로운 뜻에 끌려 멋대로 딸을 돌려달라고 청하였으니, 이는 국법으로 결코 용서할 수 없는 일입니다. 어찌 파직만 시키고 말 수 있겠습니까. 아울러 삭탈관작하여 성문 밖으로 쫓아내소서"라고 상소하여 그를 문외출송(門外出送)시켰다. 이어서 그녀에게 내렸던 공주 작위를 박탈하고 한낱 '이개윤의 딸'로 전락시켰다.

결국 극심한 우울증에 시달리던 의순공주는 조선으로 돌아온 지 6년 후인 1662년 8월, 스물여덟의 나이로 생을 마감하고 말았다. 이렇게 되어 황제를 능가하는 황부섭정왕 도르곤의 대복진까지 올랐던 그녀는 평범한 '이개윤의 딸'로 돌아와 양주 땅 금오리(현 의정부시 금오동)에 위치한 천보산에 만년유택(萬年幽宅 : 무덤)을 짓고 말았다.

4. 무능과 광기

소현세자와 아담 샬

북경에서 돌아와 심양 관소에 머물던 소현세자가 순치제를 따라 다시 북경으로 떠난 것은 1644년 8월 19일이었다. 그로부터 한 달이 지난 9월 19일, 북경에 도착한 세자는 자금성 안 문연각(文淵閣)에 거처를 잡았다. 명의 3대 황제였던 영락제(永樂帝)가 남경에서 이곳 북경으로 천도할 당시에 세워진 문연각은 전적(典籍)을 보관하고 대학사들이 모여 황제에게 강독을 행하던 건물이다.

소현세자는 이곳에서 독일인 선교사 '아담 샬(Adam Schall, 1591~1666)'을 만나게 된다. 중국식 이름이 '탕약망(湯若望)'인 그는 천문과 역법(曆法)에 조예가 깊어 중국에 오게 되었다. 이 무렵 중국에서 선교활동을 하고 있던 이탈리아 출신의 선교사 마테오 리치(Matteo Ricci, 1552~1610)는 농업국가인 중국에서는 천문과 역법이 매우 중요하다는 사실을 깨닫고 예수회에 "천문과 역법을 잘 아는 선교사를 보내줄 것"을 요청했다.

이에 따라 아담 샬이 중국에 첫발을 디딘 것은 명의 천계 2년에 해당하는 1622년이었다. 천계제 사후 아담 샬은 숭정제의 신임을 받는 서광계와 함께 서양식 역법에 기초를 둔 『숭정역서(崇禎曆書)』를 완성하여 새 황제의 신임을 얻게 된다. 이로 인해 환관과 궁녀들이 천주교에 입문하고, 숭정제 또한 천주교에 깊은 관심을 보였다.

1644년 명을 멸하고 청이 북경에 입성했으나, 그의 위치는 전혀 흔들리지 않았다. 홍이포를 통해서 서양 과학 문명의 우수성을 깨달은 청은 천문과 역법에 깊은 조예를 지닌 아담 샬을 '흠천감(欽天監) 감정(監正)'으로 임명했다. 1645년 아담 샬은 『숭정역서』을 보완한 새로운 역서 『대청시헌력(大淸時憲曆)』을 완성하여 청 조정에 바침으로써 도르곤을 포함한 조정 전체의 신임을 얻게 된다.

이때 소현세자는 아담 샬을 만나게 되면서 그가 지닌 천문, 역법과 함께 천주교에 관심을 갖기 시작했고 아담 샬 또한 장차 조선의 왕통을 이을 젊은 왕세자에게 깊은 관심을 두게 된다. 두 사람의 접촉이 잦아지면서 소현세자는 자연스럽게 천문과 역법을 배웠음은 물론, 천주교 사상에도 빠져들었다. 아담 샬로부터 천주교 교리를 터득한 소현세자는 장차 자신이 왕위에 오르게 되면 조선에 천주교를 받아들일 것을 약속했다. 하지만 두 사람의 지닌 목적은 각기 달랐다. 아담 샬은 미지의 나라 조선에 천주교를 전파하는 게 소망이었고, 소현세자는 서양의 과학 문명을 도입하여 언젠가 자신이 조선을 다스리게 되었을 때 이를 적극 수용하여 부강한 나라를 만들자는 꿈이 있었다.

이들은 날이 갈수록 서로를 이해하고 두터운 신뢰를 쌓아간다. 그러나 두 사람은 갑자기 이별해야 하는 상황을 맞는다. 볼모가 되어 청에 8년간이나 머물던 소현세자의 귀국령이 떨어진 것이다. 조선이 떠받들던 명나라가 무너짐으로써 인질을 잡고 있어야 할 이유가 사라지자 청에서 내린 조치였다. 아담 샬과의 이별을 아쉬워한 소현세자는 순치제에게 아담 샬을 동행하게 해달라고 요청했고, 아담 샬 또한 소현세자를 따라 조선으로 가고자 했다. 그러나 아담 샬을 할아버지라 부르며, 정치와 경제는 물론, 천문과학에 이르기까지 모든 분야에 걸쳐 의지했던 어린 황제가 이들의 청을 들어줄 리 만무했다. 황제가 허락하지 않으니 방법이 없었다. 아담 샬은 소현세자에게 언젠가 황제의 허락을 얻어 조선 땅을 밟을 것을 약속하지만, 그 약속은 끝내 이루어지지 않았다.

아담 샬로부터 망원경과 성경 그리고 각종 과학 서적을 선물로 받은 소현세자가 북경을 떠나 조선으로 향한 것은 1644년 11월 26일이었다. 북경을 출발한 소현세자와 빈궁은 이듬해(1645) 1월 9일 8년에 걸쳐 머물던 심양에 도착했다. 이곳에서 모든 것을 정리한 두 사람은 다음 달인 2월 1일, 꿈에도 잊지 못하던 서울로 향했다. 세자가 심양을 출발한 2월 1일은 양력으로는 2월 26일로서 절기로는 이미 우수(雨水)를 지나 경칩(驚蟄)이 머지않아 압록강 이남의 강들은 얼음이 풀릴 무렵이었다. 따라서 세자 일행은 청천강, 대동강, 임진강 등 강을 건널 때마다 큰 곤욕을 치렀을 것으로 추정된다. 하지만 아쉽게도 『심양일기』 중에는 1644년 6월 19일부터 이듬해 2월 16일까지 8개월간의 내용은 전하지 않는다.

심양을 떠난 세자 일행이 서울 근교 홍제원에 당도한 것은 2월 18일이었다. 볼모 시절 고국을 방문할 때에는 한 달이 넘게 걸렸던 노정을 험난한 강을 여러 개나 건너면서도 18일밖에 걸리지 않은 것을 보면 소현세자가 귀국 길을 얼마나 재촉했는지 짐작하기 어렵지 않다. 이때 세자가 대동한 3명의 청나라 사신들은 서울 도착 전에 인조로 하여금 교외에 나와서 맞이할 것을 요구했다. 그러나 인조는 몸이 좋지 않다는 이유로 마중을 나가지 않았다. 원접사를 벽제까지 내보내 나가지 못하는 사유를 알렸으나, 청사들은 이를 믿지 않고 계속해서 국왕의 마중을 요구했다. 계속되는 이들의 요구에 인조는 낙흥부원군 김자점을 보내 다시 한번 그 사유를 설명했다. 그러나 이들은 그래도 믿지 않고 세자를 향해 불평을 토로했다. "황제께서 막 천하를 얻어 북경으로 도읍을 옮겼으니, 이는 곧 막대한 경사입니다. 그렇다면 국왕의 예로서 의당 교외에 나와서 맞이해야 할 터인데, 병을 칭하고 행하지 않으니, 이는 매우 온당치 못한 처사입니다."

사신들의 불평에 세자는 애써 부왕을 변호한다. "이처럼 막중한 경사에 나와 맞이하지 못하는 데 어찌 다른 까닭이 있겠습니까? 진실로 병세가 깊고 중한 탓에 어쩔 수 없이 그리된 것입니다."

김자점이 앞서 돌아와 사신의 말을 전하자, 인조는 주위의 부축을 받아 대궐 뜰에서 세자와 칙사를 맞았다. 인조가 이처럼 세자와 청사들을 마지못해 맞은 이유는 세자의 귀국을 원치 않았기 때문이다. 인조는 이미 오래전부터 세자를 불신하고 있었던 것이다. 그러나 8년이나 청에 볼모로 잡혀 있던 세자가 돌아온 인사는 차려야 했다. 하루가 지난 2월 19일 인조는 교서를 발표하여 세자의 귀국 사실을 온 백성에게 알렸다.

저 큰 하늘이 힘써 덮어주어 우리 동방에도 똑같이 은택을 베풀었고, 세자가 돌아오니 우리 동국에 밝은 세상이 열렸다. 귀신과 사람이 모두 경하하고 조정과 민간이 다시 소생하였으므로, 이에 조서를 널리 포양하여 크게 우러러 바라던 기쁨을 함께하노라.

비록 교서까지 발표했으나, 인조는 세자의 귀국에 대하여 내내 불편

한 심기를 드러내는데, 이와 관련된 내용이 1645년 2월 20일자 『인조실록』에 실려 있다.

> 헌부가 아뢰기를, "세자가 영원히 돌아온 것은 실로 전에 없던 온 나라의 경사이니, 신민들의 기뻐하는 마음이 어떠하겠습니까. 한 번쯤 하례를 올리고 옥안을 우러러뵙는 것은 인정이나 예의상 그만두지 못할 일인데, 갑자기 권정(權停 : 임시로 정지함)하라는 명이 있으므로 조정의 모든 관원들이 실망합니다. 사세가 매우 바빠서 미처 진달하지 못하였으나, 하루쯤 물려서 거행하더라도 늦지 않습니다. 묘당으로 하여금 다시 의논하여 시행하게 하소서."
>
> 하니, (인조가) 답하기를, "날짜를 물려서 거행하는 것은 온당치 못하다" 하였다.

소현세자의 죽음

소현세자가 귀국할 당시 동행한 청 사신은 잉굴다이와 정명수를 포함하여 모두 3명이었다. 과거에는 칙사가 한번 떴다 하면 으레 임금이 홍제원 아니면 모화관까지 거둥하여 맞는 게 상례였다. 그런데 정작 이때는 청에서 북경으로 도읍을 옮기는 경사를 맞았을 뿐 아니라 8년에 걸쳐 잡아두었던 세자를 방면하여 동행했음에도 불구하고 인조는 몸이 불편하다는 이유로 마중을 나가지 않았다. 이때 청사들은 조선에 쌀 20만 석을 요구했는데, 아마도 이는 세자를 방면한 데 대한 대가를 요구했던 것으로 보인다. 조정에서는 청사들과 줄다리기 끝에 가까스로 10만 석만

주기로 합의하고, 사신들에게는 뇌물을 안겨 수습했다. 청은 이때부터 조선 측에서 지금까지 행하던 각종 세폐를 줄이고, 매년 정조(正朝), 동지, 성절(聖節) 등에 보내던 정례 사행(使行)을 정조에 1회만 행하도록 허용했다. 그리고 청에 잡아두었던 김상헌과 최명길 등의 귀국도 허용하는데, 막상 이들이 서울에 당도한 것은 세자가 귀국한 지 닷새 후인 1645년 2월 23일이었다. 겹치는 경사 속에서도 인조는 세자에게 냉대로 일관했다. 인조가 청에서 8년에 걸쳐 혹독한 고초를 겪다가 돌아온 아들에게 이처럼 모질게 대한 것은 청이 자신을 입조시키고, 세자에게 양위를 시키지 않을까 하는 의혹 때문이었다.

소현세자는 심양에 있을 때부터 각종 질병에 시달리고 있었다. 그의 질병은 산증(疝症), 천식, 흉통, 곽란, 어지럼증 등 증세도 다양했다. 그가 이처럼 여러 가지 병을 얻게 된 원인은 심양에 머무는 동안 조선과 청 사이에서 해결하기 어려운 외교적 사안으로 인한 심적 고통을 겪은 데다가, 겨울철이면 한 달 안팎이나 걸리는 사냥을 비롯하여 수년에 걸쳐 이어졌던 그들의 정복 전쟁에 참가하여 육체적 고통을 겪는 등 원인은 다양했다. 소현세자가 순치제의 귀국령에 따라 북경을 떠난 것은 1644년 11월 26일이었고, 서울에 당도한 것은 이듬해 2월 18일이었다. 따라서 한 겨울 북녘땅의 모진 추위를 뚫고, 수천 리에 이르는 험난한 여독에 시달린 세자는 귀국 무렵에는 지병인 산증이 도지는 등 건강이 별로 좋지 않았다. 여기에 사신의 접대를 비롯하여 휴식을 취할 여유를 갖지 못한 데다, 부왕의 의심과 냉대까지 심해지자 결국 병은 악화되기 시작했다. 3월 4일 청나라 사신이 돌아갈 때에도 세자의 몸 상태는 상당히 좋지 않았다.

그러나 그들을 소홀히 보낼 수 없었던 세자는 모화관까지 나가서 전

별연을 열어주었다. 이때 청사들은 세자의 몸 상태를 보고 차마 술을 권하지 못했다. 사신들이 끝내 술을 권하지 않자 세자는, "대인이 매번 나의 건강을 염려하여 술잔 돌리기를 허락하지 않는데, 재신들이 한 잔도 올리지 못하고 파한다면 몹시 섭섭한 일인지라 술을 돌리도록 청하니 어떻습니까?"라며 술을 권했다. 이때 세 순배를 돌린 후에 세자는 "꼭 한 잔만 더하여 예를 표하고자 합니다"라며 성의를 표시했다. 세자의 태도에 청사들은 따르지 않을 수 없었고, 이로 인하여 차도를 보이던 그의 병은 더욱 악화되었다.

세자의 입진(入診)은 3월 5일 행했으나, 막상 시침(施鍼)을 시작한 것은 이튿날인 3월 6일부터였다. 입진 하루 뒤부터 치료를 시작한 이유는 침 맞기에 좋은 날을 택일했기 때문인데, 세자는 이날부터 하루걸러 침을 맞았다. 소현세자의 치료에 관하여는 『인조실록』 4월 24일자에 아주 간단하게 "세자가 침을 맞았다"라고 했고, 25일자에는 "이날 세자가 또 침을 맞았다"라고 한 후, 숨지던 26일자에는 "왕세자가 창경궁 환경당에서 졸했다"라고만 되어 있어 구체적인 상황을 전혀 알 수가 없다. 그러나 『승정원일기』에는 3월 5일부터 4월 26일까지의 치료 과정이 아주 상세하게 기록되어 있는데, 4월 23일자 기사에는 이런 내용이 보인다.

좌부승지 이행우가 아뢰기를, "오늘 오시(午時) 무렵 세자에게 오한으로 떠는 증후가 다시 나타나서 박군(朴頵), 이형익(李馨益) 등으로 하여금 입진케 하였더니 '지난 22일 밤에 갑자기 오한으로 떨었으며 오늘도 다시 이러하니, 이는 틀림없이 학질 증세입니다. 우선 내일 아침에 침을 놓아 학열(瘧熱)을 내리고 다시 증후를 살펴서 약을 의논하는 것이 합당합니다'라고 하였습니다. 이에 따라 이형익이 때맞추어 들어가서 침을 놓겠습니다. 감히 아룁니다" 하니, 알았다고 답하였다.

이어서 24일에는

　약방이 두 번째 아뢰기를, "왕세자가 지난 21일 밤에 갑자기 오한으로 떨다가 한참 만에야 그쳤습니다. 22일에는 기후가 평소와 같았고, 23일에는 다시 오한으로 떨었는데 갖옷(짐승 가죽을 가공하지 않고 만든 옷)을 여러 겹 입었어도 추워서 위축되는 증세를 보였습니다. 저녁이 되자 한기는 풀렸으나, 이어서 번열이 생겨 정신이 혼미해졌으며 청심원을 드시고 조금 진정되었습니다"라고 했다.

뒤이어 25일에는,

　"방금 왕세자의 상한증이 오래도록 풀리지 않아서 박군으로 하여금 입진하여 약을 의논하도록 하였습니다. 그런데 신들은 일찍이 최득룡(崔得龍)이 상한증을 가장 잘 치료한다고 들었습니다. 이러한 때에 박군 혼자 막중한 일을 전담하게 할 수는 없으니, 최득룡을 오게 하여 반열에 참여하도록 하는 것이 어떻겠습니까?" 하니, 아뢴 대로 하라고 답하였다.

　그리고 마지막 날인 4월 26일에는 세자에 대한 내용이 네 번에 걸쳐 나오는데, 그중 첫 번째 기사는 이렇다.

　세 제조가 아뢰기를, "방금 왕세자의 증후에 대해 최득룡에게 물었더니, 상한증이 풀리지 않은 지 오늘로 엿새가 되었으므로 소시호탕에 건갈 · 지

모·생지황·지골피 각 1돈과 황백·볶은 치자 각 7푼에 소금을 넣은 술에 축여 연이어 3첩을 지어서 들이겠습니다" 하니, 알았다고 답하였다.

이어서 26일 두 번째 기사에는,

세 제조가 아뢰기를, "세자의 증후가 위중하여 신들이 세자궁에 대령하고 있으므로 침을 맞으시는 것을 조금 물려서 행하소서. 감히 여쭙니다" 하니, 알았다고 답하였다. 이어 전교하기를,
"침을 맞을 때 침의(鍼醫) 2인만 입시하고 여러 어의는 모두 세자궁에 나아가 대령하라" 하였다.

26일 세 번째 기사를 보자.

세 제조가 세 번째 아뢰기를,
"왕세자의 증후가 가볍지 않습니다. 담화(痰火)가 뜻하지 않게 위로 올라갈 때가 있으니, 응급조치를 미리 생각해두지 않으면 안 됩니다. 오늘부터 어의 최득룡·류후성·이형익 등을 병이 조금 나을 때까지 궐내에서 입직하게 하고, 제조 1원도 번갈아 직숙하도록 하소서. 감히 아룁니다" 하니, 아뢴 대로 하라고 답하였다.

그리고 네 번째 기사에,

오시(午時 : 오전 11시~오후 1시)쯤에 왕세자가 훙서(薨逝 : 사망)하였다.

검은빛

최근 들어 소현세자의 사망 원인에 대해 각계에서 활발하게 연구가 진행되고 있다. 이중 한의학 박사 김종덕(金鍾德)의 연구 결과가 눈여겨볼 만하다. 그는 2007년 '서울대학교 규장각한국학연구원'에서 발행한 『규장각(奎章閣)』 31호에 실린 「소현세자 병증과 치료에 대한 연구」에서, "소양인(少陽人) 체질의 세자가 결흉증과 음허오열로 한열왕래하는 것을 학질로 잘못 이해하여 치료하는 바람에 사망하게 된 것으로 보인다"고 했다. 그러나 이것은 어디까지나 한의학 차원에서의 소견일 뿐 소현세자의 사망에는 여전히 병사보다는 독살 가능성에 무게를 두고 있는 사람이 많으며, 일각에서는 독살을 아예 기정사실화하기도 한다.

소현세자의 사망원인을 독살에 무게를 두고 있는 데에는 그 어떤 증거에 앞서 세자가 청에서 돌아온 이후 부왕이 아들에게 보였던 태도와 사망한 뒤에 인조가 취한 조치로 인하여 의혹을 품는 사람이 많다. 이외 종실 진원군 이세완(李世完)의 아내가 세자의 염습에 참여하고 나서 증언한 "세자는 온몸이 전부 검은빛이어서 마치 약물에 중독되어 죽은 사람과 같았다"라고 한 것이 결정적으로 작용한 것으로 보인다. 그러면 세자가 사망한 뒤 인조가 어떠한 조치를 취했는지 살펴보자.

세자가 숨진 이틀날인 4월 27일 양사(兩司)에서는 "세자가 이렇게 갑자기 숨진 것은 의원들의 진찰이 밝지 못했고 침놓고 약 쓴 것이 적당함을 잃은 소치"라고 주청했다. 이어서, "세자의 치료를 주관했던 어의 이형익은 세자가 한전(寒戰 : 오한으로 떠는 증세)이 난 이후 증세도 판단하지 못하고 날마다 침만 놓았으므로, 이형익을 잡아다 국문하여 죄를 정하고 증후를 진찰하고 약을 의논했던 여러 의원들도 아울러 잡아다 국문하여 죄를 정하도록 하소서"라고 상소했다. 그러나 인조는 "여러 의원들은 신중하지 않은 일이 별로 없으니, 굳이 잡아다 국문할 필요가 없다"면서 이들의 청을 물리쳤다. 인조가 상소를 물리치자 양사에서는 거듭 상소를 올렸으나, 인조는 끝내 따르지 않았다. 전례에 따르면 왕이나 왕후 또는 왕세자가 사망하면 그 치료를 담당했던 어의는 특별한 과실이 없더라도 처벌을 받는 게 거의 불문율에 가까웠다.

실례로 1608년 2월 선조가 사망하자, 당시 왕의 치료를 담당했던 어의 허준(許浚)은 파직과 더불어 공암(孔巖 : 강서구 가양동 부근)으로 문외출송을 당했다. 허준은 조선 500년 역사를 통틀어 최고의 명의였고, 선조와 광해군 두 임금에게 각별한 신임을 받았다. 이러한 허준조차도 치료를 제대로 하지 못해 왕이 사망했다는 죄목으로 처벌을 받은 것으로 볼 때 인조가 이형익 등을 적극적으로 비호한 것은 전혀 납득할 수 없다. 더구나 선조(1552~1608)는 당시로서는 노인이라고 불러도 무방한 쉰일곱에 사망했고, 소현세자(1612~1645)는 사망 당시 서른넷의 젊은 나이였다.

소현세자의 치료를 주도했던 이형익은 인조의 총비(寵妃) 소용(昭容) 조씨(趙氏)의 모친과 염문으로 인하여 세간의 평이 별로 좋지 않았다. 당시 인조를 등에 업고 세자 내외를 무함(誣陷)하기 일쑤였던 조 소용은 소현세자 사후에 세자빈까지 사약을 받게 만든다. 따라서 소현세자가 독살 의혹에 시달리게 된 데에는 이형익이 치료를 담당했던 것도 한 원인이었다. 항간에서는 인조와 조 소용의 사주를 받은 이형익이 소현세자를 독살했을 것이라고 의심하고 있다.

그러나 살펴본 대로 그의 치료 과정을 보면 이에 대한 결정적인 증거는 발견되지 않는다. 그렇다고 해서 독살이 아니라는 확증도 없다. 소현세자는 귀국 당시 별로 건강이 좋지 않았던 데다 귀국 이후 부왕의 의심과 냉대로 인하여 볼모 시절부터 앓고 있던 지병이 악화되었다. 또한 3월 6일부터 치료를 시작한 그의 병세는 죽기 사흘 전인 4월 23일부터는 상당히 위중한 지경에 이르러 굳이 독살을 시도하지 않더라도 며칠을 못 버틸 형편이었다. 하지만 역사적으로 보더라도 정적의 입장에서는 상대방의 숨이 저절로 멈추기를 기다리는 경우는 별로 없었다. 대개의 경우 권력자 또는 고위층의 독살은 상대방의 정신이 혼미한 상태에서 이루어졌고, 사건의 진상이 명확하게 밝혀진 경우는 거의 없었다.

한 가지 주목되는 것은 앞서 보았듯이 세자가 사망하던 4월 26일 『승정원일기』 두 번째 기사에 인조가 다음과 같이 지시하였다는 내용이 보인다는 점이다.

(상이)전교하기를, "침을 맞을 때 침의(鍼醫) 2인만 입시하고 여러 어의는 모두 세자궁에 나아가 대령하라" 하였다.

『승정원일기』에는 침의의 이름을 구체적으로 거명하지는 않았으나, 모든 정황으로 미루어볼 때 이형익이 주도했을 것임은 의심의 여지가 없어 보인다. 그렇다면 독살 환경이 지극히 좋았다는 얘기가 되므로 만약 독살이라면 이때 결행했을 공산이 크다. 어쨌든 독살이건 아니건 간에 소현세자 죽음의 원인은 인조가 제공했다는 사실이다. 소현세자가 귀국했을 당시 그가 지닌 원대한 포부를 펼치게 해주고, 다독여주었더라면 세자의 나이로 보아 그의 건강은 회복되었을 것이다. 인조가 좀 더 생각이 깊은 군주였다면 설사 청에서 자신을 끌어내리고 세자로써 대통을 잇게 하려고 시도한다 하더라도 이를 받아들였어야 했다. 만약 태종이 세종에게 왕위를 물려주었던 것처럼 인조가 아들에게 왕위를 넘겨주고 상왕으로 물러났다면 삼전도의 굴욕은 오히려 전화위복이 되어 조선의 개혁은 이미 17세기에 이루어졌을 것이다.

소현세자의 장례는 사망 당일인 4월 26일 초혼(招魂)을 부르고 거애(擧哀)하는 것을 시작으로 27일에는 소렴(小殮)을 행하고 빈소를 설치했다. 5월 15일에는 원소(園所)를 효릉(孝陵 : 인종과 그의 비 인성왕후의 능) 내 서쪽 위의 혈로 정한다고 발표했다. 그런데 장례 진행 중에 상례에 대한 논란이 계속해서 일어났다. 예조에서는 세조의 장자 의경세자의 상례에 따라 대전과 중전의 복제는 한 달, 조신들은 7일로 할 것을 품했다. 이에 대하여 양사에서는 "임금은 장자를 위해 기년복(朞年服 : 1년 동안 입는 상복)을 입는 게 맞다"고 주장했고, 일부 신료들은 임금은 장자를 위하여 3년 복을, 신하는 왕세자를 위하여 1년 복을 입는 게 맞다고 주장했다. 논란이 거듭되자 인조는 예조의 의견을 받아들여 임금은 한 달, 신하는 7일로 할 것을 지시했다. 또한 예조에서 처음 '원소(園所)'로 정했던 세자의 묘호(墓號)를 묘소로 낮추는 게 맞다고 상소하자, 인조는 기왕에 정했던 원소를 묘소로 변경하라고 명했다.

조선시대 능묘제에 따르면 왕이나 왕비의 무덤은 능(陵), 왕세자와 세자빈 그리고 왕의 사친(私親 : 임금의 부모로서 왕을 지내지 않은 경우를 말하며, 선조의 생부 덕흥군과 고종의 생부 흥선군 등이 이에 해당한다)의 무덤은 원(園), 그 외 무덤은 모두 묘(墓)라고 불렀다. 따라서 소현세자의 무덤을 묘소라 칭한 것은 뭔가 석연치 않은 점이 있는데, 그 이유를 『인조실록』 25년(1646) 6월 4일자에서 전하고 있다.

예조가 아뢰기를, 소현세자의 궁호(宮號)와 묘호를 대신에게 의논하였더니, 승평부원군 김류, 우의정 남이웅은 "실록을 고찰해 보니 의경세자의 상에는 궁이나 묘의 칭호를 분명히 썼으나 순회세자의 상에는 순회궁(順懷宮), 순회묘라 이르고 따로 칭호한 글이 없는데, 이것이 근대의 일이다. 그때 예를 아는 유신(儒臣)이 적지 않았으나 다른 호명이 없고 오늘날까지 그대로 순회궁, 순회묘라 이르는 것은 또한 반드시 의거한 바가 있을 것이다. 상의 재결을 바란다" 하니, 순회궁의 예를 따르도록 명하였다.

소현세자의 장례는 6월 15일 발인하여 6월 19일에 치러지는데, 발인에서 장례까지 나흘이나 소요된 사유는 밝혀지지 않았다. 그런데 장례를 치른 지 8일이 지난 6월 27일 『인조실록』에는 다음과 같은 기사가 보인다.

소현세자의 졸곡제를 행하였다. 전일 세자가 심양에 있을 때 집을 단장하고, 또 둔전(屯田)을 경작해서 곡식을 쌓아두고는 그것으로 진기한 물품과 무역을 하느라 관소의 문이 마치 시장 같았으므로, 상이 그 사실을 듣고 불평스럽게 여겼다.

그런데 상의 행희(幸姬 : 총애하는 여인) 조 소용은 전일부터 세자 및 세자빈과의 사이가 좋지 않았던 터라, 밤낮으로 상의 앞에서 참소하여 세자 내외에게 저주를 했다느니, 대역부도를 했다느니, 하는 말로 빈궁을 무함하였다. 세자는 본국에 돌아온 지 얼마 안 되어 병을 얻었고 병이 난 지 수일 만에 죽었는데, 온몸이 전부 검은빛이었다. 이목구비의 일곱 구멍에서는 모두 선혈이 흘러나오므로, 검은 멱목(幎目 : 시신의 얼굴을 덮는 천)으로 얼굴 반쪽만 덮어놓았으나, 곁에 있는 사람도 그 얼굴빛을 분변(分辨)할 수 없어서 마치 약물에 중독되어 죽은 사람과 같았다. 그런데 이 사실을 외인들은 아는 자가 없었고, 상도 알지 못하였다.

종실 진원군 이세완의 아내는 곧 인열왕후의 서제(庶弟)였기 때문에, 이세완이 내척으로서 세자의 염습에 참여했다가 그 이상한 것을 보고 나와서 사람들에게 말한 것이다.

강빈의 사사

6월 19일 소현세자의 장례를 마친 인조는 그 즉시 세자시강원의 혁파를 명했다. 이어서 다음 달인 윤 6월 2일이 되자, 원손(석철)을 세자로 책봉해야 한다는 중신들의 강력한 주장에도 불구하고 봉림대군을 새로운 세자로 결정하였음을 선포하는데, 이때 봉림대군은 이미 귀국해 있었다. 1644년 11월 소현세자의 귀국을 허락한 청은 이듬해 1월 26일 봉림대군의 귀국도 허락했다. 이에 따라 3월 26일 북경을 출발한 봉림대군은 귀국 길에 소현세자의 사망 소식을 들었고, 5월 14일 서울에 도착했다.

봉림대군을 왕세자로 결정한 인조는 그해 9월 27일 책봉례까지 마침으로써 후계 문제를 확실히 매듭짓고, 얼마 후 그다음 수순에 돌입했다. 세자빈이 아들 3형제를 받들고 일을 도모할지도 모른다고 우려한 인조는 내친김에 강빈과 소현세자가 남긴 아들 3형제의 제거를 밀어붙인다. 그 당시 인조가 이런 결심을 하도록 뒤에서 조종한 여인은 인조의 총비(寵妃) 소의(昭儀) 조씨였다.

장희빈과 더불어 조선 왕실의 대표적인 악녀로 회자되는 조 소의는 경상우도 병마절도사를 지낸 조기(趙琦)의 서녀였다. 그녀는 1630년 내명부 최하 품계인 종4품 숙원(淑媛)으로 입궁하여 1640년 정3품 소용에 올랐으며, 1645년에는 정2품 소의에 이어 인조가 사망하던 1649년에는 종1품 귀인(貴人)에까지 오른다. 1635년 인열왕후가 사망하자, 인조는 그 3년 후 마흔네 살에 한원부원군(漢原府院君) 조창원(趙昌遠)의 열다섯 살밖에 안 된 어린 딸을 계비로 맞으니, 이 여인이 바로 장렬왕후(莊烈王后, 1624~1688)이다. 조 소의의 악행은 인조가 장렬왕후의 처소를 찾는 것을 막기 위하여 왕후를 모함하는 것을 시작으로, 최후에는 김자점과 결탁하여 역모에까지 가담하는 것으로 정점을 찍는다.

그러나 그녀가 역사에 이름을 남긴 가장 큰 사건은 소현세자빈 강씨를 모함하여 사약을 받게 한 일이다. 인조의 왕권을 불안하게 했던 소현세자는 사라졌으나, 그가 남긴 아들 3형제는 언제라도 되살아날 수 있는 불씨를 품고 있었다. 인조는 손자에 앞서 먼저 며느리 제거에 돌입하는데, 이 일은 궁중에서 흔히 발생하는 저주 사건으로 시작된다.

1645년(인조 23) 8월, 궁중에서는 조 소의를 저주하는 사건이 발생했다. 조 소의가 인골(人骨)과 함께 제웅을 곳곳에 묻어놓고 강빈이 자신을 저주했다고 자작극을 벌인 것이다. 사건이 터지자 인조는 강빈 처소의 궁녀 두 명을 잡아들였다. 그러나 범인으로 지목된 궁녀 계향과 계환은 혹독한 고문 속에서도 끝내 자복을 하지 않고 장살(杖殺 : 형벌로 매를 쳐서 죽이는 것)로써 죽음을 맞는다. 강빈을 보호하기 위해 자신의 목숨을 버린 것이다.

1차 시도가 실패로 끝나자 인조는 강빈의 남자 형제들인 문성, 문명, 문두, 문벽 4명을 제주, 진도, 흡곡(歙谷 : 강원도 통천), 평해(平海 : 울진)로 각각 유배형에 처함으로써 강빈의 죽음이 머지않았음을 예고했다. 이들이 유배를 떠나고 4개월가량 지난 1646년(인조 24) 1월 3일, 이번에는 인조의 수라상에 올린 전복구이에서 독이 발견된다. 이번에도 조 소의가 벌인 간계였으나, 인조는 애꿎은 수라간 나인들을 잡아들이라 명했다.

왕명에 따라 잡혀온 나인들에게 또다시 혹독한 국문이 가해졌다. 그러나 정렬, 유덕, 계일, 향이, 천이, 난옥, 일녀는 일절 자복을 거부했고, 이들 중 난옥은 장살된다. 이어서 강빈의 신임이 두터웠던 정렬과 유덕은 압슬(壓膝)과 낙형(烙刑)까지 가했으나 끝내 자복하지 않고 죽음으로써 항거했다.

독을 넣은 사건이 끝내 밝혀지지 않자, 인조는 중신들을 불러들였다. 이에 영의정 김류, 우의정 이경석, 완성부원군(完城府院君) 최명길, 낙흥부원군(洛興府院君) 김자점 등이 달려왔다. 인조는 중신들을 강하게 나무랐다. "내간의 변이 오늘에 이르러 극에 달하였다. 경들은 모두 대대로 국록을 받는 신하로서 지위가 경상(卿相)에 이르렀는데, 묵묵히 한마디 말도 없이 무사태평하게 세월만 보내고 있을 것인가!"

인조의 책망에 김류가 나섰다. "예로부터 흉역의 변이 어느 시대인들 없었겠습니까만, 오늘날처럼 망극한 일은 있지 않았습니다. 금중(禁中)은 더없이 엄중한 곳이어서 다른 사람이 출입할 수 있는 곳이 아니므로 독을 넣는 일은 반드시 주방에서 일하는 무리 중에 있을 터인데, 의심쩍은 무리들이 모두 곤장 아래 죽어 추적할 단서가 끊어져 끝내 규명할 수 없게 되었습니다."

별도리가 없게 된 인조는 세자 부부가 청과 결탁하여 왕위를 넘보았다며 강빈을 죽이겠다는 본심을 드러낸다.

강빈이 심양에 있을 때 은밀히 왕위를 바꾸려고 도모하면서 미리 홍금적의(紅錦翟衣 : 왕비의 복장)를 만들어놓고 내전(內殿 : 왕후)의 칭호를 외람되이 사용하였고, 내게 문안하는 예까지도 폐한 지가 이미 여러 날이 되었다. 이런 짓도 하는데 어떤 짓인들 못 하겠는가. 이처럼 군부(君父)를 해치고자 하는 자는 천지 사이에서 하루도 목숨을 부지하게 할 수 없으니, 해당 부서로 하여금 율문을 상고해 품의하라.

인조의 추상 같은 명령에 중신들은 너무 놀라 대답할 바를 찾지 못했다. 왕 앞에서 물러나온 김류, 최명길, 이시백 등은 의논 끝에 "강빈의 죄는 죽어 마땅하지만 예로부터 제왕이 인륜의 변을 처리하는 도리는 하나뿐만이 아니었으니, 부모가 자식을 사랑하는 마음으로 용서하여 은혜와 의리가 둘 다 온전하게 하소서"라고 품했다.

그러나 이미 강빈을 죽이기로 작심한 인조는 이를 차갑게 물리친다. 인조가 계속해서 강경하게 나오자, 중신들은 "그저 넓으신 아량으로 자애심을 발휘해서 강빈을 용서해 주십사!"고 빌 수밖에 없었다.

중신들의 태도를 본 인조는 강빈의 두 오라비 문성과 문명을 불러올려 국문 끝에 두 명 모두 장살시킨다. 만약 그들을 죽이지 않고 투옥으로 끝내면 또다시 중신들 간에 논란이 일 것을 우려하여 아예 그 싹을 잘라버렸다. 이를 본 간관들 역시 초강수를 들고나왔다. 몸이 아프다고 둘러대고 출근을 거부한 것이다.

그러자 인조 역시 한 치도 물러서지 않는다. "요즈음 병을 핑계로 간관의 자리를 피하려고 꾀하는 자들은 모두 파직하라." 왕명에 따라 김시번(金始蕃), 임선백(任善伯), 류심(柳濬), 소동도(蘇東道), 남노성(南老星), 임한백(任翰伯), 이준구(李俊耉), 이규로(李奎老) 등 여덟 사람 모두가 파직되었다. 당시 인조가 보인 태도는 강빈을 죽이고자 하는 의지가 너무도 강해서 전혀 틈이 보이지 않았다.

여덟 명이나 되는 많은 간관(諫官)을 파직시키는 것을 본 대사헌 홍무적(洪茂績)은 "강빈을 죽이려거든 신을 먼저 죽인 후에 시행하소서"라는 강경한 상소를 올렸다. 홍무적은 전조 광해군 정권에서 이이첨 등이 인목대비의 폐모론을 주장하자 "폐모론 주동자를 목 베라!"고 외치다가 거제도로 유배되었을 정도로 불의와는 타협을 모르는 사람이었다. 홍무적의 상소가 올라가자 인조는 다시 한번 강수를 둔다. 홍무적은 바다 건너 제주도에, 그의 뜻에 동조한 심노는 경상도 남해 섬에 위리안치시키라고 명했다. 강빈 사사의 결심을 끝낸 인조가 다른 간관들의 상소를 원천적으로 차단하려는 의도에서 나온 초강수였다. 홍무적과 심노를 유배형에 처한 인조는 그로부터 이틀 후인 1646년(인조 24) 3월 15일 "강빈을 서인(庶人)으로 폐출시켜 사사(賜死)하라!"는 명을 내렸다. 『인조실록』은 강빈의 사사 장면을 이렇게 전하고 있다.

소현세자빈 강씨를 폐출하여 옛날의 집(강빈의 친정집)에서 사사하고 교명죽책(敎命竹冊)·인(印)·장복(章服) 등을 거두어 불태웠다. 의금부 도사 오이규(吳以奎)가 덮개가 있는 검은 가마로 강씨를 싣고 선인문(宣仁門)을 통해 나가니, 길가에서 바라보는 이들이 담장처럼 둘러섰고 남녀노소가 분주히 오가며 한탄하였다. 강씨는 성격이 거셌는데, 끝내 불순한 행실로 상의 뜻을 거슬러오다가 드디어 사사되기에 이르렀다. 그러나 그 죄악이 아직 밝게 드러나지 않았는데 단지 추측만으로 법을 집행하였기 때문에 안팎의 민심이 수긍하지 않고 모두 조 소의(趙昭儀)에게 죄를 돌렸다.

인조의 명에 따라 서른여섯 한창 나이로 억울한 죽음을 당한 강빈(姜嬪, 1611~1646)은 청에 있을 당시 둔전을 경작하고 청과 무역을 하는 등 상당히 적극적이고 개방된 성격의 소유자로 알려져 있다. 그러나 『심양일기』와 『심양장계』에는 이에 관한 내용이 실려 있지 않다. 다만 『인조실록』 1645년 6월 27일자 기사(종실 이세완의 아내가 소현세자의 염습에 참여했던 기사)에는 아래와 같이 언급한 내용이 보인다.

전일 세자가 심양에 있을 때 집을 단장하고, 또 둔전(屯田)을 경작해서 곡식을 쌓아두고는 그것으로 진기한 물품과 무역을 하느라 관소의 문이 마치 시장 같았으므로, 상이 그 사실을 듣고 불평스럽게 여겼다.

비극의 끝

강빈을 사사한 인조는 세상의 눈을 의식하여 소현세자와 강빈이 남긴 석철 3형제를 한동안 어떠한 조치도 취하지 않고 그대로 내버려둔다. 그후 강빈이 죽은 지 일 년 남짓 지난 1647년(인조 25) 5월 13일 인조는 소현세자의 아들이며 자신의 손자들인 석철 3형제를 멀리 제주도로 유배하도록 명했다. 당시 큰손자 석철(石鐵)의 나이는 열두 살, 둘째 석린(石麟)은 여덟 살, 막내 석견(石堅)은 겨우 네 살이었다. 이때 제주에는 먼저 유배당한 전(前) 대사헌 홍무적과 전 도승지 신득연(申得淵)이 있었다. 인조는 이들이 손자들과 접촉할 것을 우려하여 두 사람을 다른 곳으로 이배시키라는 영을 내렸다. 덕분에 홍무적은 남해도로, 신득연은 진도로 옮겨갔다.

세월이 흐르자 석철 3형제의 일은 사람들의 뇌리에서 차차 잊혀져갔다. 그러나 그들이 유배를 떠난 지 한 해가 지난 1648년 9월 18일 석철이 죽었다는 기별이 왔다. 소식을 접한 인조는 이렇게 하교한다. "석철의 일에 대해서 내가 매우 놀랍고 슬프게 여기고 있다. 중관(中官 : 내시)을 내려보내어 그의 관구(棺柩)를 호송해 와서 아비 묘 곁에다 장사지내게 하라." 석철이 죽고서 3개월 남짓 지난 12월 23일 제주목사로부터 "지난 달 26일 석철의 동생 석린이 죽었다"는 장계가 올라왔다. 석린이 죽었다는 소식을 들은 인조는 그 즉시 석철 3형제를 보살피던 배소의 나인들을 잡아들였다. 나인들이 '보양(保養)'을 제대로 못 해서 손자들을 죽게 했다'는 죄목이었다.

왕명에 따라 석철 3형제를 보살피던 나인 옥진, 애영, 이생 세 명이 잡혀왔다. 국문을 받던 옥진은 억울하다며 이렇게 항변한다. "두 아이가 죽은 것은 토질 탓이지 보양을 잘못한 탓이 아닙니다." 하지만 그녀는 인조의 체면을 위해서 죽어야 했다. 결국 옥진은 장살로 죽음을 맞고, 나머지 애영과 이생은 옥진보다 죄가 가볍다는 이유로 겨우 살아남는다.

그 후 1654년(효종 5) 7월에 이르러, 황해감사 김홍욱(金弘郁)은 강빈과 석철 형제들의 죽음이 김자점과 귀인 조씨의 간계에 의한 것이므로 석견의 유배를 풀어주고, 억울하게 죽음을 맞은 강빈을 신원(伸寃)해달라는 상소를 올렸다. 상소를 본 효종은 김홍욱을 국문 끝에 장살시키고, "앞으로 석견의 유배와 강빈의 옥사 문제를 재론하는 자는 역률로 다스리겠다"고 엄명했다. 사건의 진상이 밝혀지면 자신의 왕위가 정통성 시비에 휘말릴지도 모른다고 판단하고 내린 조치였다.

그러나 내내 마음이 편치 않았던 효종은 그로부터 2년의 세월이 더 흐른 1656년(효종 7) 윤 5월 14일, 석견을 귀양지에서 풀어주는데, 당시 석견의 나이는 열세 살이었다. 이때까지도 석견은 단순히 소현세자의 아들로만 불려졌으나, 1659년(효종 10) 윤 3월 4일, 효종은 뜻밖의 처분을 내린다.

소현세자의 1남 이백(李栢 : 석철)은 경선군(慶善君)을 증(贈)하고, 3남 이회(李檜 : 석견)는 경안군(慶安君)으로 하라. 그리고 1녀에게는 경숙군주(慶淑郡主)를 증(贈)하고, 2녀는 경녕군주(慶寧郡主)로 하고, 3녀는 경순군주(慶順郡主)로 하라.

효종의 명에 따라 석철과 석견은 이때에 가서야 비로소 군(君)으로 추서되고, 소현세자의 여식(女息) 3자매도 모두 군주(郡主 : 왕세자 정실의 딸로 정2품)로 추서되었다. 소현세자가 남긴 3남 3녀 중 2남 3녀에게는 이렇게 늦게나마 봉작이 내려졌으나, 차남 석린에게는 이때에도 아무런 조치가 없었다.

그로부터 213년이 지난 1872년(고종 9) 12월 4일자 『승정원일기』에는 이런 기사가 보인다.

적왕손(嫡王孫) 석린(石麟)에게 경완군(慶完君)을 추증하였는데, 소현세자(昭顯世子)의 둘째 아들이다. 이상은 영종정경(領宗正卿)을 예겸하게 하였는데, 봉작하라고 전교한 것이다.

석린은 이날 경완군의 봉작과 더불어 왕실 종친에게 내리는 정1품에 상당하는 '영종정경'에 추서되었다. 이로써 소현세자가 세상을 떠난 지 227년 만에 여섯 자녀의 봉작은 모두 완료되었다. 한편 "강빈의 옥사를 거론하는 자는 역률로 다스리겠다"는 효종의 명에 의하여 지하로 숨어들었던 강빈의 신원 문제는 효종의 손자인 숙종 때에야 비로소 빛을 보게 된다. 그 후 숙종은 1718년(숙종 44) 4월 17일, 자신의 증조부에게 사사당한 강빈을 신원하고, 슬픔을 위로한다는 의미를 지닌 '민회(愍懷)'의 시호를 내리니, 이때부터 사람들은 강빈을 일러 '민회빈(愍懷嬪)'이라 부르기 시작했다. 1656년 효종의 명에 의해서 유배지에서 돌아온 경안군 석견은 1665년(현종 6) 9월 18일 스물둘의 젊은 나이로 생을 마쳤으나, 그에게는 다행스럽게도 아들 형제가 있었다. 그중 큰아들의 이름은 임창군(臨昌君) 이혼(李焜)이고, 작은아들은 임성군(臨城君) 이엽(李熀)이다.

그 후 1679년(숙종 5)에 이르러 강화에서는 "소현세자의 손자 임창군이 진정 이 나라의 적통(嫡統)이므로 그를 임금으로 세워야 한다"는 출처불명의 괴문서가 나돌기 시작했다. 보고에 접한 숙종은 임창군과 임성군 형제를 제주도 유배에 처하라고 명했다. 그러나 이들 형제의 무고함을 익히 알고 있던 숙종은 5년 만에 그들을 풀어주었다. 임창군에게는 6남 5녀의 자녀가 있었다. 이중 장남은 1727년(영조 4)에 일어난 '이인좌의 난'에 연루되어 일찍 생을 마감한 밀풍군(密豊君) 이탄(李坦)이고, 차남은 밀남군 이감(李堪)이다. 임창군의 아우 임성군은 소현세자의 장남 석철의 양자로 입적되었으나, 후사를 보지 못했다. 이에 임창군의 차남 밀남군(密南君)을 입적시켜, 소현세자의 대를 잇게 했다. 이때 소현세자의 후손으로 입적된 밀남군은 왕위에는 오르지 못하고, 단순히 대를 잇는 선에서 끝나고 말았다. 까닭에 소현세자는 끝내 왕으로 추존되지 못하고 영원히 세자의 신분으로 남게 되었다.

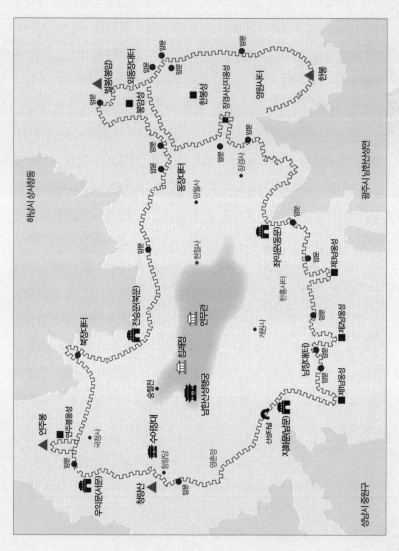

지도 4. 남한산성 지도

남한산성(南漢山城)은 신라 문무왕 12년(672)에 석축으로 쌓은 성으로, 당시 이름은 '다른 곳보다 해가 늦게 진다'는 의미로 주장성(晝長城)이라 했다. 그 무렵 신라는 백제와 고구려를 멸하고 한반도를 넘보는 당나라와 건곤일척의 싸움을 벌이고 있을 때로 신라가 성을 쌓은 목적은 한반도에서 당군을 몰아내고, 삼국을 통일하는 데 있었다. 남한산성이라는 난공불락의 요새를 확보한 신라는 675년 황해도 재령강 유역에 소재하는 백수성(白水城)전투와 매소성(買肖城:경기 연천군 소재)전투에서 승리한 후, 676년에는 금강 하구에 자리한 기벌포(伎伐浦)에서도 승리하여 마침내 삼국통일을 이뤄냈다.

　이처럼 삼국을 통일하는 데 숨은 역할을 했던 남한산성은 통일 후에는 돌아보는 사람이 없었고, 이후 고려를 거쳐 조선 중엽까지 폐허 상태로 남아 있었다. 근 천 년 동안이나 폐허로 남아 있던 남한산성의 수축 논의가 처음으로 일어난 것은 임진왜란 직후인 선조 때였다. 하지만 당시에는 전란의 후유증으로 인하여 자금 조달이 여의치 않아, 논의만 거듭하다가 흐지부지되기에 이른다. 그 후 선조의 뒤를 이은 광해군은 북변의 상황이 불안해지자, 중신들의 반대를 무릅쓰고 성의 축성을 밀어붙였다. 그러나 1623년 3월에 일어난 인조반정으로 인하여 광해군이 물러나면서 공사는 이내 중단되고 만다. 남한산성의 축성 문제가 재론된 것은 광해군을 몰아낸 인조 정권이었다. 반정 이듬해에 일어난 이괄의 난으로 인하여 인조가 공주로 파천하는 사태가 발생하자, 성의 축성 논의가 수면 위로 떠올랐던 것이다. 그러나 재정상태가 여의치 않아 또다시 멈칫거리게 된다.

이 무렵 욱일승천의 기세로 명(明)을 압박하던 후금은 명의 배후를 누르기 위해 언제라도 조선을 침략할 명분을 찾고 있었다. 이에 바짝 긴장한 인조 정권은 후금의 침입에 대한 대책의 일환으로 남한산성의 축성을 서두르게 된다. 우여곡절 끝에 조정에서는 총융사 이서(李曙)와 광주목사(廣州牧使) 류림에게 남한산성의 축성을 명했다. 이리하여 1624년(인조 2) 7월에 공사를 시작하여 1626년(인조 4) 7월까지 만 2년에 걸쳐 완성한 성이 바로 지금의 남한산성이다.

내성(內城)과 외성(外城)으로 이루어진 이 성은 둘레가 총 11.76킬로미터에 이르는데, 흔히 본성(本城)이라 부르는 내성의 길이는 9.05킬로미터이고, 외성의 길이는 2.71킬로미터이다. 성내 시설로는 4개의 성문, 4개의 장대(將臺), 5개의 옹성(甕城), 16개의 암문(暗門), 2개의 봉화대, 125개의 군포(軍鋪 : 성을 지키기 위한 초소)를 지었다. 이밖에도 유사시 왕이 이어(移御)할 수 있는 행궁(行宮)을 비롯하여 종묘, 사직, 관아, 재옥, 객사 등이 있었다. '남한행궁' 또는 '광주행궁'이라 부르는 이곳 행궁은 좌전(左殿)과 우실(右室)로 나누어지며, 좌전에는 행궁의 종묘를, 우실에는 사직단을 두었다. 이처럼 행궁에 이어 종묘와 사직단까지 둔 경우는 나라를 통틀어 남한산성이 유일한데 이는 유사시 이곳이 임시수도 역할을 할 수 있음을 뜻한다.

이 산성에서는 병자호란 이전에도 전쟁이 있었다. 고려 23대 고종 19년 인 1232년에 일어난 몽골군의 2차 침입 당시 몽골군 원수 살리타이(撒禮塔)는 몽골 제4군 기병대를 이끌고 남진 중에 광주성(廣州城 : 남한산성)을 공격했다. 몽골군이 공격을 개시하자 광주부사 이세화(李世華)는 군사들을 독려하며 결사적으로 맞섰고, 이를 본 군관민 모두가 죽음을 불사하는 항전을 펼친 끝에 마침내 몽골군을 물리쳤다. 광주성에서 이세화에게 의외의 일격을 당한 살리타는 북으로 퇴각하는 대신 용인의 처인성을 공격했다. 그러나 승장(僧將) 김윤후(金允侯)의 매복에 걸려 피살됨으로써 몽골의 2차 침입은 막을 내린다.

또한 구한말에는 남한산성이 경기 의병의 투쟁 거점이 되기도 했다. 일제는 1895년 을미사변을 일으켜 명성황후를 시해하고, 개혁이라는 미명하에 단발령을 실시했다. 이에 반발한 조선 민중들은 벌 떼처럼 들고 일어나는데, 이곳 남한산성에서는 이듬해인 1896년 2월, 경기 지역의 의병을 모아 혁혁한 전과를 올렸다고 전해진다. 이밖에도 6.25전쟁 때는 미군이 성내에 진주한 인민군과 중공군에게 집중포화를 퍼부었고, 이 과정에서 성벽 일부가 파손되고, 1912년에 개교한 남한산초등학교의 교사(校舍)가 전소되는 아픔을 겪기도 했다. 남한산성은 휴전 이듬해인 1954년 5월 10일, 이승만 대통령에 의해 국내 최초로 국립공원으로 지정되었다. 이어서 경기도는 1955년 6월 15일 이승만 대통령의 80회 생일(원래 생일은 3월 26일)을 맞아 '이승만 박사 송수탑(頌壽塔)'을 건립하였다. 그러나 4.19혁명을 겪고 나서 국립공원 지정은 취소되고, 송수탑 역시 철거되었다.

많은 사연 중에서도 남한산성의 상징적인 사건은 병자호란 당시 청 태종이 거느린 12만 대군을 맞아 45일간에 걸쳐 항전을 펼쳤다는 데 있다. 당시 조선군은 한겨울 추위에 병력, 무기, 군량 등 모든 것이 열세인 상황에서 청군에 맞서 피나는 항전을 펼쳤다. 그러나 왕실과 문무 대신들의 가족이 피난해 있던 강화도 함락 소식이 전해지면서 농성(籠城) 45일 만에 출성 항복하게 되니, 그것은 유사 이래 최대의 치욕이었다.

이토록 사연 많고 유서 깊은 남한산성은 1963년 1월 21일 국가 사적 제57호로 지정되었고, 1971년 3월 17일에는 경기도 도립공원으로 지정되었다. 이어서 2012년 5월에 행궁 복원을 마친 남한산성은 2014년 6월에는 국내에서 열한 번째로 세계문화유산에 등재되었다.

남한산성은 행궁 아래 '종로'라 불리는 지역이 성의 중심지로 성내에서 이곳이 가장 번화하다. 종로는 예전에 종각이 있었다 해서 얻은 이름이지만, 주민들은 이곳을 예전 명칭 그대로 '산성리' 또는 '산성마을'이라 부른다. 조선시대에 광주유수부(廣州留守府)가 자리했던 이곳은 광주의 군사·행정의 중심지로서 경기 남부에서는 수원 다음으로 큰 장이 섰을 정도로 번창했다. 그 후 1895년 을미개혁으로 유수부가 군으로 격하되면서 광주유수부는 광주 군청으로 이름이 바뀌었고, 1917년에는 이 군청마저 경안(京案)으로 옮겨갔다. 군청이 있을 때까지만 해도 이곳은 상주인구가 4,000여 명을 자랑했으나, 군청이 없어진 뒤로는 하나의 조용한 시골 마을로 남게 되어 오늘에 이르고 있다.

일주 시작은 남문에서부터

남한산성을 둘러보려면 먼저 성의 심장부에 해당하는 행궁과, 이곳에서 서문 방향으로 약 400미터가량 떨어진 숭렬전(崇烈殿 : 백제의 시조 온조왕의 사당)을 둘러본 후에 일주에 나서는 것이 바람직하다. 이어서 내친 김에 남한산성역사관과 삼학사의 영혼을 모신 현절사(顯節祠)까지 들르고 나서 성곽을 일주한다면 금상첨화일 것이다. 그러나 성곽 일주만을 목표로 한다면 먼저 '지화문(至和門)'이라 부르는 남문(南門)에서 시작하여 수어장대(守禦將臺)가 있는 영춘정(迎春亭) 쪽으로 도는 것이 효과적이다. 지화문은 이 성의 정문이기도 하지만 무엇보다도 교통이 편리하기 때문이다.

지화문은 남한산성의 정문답게 4대문 중 그 규모가 가장 크고 웅장하다. 해발 370미터 선상에 세워진 이 문은 높이가 4.75미터, 폭 3.35미터, 길이는 8.6미터에 달한다. 1976년에 복원을 마친 정면 3칸, 측면 3칸 규모의 문루에는 '至和門(지화문)'이라 쓰인 큼지막한 현판이 걸려 있는데, 이 성의 4대문 중 문루에 현판이 걸려 있는 문은 지화문이 유일하다.

문을 통과하여 문루 위로 올라서면 병자년(1636) 섣달 열 나흗날 저녁 어둠을 뚫고 문 안으로 들어서는 인조와 소현세자의 모습이 한눈에 그려진다. 또한 한겨울 찬바람을 맞으며, 성을 사수하던 장졸(將卒)들의 모습도 눈에 선하다. 오랑캐가 쳐들어오던 그해 겨울은 유난히도 추웠다. 그토록 추운 날씨에 주린 배를 움켜쥐고 오랑캐와 싸우느라 장졸들은 얼마나 많은 고생을 했을까? 그들은 오랑캐에게 쫓겨 급히 들어오느라 변변한 솜옷 한 벌 갖추지 못했다. 추위가 얼마나 혹독했으면 하룻밤 새 아홉 명씩이나 얼어 죽는 일도 있었다고 한다. 당시 병사들의 적은 셋이나 되었다. 오랑캐, 배고픔, 그리고 추위였다. 여기에 하나를 더 보태자면 졸음도 적이었다. 살을 깎는 모진 추위 속에서도 졸음은 시시때때로 찾아왔고, 잠시라도 방심하면 적이 성벽을 타고 올라 목숨을 위협했다.

그러므로 이곳 남한산성에 오면 돌 한 개, 나무 한 그루까지도 당시 성을 지키던 장졸들의 피와 눈물이 배어 있다는 것을 잠시도 잊어서는 안 될 것이다. 이제 우리는 400여 년 전 그날의 아픔을 되새기며, 애틋하고도 진지한 마음으로 성을 돌아보자.

지화문 문루에서 내려와 수어장대를 향해 나아가면 432봉을 지나 팔각(八角)의 정자 영춘정(迎春亭)을 만나게 된다. 진달래 활짝 피어나는 따스한 봄날 이곳 영춘정에 오르면 새봄의 내음과 더불어 감질나게나마 서울의 한쪽 귀퉁이가 조망된다. 영춘정에서 내려와 성곽을 따라 오르막을 반복하다 보면 이내 이 산의 서쪽 주봉 청량산(淸涼山)마루가 닥친다. 넓은 쉼터로 되어 있는 이곳 청량산마루에는 수성장(守城將)이 휘하 장졸을 지휘하던 수어장대가 우뚝하다. 산성의 서쪽에 위치하여 일명 '서장대(西將臺)'라고도 불리는 이 장대는 1624년(인조 2) 성을 쌓을 때 지은 4개의 장대 가운데 유일하게 남아 있는 건물이다. 중층 문루로 되어 있는 장대 바깥쪽에는 守禦將臺(수어장대), 안쪽에는 병자호란의 치욕을 영원히 잊지 말자는 의미를 지닌 '無忘樓(무망루)'라 씌어진 현판이 걸려 있다.

아름드리 노송을 비롯하여 거목에 가까운 나무들로 꽉 들어찬 이곳 청량산마루는 수도권에서 달맞이와 함께 낙조(落照)의 명소로도 이름 높은 곳이다. 또한 이곳 서장대 옆에는 이 성을 쌓다가 소인배의 무고로 억울하게 죽음을 당한 이회(李晦) 장군의 넋을 달래기 위한 '청량당(淸涼堂)'이라는 사당이 자리하고 있기에 이곳도 반드시 들러야 한다. 수어장대와 청량당을 둘러본 후에 성곽을 따라 몇 걸음 나아가면 솔숲 우거진 오른쪽 길가에 '병암(屛岩)'이라는 이름의 바위가 나타난다. 병암에는 가로 170센티미터, 세로 110센티미터의 크기로 다듬어진 벽면에다 한 행에 19자씩으로 된 24행의 글씨를 새겨놓았다. 이로 인해 병암을 일러 '병암남성신수기비(屛岩南城新修記碑)'라고 부르고 있으나, 오랜 세월에 글자가 마모되어 읽기는 쉽지 않다.

병암을 지나면 일명 우익문(右翼門)이라 칭하는 이 산성의 서문(西門)에 이른다. 서문은 앞서 지나온 남문에 비해 턱없이 작다. 높이라야 겨우 2.5미터 밖에 안 되고, 폭 또한 2.1미터에 불과하다. 병자호란이 끝나던 정축년 정월 그믐날(1637년 1월 30일) 인조는 이곳 서문으로 나가 삼전도에서 청 태종에게 세 번 절하고 아홉 번 머리를 조아리는 항복례를 행했다. 당시 인조가 이토록 작은 문으로 나갔던 이유는 청에서 패전의 군왕이라 하여 정문이 아닌 이곳 서문으로 나오기를 강요했기 때문이다.

서문을 지나면 이내 암문(暗門)을 만나는데, 이곳 암문에서 북쪽으로 길게 늘어선 옹성을 일러 '연주봉옹성'이라 부른다. 이 옹성은 본성(本城)보다 고도가 높은 까닭에 산성을 적으로부터 효과적으로 방어하려면 이 옹성을 장악하는 것이 필수적이다. 길이가 315미터에 이른다는 이 옹성의 용도(甬道 : 양쪽에 여장을 쌓아 옹성에 이르는 좁은 길)를 따라 옹성 끝부분에 있는 포루(砲壘)에 올라서면 예전 광주 땅에 속했던 하남시가 밟힐 듯하고, 강 건너로는 구리시와 덕소 시내가 한눈에 들어온다. 연주봉옹성을 돌아 나와 얼마간 진행하면 북장대 터에 이르고, 이곳에서 몇 걸음만 더 나아가면 일명 전승문이라고 불리는 북문(北門)에 이른다.

이 문은 병자호란 당시 체찰사 김류의 명에 따라 300여 명의 조선군이 문을 열고 나가 청군을 공격했으나, 오히려 적의 계략에 말려들어 전멸했던 문이다. 문 이름의 유래를 살펴보면 훗날 정조 임금이 문을 보수할 때 그날의 패전을 잊지 말자는 뜻에서 전승문(全勝門)이라 지었다고 전해진다.

북문을 지나면 울창하던 솔숲은 이내 잡목 숲으로 바뀌고, 길은 팍팍한 돌계단으로 바뀐다. 이 구간은 별다른 변화도 없고 오르막으로 이어지는 까닭에 지루함마저 느끼게 되지만, 이내 오르막이 끝나면서 눈앞으로 동장대 터가 펼쳐진다.

외성 가는 길

동장대 터에서 성곽은 내성(內城)과 외성(外城)으로 나뉘는데, 내성은 편의상 본성이라 부르고, 외성은 다시 봉암성(蜂巖城)과 한봉성(漢峰城)으로 나뉜다. 가던 방향을 고수하고 성곽을 따라가면 내성으로 이어지고, 암문을 통해 동쪽으로 나아가면 외성에 이르게 된다.

암문을 나가 몇 걸음 걸으면 '봉암성'이라 새겨진 표지석을 만나게 되고, 표지석을 지나 동북쪽으로 500여 미터 진행하면 일명 망월봉이라 부르는 벌봉에 다다른다. 이곳을 벌봉이라 부르는 까닭은 바위의 모습이 벌을 닮았다고 해서 붙여진 이름이다. 해발 514미터에 이르는 벌봉은 남한산성에서 으뜸의 높이를 자랑하고 있다. 병자호란 당시 청군은 이곳 벌봉에서 성안의 동태를 손살피처럼 내려다보면서 홍이포로 성을 공격하여 행궁 뜨락에까지 포탄이 떨어졌다고 한다.

이때 혼쭐이 난 조정에서는 이를 잊지 않고 있다가 훗날 숙종 때 벌봉을 중심으로 성곽을 쌓고서 그 이름을 '봉암성(蜂巖城)'이라 지었다. 봉암성은 광주유수 윤지선(尹趾善)이 1686년(숙종 12) 윤 4월 1일에 축성을 시작하여 40여 일 만인 5월 9일에 완공한 성으로서, 둘레가 2,120미터이고, 암문이 4개, 포대가 2개소였다고 한다.

외성으로 일주를 계속하려면 벌봉에서 흐릿한 성곽을 따라가면 되지만, 벌봉을 지나면 길은 더욱 흐려지고 사람의 왕래가 거의 없어진다. 외성의 성곽은 그 높이가 불과 3미터 안팎인데, 성가퀴는 말할 것도 없고, 체성(体城)조차도 무너진 곳이 많다. 벌봉에서 무너진 성곽을 따라가다가 두 번째 만나는 암문에 이르면 봉암성과 한봉성 그리고 엄미리가 갈라지는 삼거리가 그려진 이정표를 만난다. 이곳 삼거리에서 한봉성으로 가려면 낮고도 흐릿한 성곽을 따라 서남쪽으로 나아가야 한다. 성곽을 따라 한참을 진행하면 또다시 암문에 이르고, 이곳에서 크게 한 굽이 돌아가면 해발 415미터의 한봉마루가 닥친다. 이토록 한적한 곳에 성을 쌓은 이유는 이곳 한봉 역시 앞서 지나온 벌봉처럼 지대가 높아 본성은 물론, 행궁의 뜨락까지 여과 없이 들여다보이는 까닭이다. 실제로 병자호란 당시 이곳 한봉을 점령한 청군은 그들이 자랑하는 홍이포로 본성 안에 있는 행궁을 공격하여 성내 군민(軍民)들을 공포에 떨게 했다.

한봉성은 이곳 한봉마루에서 끝이 나므로 이곳에서 본성으로 가려면 일단 북쪽 방향의 내리막길로 들어서야 한다. 잡목이 우거진 내리막길을 따라 한참을 내려가면 갈림길이 나온다. 이곳에서 가던 방향으로 곧장 직진하면 도로가 있는 큰길로 이어지고, 갈림길로 되돌아가서 오른쪽 길로 내려가면 큰골 갈림길에 이른다.

큰골 갈림길에서 다시 차도를 따라가면 산성의 동문(東門)으로 갈 수 있고, 차도를 가로질러 산속 오솔길을 따라 10여 분가량 오르면 본성 성벽에 뚫린 암문이 나타난다. 암문을 통과하면 남한산성 축성 당시에 세웠다는 장경사 절 마당에 이르는데, 이곳에 쌓은 성곽이 바로 내성이라 불리는 본성이다.

내성 가는 길

앞서 지나온 동장대 터 암문에서 내성 일주를 하려면 암문 밖으로 나가지 말고, 가던 방향으로 성곽을 따라가면 이내 자그마한 암문을 만난다. 이곳에서 성곽 아래를 내려다보면 장경사에서 수어(守禦)를 담당하던 '장경사신지옹성(長慶寺信地甕城)'이 보인다. 옹성을 둘러본 후에 다시 올라와서 성곽을 따라 내려가면 오래지 않아 앞서 만났던 장경사(長慶寺)가 나타난다.

장경사는 병자호란 직후인 1638년(인조 16)에 세워진 절이다. 병자호란이 끝난 후, 조정에서는 이 산성에 승군을 주둔시켰고, 승군이 머물자니 그들의 숙소가 필요했다. 그래서 나라에서는 이곳 장경사와 함께 개원사, 국청사, 남단사, 동림사, 천주사, 한흥사까지 7개의 사찰을 더 세운 뒤에, 기존의 사찰인 망월사(望月寺)와 옥정사(玉井寺)를 합쳐 9개의 사찰을 승군 숙소로 지정했다. 이러한 유래를 지닌 장경사에는 범종각과 더불어 8각 9층탑이 우뚝하다. 또한 봄이면 진달래와 철쭉이 만발하고, 초가을엔 송이가 돋아나는 까닭에 사시사철 사람의 발길이 끊이지 않는다.

장경사에서 약 1킬로미터가량 진행하면 이 성의 동문(東門)인 좌익문에 다다른다. 높이 4미터에, 폭이 3.1미터에 이르는 이 문은 규모로서도 지화문과 견줄 만하다. 이 문을 좌익문(左翼門)이라 부르는 까닭은 행궁에서 앞을 내다볼 때 이 문이 좌측에 해당되기 때문이다. 좌익문에서는 자동차가 다니는 도로로 인하여 성곽은 일단 끊겼다가 다시 이어지는데,

이곳은 남한산성에서 유일하게 성곽이 단절된 구간이다.

좌익문을 지나 도로를 건너서면 가장 먼저 수문(水門)이 나타나고, 수문 옆에는 시신을 들고 나는데 사용했다는 시구문(屍軀門)이 따로 있다. 예전에는 시신은 정해진 문이 아니고는 함부로 들고 날 수가 없었다고 하며, 이는 산성이라 해서 예외를 두지 않았다.

시구문을 지나 경사진 길을 따라 오르다 보면 이내 또 하나의 암문을 만나고, 이곳에서 몇 걸음만 더 진행하면 제3남옹성의 치(雉 : 돌출시켜 쌓은 성벽을 말하며, 치성이라고도 한다)에 이른다. 이곳 치에서 내려다보면 아래쪽으로 제3남옹성의 표지석이 보이지만, 성곽 아래쪽에 있는 까닭에 접근은 안 된다. 그러므로 이곳 표지석을 만나려면 성곽을 따라 몇 걸음 더 진행한 후에 암문을 통해서 밖으로 나가야 한다. 표지석을 지나 그 아래쪽으로 40여미터 내려가면 우거진 수풀 속에 대포혈(大砲穴)이 있는 제3남옹성(第三南甕城 : 남쪽에 쌓은 세 번째 옹성)이 나타난다. 둘레가 125미터에 이른다는 제3남옹성은 이 산성의 5개의 옹성 중 규모가 가장 작은 편에 속한다. 제3남옹성을 돌아본 후에 성곽을 따라 나아가면 또다시 암문이 나오고, 암문을 지나면 이내 남장대(南將臺) 터가 있는 제2남옹성 '치'에 이른다.

남한산성에 설치된 치 중에서 가장 규모가 크다는 이곳의 치는 한 변의 길이가 32미터이고, 반대편의 길이가 29미터이며, 폭은 17.7미터이다. 이곳 치에서 내려다보면 성곽 아래 제2남옹성의 표지석이 나타나고, 표지석에서 약 60여 미터가량 떨어진 곳에 대포혈이 있는 제2남옹성이 보인다.

제2남옹성은 둘레가 328미터에 이르며, 동쪽과 서쪽 그리고 남쪽 3개 방향에 각각 3개씩 모두 9개의 대포혈이 있던 흔적이 남아 있다. 이 옹성은 다른 옹성과 달리 이중으로 되어 있으며, 포루 안으로 들어가는 문이 홍예(虹霓)로 되어 있는 것 또한 이 옹성만의 특색이다.

제2남옹성을 지나면 오래지 않아 차도가 뚫려 있는 '제1남옹성 암문'에 이르는데, 이곳에도 치(雉)가 있다. 다른 곳의 치에 비해 눈에 띄게 길이가 짧은 이곳의 치는 성벽에서 2미터가량 돌출되어 있다. 이곳에서 성곽을 따라 60여 미터가량 나아가면 제1남옹성에 닿게 되나, 이 옹성은 본성에서 멀리 떨어져 있기도 할뿐더러 숲에 가려져 있는 까닭에 본성에서는 좀체 눈에 띄지 않는다. 뿐만 아니라 표지석도 본성에서 약간 떨어진 곳에 위치하여 표지석 찾는 것조차 쉽지 않다. 제1남옹성은 둘레가 426미터로서 3개의 남옹성 중 이 옹성의 길이가 가장 길다. 또한 이 옹성 끝에는 유사시 봉수를 전달하는 봉수대(烽燧臺)가 있고, 봉수대 앞에는 7개의 대포혈이 남아 있다.

제1남옹성을 둘러본 후에 옛 정취가 물씬 풍기는 성벽을 끼고 한 굽이 돌아가면 길은 내리받이로 이어진다. 내리받이를 따라 잠시만 내려가면 수백 년의 수령(樹齡)을 자랑하는 느티나무 거목이 즐비하고, 그 거목 사이로 처음 출발했던 지화문의 우뚝한 모습이 나타나면서, 30리 남한산성 일주는 종착역을 맞는다.

참고문헌

『김화 백전대첩 승리의 비밀을 풀다』, 국방문화재연구원, 2013.

「김화 백전대첩지 관광활성화 방안 심포지엄」, 철원역사문화연구소.

『광해군일기(光海君日記)』.

『만문노당역주(滿文老檔譯註) 1~4』, 고려대학교민족문화연구원 만문노당역

　　　주회, 소명출판, 2017.

『명실록(明實錄)』.

『備邊司謄錄』.

『서울六百年史』, 서울特別市史編纂委員會.

『선조실록(宣祖實錄)』.

『昭顯瀋陽日記, 소현을유동궁일기』 역주팀 공역, 1~4권, 민속원, 2008.

『숙종실록(肅宗實錄)』.

『승정원일기(承政院日記)』.

『심양장계(瀋陽狀啓), 1, 2, 3』 정연탁 역, 세종대왕기념사업회 발행, 1999.

『인조실록(仁祖實錄)』.

『철원 김화 백전대첩을 아는가』, 국방문화재연구원, 2012.

『청실록(淸實錄)』.

『韓民族戰爭通史』, 國防軍史研究所.

『효종실록(孝宗實錄)』.

강영민, 『조선왕들의 생로병사』, 이가출판사, 2009.

강정만, 『명나라 역대 황제 평전』, 주류성, 2017.

강정만,『중국을 통일한 영웅들의 이야기』, 學古房, 2003.

강정만,『청나라 역대 황제 평전』, 주류성, 2019.

강진갑 외 6명,『숲과 역사가 살아있는 남한산성』.

구범진,『병자호란, 홍타이지의 전쟁』, 까치, 2019.

차용걸 글 · 최진연 사진,『한국의 성곽』, 눈빛, 2002.

김영상,『서울六百年』, 大學堂, 1996.

김종덕,「소현세자 병증과 치료에 대한 연구」,『奎章閣』, Vol. 31, 서울대학교
　　　　奎章閣韓國學研究院, 2007. 12.

김종래,『칭기스칸』, 꿈엔들, 2005.

김학주,『장안과 북경』, 연세대학교출판부, 2009.

羅萬甲,『丙子年 남한산성항전일기(丙子錄)』, 서동인 역, 주류성, 2017.

남급,『남한일기(南漢日記)』, 신해진 역주, 보고사, 2012.

남평 조씨,『병자일기(丙子日記)』, 박경신 역주, 나의 시간, 2015.

류근환 · 류근영,『충경공 류형 장군』, 한들출판사, 2008.

柳承宙,『丙子胡亂 前後 柳琳將軍의 將略과 金化大捷』, 온샘, 2019.

柳承宙,『忠壯公 柳琳將軍 實錄』, 한들출판사, 2006.

박광운,『정충묘지(精忠廟誌) 중 雙嶺의 恨』, 廣州文化院, 2011.

박영규,『한 권으로 읽는 고려왕조실록』, 들녘, 1996.

박영규,『조선 전쟁 실록』, 김영사, 2018.

박영규,『한 권으로 읽는 조선왕조실록』, 들녘, 1996.

申達道 · 鄭瀁 · 尹宣擧,『17세기 호란과 강화도』, 申海鎭 편역, 역락, 2012.

신병주,『왕비로 산다는 것』, 매일경제신문사, 2020.

신병주,『왕으로 산다는 것』, 매일경제신문사, 2017.

申忠一,『건주기정도기』, 申海鎭 역주, 보고사, 2017.

魚漢明,『강도일기(江都日記)』, 申海鎭 역주, 역락, 2012.

온창일,『한민족 전쟁사』, 지문당, 2013.

왕징룬,『중국의 황태자 교육』, 이영옥 옮김, 김영사, 2007.

유근표,『서울성곽육백년』, 기파랑, 2017.

유근표, 『성곽답사와 국토기행 1, 2』, 범우사, 2007.

윤용혁, 『삼별초의 대몽항쟁』, 일지사, 2000.

이규태, 『新 열하일기』, 신원문화사, 1997.

이긍익(李肯翊), 『연려실기술 인조조 고사 본말』, 민족문화추진회, 1966.

이덕일, 『당쟁으로 보는 조선 역사』, 석필, 1997.

이덕일, 『조선 왕 독살사건』, 다산초당, 2018.

이민환, 『책중일록(건주문견록)』, 중세사료강독회 옮김, 서해문집, 2014.

이상각, 『조선 역관 열전』, 서해문집, 2011.

이상각, 『조선노비열전』, 유리창, 2014.

작자 미상, 『산성일기』, 김광순 옮김, 서해문집, 2004.

장한식, 『오랑캐 홍타이지 천하를 얻다』, 산수야, 2018.

쟝위싱, 『중국황제 어떻게 살았나』, 허유영 옮김, 지문사, 2003.

조중화, 『다시 쓰는 임진왜란사』, 학민사, 1996.

천제센, 『누르하치』, 홍순도 역, 돌베개, 2015 .

최진연 글 · 사진, 『경기도 산성여행』, 주류성, 2011.

최진연, 『우리 터 우리 혼 남한산성』, 다할미디어, 2010.

통차오 편저, 『보이는 중국사』, 이재연 옮김, 다른생각, 2019.

한명기, 『광해군』, 역사비평사, 2018.

한명기, 『역사평설 병자호란 1, 2』, 푸른역사, 2013.

한명기, 『최명길 평전』, 보리출판사, 2019.

허태구, 『병자호란과 예(禮), 그리고 중화(中華)』, 소명출판, 2019.

인조仁祖 1636
— 혼군의 전쟁, 병자호란

ⓒ 유근표 2023

초판 발행 2023년 3월 10일

지은이 | 유근표
펴낸이 | 고진
편집 | 김정은
디자인 | 장상호 이현미
마케팅 | 이보민 양혜림 정지수

펴낸곳 | (주)북루덴스
출판등록 | 2021년 3월 19일 제2021-000084호
주소 | 04043 서울시 마포구 양화로 12길 16-9(서교동 북앤빌딩)
전자우편 | bookludens@naver.com
전화번호 | 02-3144-2706
팩스 | 02-3144-3121

ISBN 979-11-981256-0-6 93910